BAD BANKS
GREED, INCOMPETENCE
AND THE NEXT GLOBAL CRISIS

坏银行

贪婪、无能和下一次世界金融危机

【英】埃里克斯·布鲁默（Alex Brummer）◎著

孙京雷 ◎译

中国金融出版社

责任编辑：董　飞
责任校对：李俊英
责任印制：丁淮宾

图书在版编目（CIP）数据

坏银行（Huai Yinhang）：贪婪、无能和下一次世界金融危机/〔英〕埃里克斯·布鲁默著；孙京雷译.—北京：中国金融出版社，2016.11
BAD BANKS
ISBN 978 - 7 - 5049 - 8750 - 1

Ⅰ.①坏…　Ⅱ.①埃…②孙…　Ⅲ.①银行—风险管理—案例—世界
Ⅳ.①F831.1

中国版本图书馆 CIP 数据核字（2016）第 247752 号

出版
发行　中国金融出版社

社址　北京市丰台区益泽路 2 号
市场开发部　（010）63266347，63805472，63439533（传真）
网 上 书 店　http://www.chinafph.com
　　　　　　（010）63286832，63365686（传真）
读者服务部　（010）66070833，62568380
邮编　100071
经销　新华书店
印刷　北京市松源印刷有限公司
尺寸　170 毫米×230 毫米
印张　19.75
字数　260 千
版次　2016 年 11 月第 1 版
印次　2016 年 11 月第 1 次印刷
定价　45.00 元
ISBN 978 - 7 - 5049 - 8750 - 1/F.8310
如出现印装错误本社负责调换　联系电话（010）63263947

坏银行

埃里克斯·布鲁默是英国著名金融记者和评论员。在英国《卫报》（*the Guardian*）工作了很长时间并取得很大成就后，他在 2001 年加入了《每日邮报》（*the Daily Mail*），成为了这家报纸负责英国金融市场的编辑。作为记者和反映经济事物的作家，埃里克斯．布鲁默曾经获得了很多奖项，包括"2006 年年度商业记者奖"，"2002 年年度新闻记者奖"和"2000 年最佳金融记者奖"等。他出版的书籍包括《危机》（Crunch，2008 年由 Random House 出版），《抢劫退休金》（*The Great Pensions Bobbery*，2010 年由 Random House 出版），以及《出售英国》（*Britain for Sale*，2012 年由 Random House 出版）。

媒体书评

……《坏银行》通过紧凑、准确和容易理解的方式告诉读者银行哪里出了问题以及银行这些年干了哪些错事……布鲁默在书中对发生在金融领域内的事情做了冷静的讲解，而他对这些事情的判断不但细致入微同时也值得信赖。

《时代周刊》（*The Times*）

像手术台边的外科医生，布鲁默解剖、分析了过去 10 年发生在英国、美国和欧洲银行的丑闻。他没放过任何一家出现过丑闻的银行，同时，他简洁的语言让他揭露那些银行丑闻的工作更加有效。这是最好的威慑方式。

《观察家报》（*Observer*）

布鲁默是老资格的英国金融记者。他的这本书显示了他成熟的判断力和丰富的知识……书中内容被这位有经验的作者巧妙地串联了起来。

《金融时报》（*Financial Times*）

包含大量信息、吸引人但却让人读后感到非常担心的一本书。

《商业生活》（*Business Life*）

深入和全面的一本书。

《今日管理》（*Management Today*）

作 者 前 言

《危机》① 一书在美国雷曼兄弟公司（Lehman Brothers）倒闭几个月后的 2008 年夏季出版之后，人们看到了大量关于导致银行危机原因的论著和研究报告。同时，人们也开始争论如何才能建立一个风险较小、更加可靠的世界金融体系和更有活力的世界经济环境。很多环绕危机的事件和营救努力已经逐项被人们用文字记录下来，像安德鲁·罗斯·索尔金（Andrew Ross Sorkin）写的"太大了，不能让它们倒"（Too Big To Fail）② 以及迈克尔·刘易斯（Micheal Lewis）写的"大空头"（Big Short）。

虽然 2007~2009 年是危机最严重的时期，但如果认为危机始于 2007 年，止于 2009 年，那就错了。过去 6 年里，银行和金融体系的稳定一直是全球贸易和经济领域中的主要议题。但当英国、美国以及世界其他地区的政策制定者和监管机构正在坚持不懈地努力稳定和改革银行体系的

---

① 《危机》（Crunch）是最早出版的关于银行危机过程中"大恐慌"（Great Panic）和随之而来的"大衰退"（Great Recession）的书籍之一。

② 2007~2008 年金融危机过程中及其之后，遭到金融危机冲击的国家的政坛和商界普遍流行着两句话，第一句是"Too Big To Fail"（太大了，不能让它们倒），意思是说虽然一些庞大的金融机构在金融危机爆发前进行了大量直接或间接导致金融危机的违规操作，但因其巨大客户群体和对经济、社会的影响，如果政府允许这些规模巨大的金融机构倒闭关门，后果不堪设想。基于这个考虑，出现金融危机的国家，包括美国和英国，在危机发生后，迅速安排大笔营救资金对一些规模庞大的金融机构施以援手。与此相对应的第二句话是："Too Big To Jail"（（那些银行的规模）太大了，不能把所有违规的银行经理全都关进监狱）——译者注。

时候，这个体系过去存在的问题也在不断地显露出来。

很多不了解银行情况的人，当听到能影响全球借贷成本的伦敦银行同业拆借利率（Libor - London Interbank Offered Rate）时会觉得茫然。但在操纵这个利率的丑闻在 2012 年夏季被媒体披露，以及随后巴克莱银行（Barclays Bank）同意向政府支付巨额罚款后，伦敦银行同业拆借利率就一直是政界和社会大众讨论的话题。如此重要的市场工具被银行操纵，而监管部门在 2008 年知道操纵行为后，几乎没有任何作为，这让社会公众非常吃惊。在此之后，虽然监管人员开始重建他们对银行监管的权威，但一部分人觉的他们的努力是在矫枉过正。而另外一部分人则觉得这些监管人员的做法有点儿像那些因为早些时候对一方的严重误判，现在补给另外一方一个无关疼痒的任意球的足球裁判。但虽然有监管，银行的违规操作还是非常普遍。这就导致了对银行不信任程度逐渐升级直到最后的信任崩盘。的确，银行经理现在是最不被人信任的社会群体，在不被人信任方面，他们跟政客有一争。

几乎所有社会领域都会或多或少地受到银行不规范经营的影响，从弱势银行客户被英国主要银行误导销售支付保证保险，到世界最有权势的银行之一——摩根大通银行（JPMorgan Chase），在期货市场上肆无忌惮地赌博以及操纵伦敦银行同业拆借利率和在外汇市场上的违规操作。即使原来好像对危机具有免疫力的英国的亚洲窗口银行机构——汇丰银行（HSBC），也出现了在墨西哥和中东地区的违规操作问题。

人们在 2009 年没有看出欧元区会成为银行危机第二阶段的中心。但当危机果真在欧元区内出现，从爱尔兰到西班牙的银行体系随即发生倒塌，失业率在欧元区内大幅上涨，因仇恨引发的暴力事件也在希腊爆发。极端组织在希腊、匈牙利和法国的出现也是糟糕的经济在欧洲蔓延的直接结果。伴随着恐慌和市场功能的丧失，被期待的大衰退后的复苏停止了，政治领袖们面对巨大的市场力量，显得既束手无策也力不从心。

作为《每日邮报》（*Daily Mail*）伦敦金融市场的编辑，我的生活完全被所发生的事件（不光是最近被媒体披露的互助银行的混乱局面）所左右。《每日邮报》从来就不相信银行说的它们已经纠正了过去的错误，并且对激活一系列违规操作的银行奖金文化不断地提出质疑。《每日邮报》希望看到一个更加干净、负责和专注于客户并能更好地服务于社会大众和国家经济的银行体系。

这本书是在讨论一个很大的议题，报社的编辑保罗·达科（Paul Dacre）以及其他高级编辑对此非常支持。银行会让跟它们唱反调的人不舒服，但即使这样我们依然坚持不懈地要让银行为它们的违规操作负责。这本书跟踪记录了银行危机以来的一些战斗，很多战斗现在还在继续，并且不停地提醒读者银行系统的腐败程度是多么严重。我自己觉得很有意义，因为在苏格兰哈利法克斯银行（HBOS – Halifax Bank of Scotland）倒闭 6 年后，政府迟迟没有公布对这家银行倒闭原因的调查报告。

我有幸在我的日常工作中跟一些能使人着迷的人讨论这本书的内容，这包括鲍勃·戴尔蒙德（Bob Diamond）和史蒂芬·哈斯特（Stephen Hester）。他们以及其他一些人为这本书的出版提出了很多建议。同样，我的日常工作也使我能接触到一些监管机构的政策制定者和高级官员，包括财政大臣阿利斯泰尔·达林（Alistaire Darling）和乔治·奥斯本（George Osborne），以及前后两任的英国中央银行行长默文·金（Mervyn King）和马克·卡尼（Mark Carney）。

2013 年 10 月，在《金融时报》（*Financial Times*）创刊 125 年的纪念会上，卡尼大胆地将伦敦金融街比作凤凰涅槃。他说："伦敦是欧洲通向世界资本市场的窗口，是世界新兴市场筹集资金的中心，并可对中国金融市场的开放发挥作用。英国金融领域能够保持活力，它就能成为英国和世界的财富。"这是在不断出现的银行丑闻让伦敦金融街是否能重返它过去的辉煌成为很大疑问的时候，人们非常希望获得的对重建的信任票。

我感谢所有跟我讨论过这本书内容的人，不管是正式还是非正式的，包括一些这本书涉及的人物。

作为一个全职专业记者，如果没有得到很好的帮助，我不可能完成这本书的写作。我要感谢帮我查找官方报告，做了大量调查工作并帮我把握书中文字的同事罗杰·博德（Roger Baird）。人们在《每日邮报》的观点栏目中和金融街的其他一些报刊上也可以看到由丽芙·卡尔芬洋（Leaf Kalfayan）和露丝·桑德兰（Ruth Sunderland）对书内很多内容的讨论。露丝一直是给我灵感和支持的源泉。我的其他负责伦敦金融街报道的同事，包括露西·冯顿（Lucy Farndon）、西蒙·杜克（Simon Duke）、詹姆斯·萨蒙（James Salmon）和经济问题记者雨果·邓肯（Hugo Duncan），也为此书提出了宝贵意见。

在协调工作方面，我要感谢为我安排采访和编辑复杂日记的办公室助理乔治·高德萨（Georgie Godsal）和迪琳·狄更森（Dilin Dixon）。我要感谢苏·卡朋特（Sue Carpenter）允许我使用她漂亮的多赛特乡间别墅作为我的写作场所。我也要非常感谢我儿子，贾斯汀·布鲁默博士（Dr. Justin Brummer），他在技术和汇集回忆录上面帮了我大忙。

现在出版非小说类严肃作品不太容易。我要感谢为我安排出版商（Random House）的我的经纪人乔纳森·派格（Jonathan Pegg）以及他在我写作过程中对我的不断鼓励。特别要感谢这本书的编辑尼尔·威尔考克森（Nigel Wilcockson），他也是《危机》一书的编辑。尼尔对好的选题目光锐利，他用了大量的时间阅读本书书稿并帮助重新安排书内结构。尼尔正确地意识到《危机》涉及的问题，即2008年存在的银行和政府政策制定者要解决的贪婪和奖金问题的严重程度，在2014年没有得到任何缓解。有些问题会永远存在。但要是没有银行及其愚蠢的行为，这本书可能会非常乏味。

要感谢所有曾经在本书出版过程中帮助过我的人。他们不应该为这本书内出现的任何不可避免的错误负责。那些错误都应算在我头上。

　　我要把这本书献给我的太太（Tricia）和我的家人。在过去的一年多里，这本书成了我生活的中心。当我在年假、周末和法定假期期间总是坐在电脑前，周围到处都是资料，没有时间陪她一起享受生活的时候，她没有一句怨言。而我的其他家人，女儿杰西卡（Jessica），女婿丹（Dan），外孙瑞菲（Rafi）、娜塔莎（Natasha）和本杰明（Benjamin），以及我的儿子盖博（Gabriel）和贾斯汀，一直不停地在旁边为我鼓劲儿。

Alex Brummer 2014 年 5 月于列治文

目　　录

1

冰毒牧师：互助银行危机

2013 年 11 月 17 日，星期天，这天《星期日邮报》（*Mail on Sunday*）头版的报道非常引人注意：报道中刊登了一幅录像截图，截图是手里挥舞着一沓 300 英镑、正想在利兹市的街上买可卡因的卫理公会的保罗·富劳尔斯（Paul Flowers）牧师。这个上嘴唇留着白色小胡子、脸色红润、一向被认为是稳重的富劳尔斯牧师毫不隐讳地说，他是在为等会儿跟街上男妓行乐准备毒品，并且他还公开吹嘘他曾使用过的非法毒品，包括冰毒。

一个卫理公会的现任牧师在利兹市的街上购买非法毒品就已经足够让人们吃惊了，更别说他还公开承认他计划在非法性交易中使用那些毒品。但这种肯定会成为新闻热点的报道，在 2011 年《世界新闻报》[①] 停刊后，人们就很少看到了。

---

① 《世界新闻报》（*News of the World*）在 1843～2011 年曾经是世界上发行量最大的报纸。报纸几次易主，1968 年默多克从亨利·卡尔（Henry Carr）手上买下这份报纸。《世界新闻报》因刊登名人食用毒品、名人八卦、犯罪新闻、记者化妆偷拍在英国新闻市场独树一帜。2011 年，多名主管因黑客别人电话及电子邮件被捕。默多克随于 2011 年 7 月 7 日将报纸停刊，代之以《星期日太阳报》（*The Sun on Sunday*），并将许多原《世界新闻报》的记者调到新成立的《星期日太阳报》——译者注。

这个报道特别吸引读者的地方是，富劳尔斯牧师不仅是一个有特殊喜好的卫理公会的牧师，他还是 2003 年至今的互助集团（Co‑operative Group）董事会副主席以及互助集团所有的互助银行（Co‑operative Bank）① 董事会主席，而这家互助银行目前正面临着严重危机。

起码在表面上，富劳尔斯好像不应该成为这家银行的董事会主席。的确，20 世纪 60 年代他年轻的时候，曾作为银行职员在国民西敏寺银行（NatWest Bank）工作过 4 年，但之后不久他就去布里斯托大学（University of Bristol）神学院学习了，并且在拿到神学院学位后的 1976 年，开始在布莱德福德市（Bradford）当牧师。12 年之后，富劳尔斯开始进入地方政坛，他先是从 1988 年到 1992 年在罗奇代尔（Rochdale）市被选为工党议员，然后又于 2002 年在布莱德福德地区被选为工党议员。

长期不懈地参加互助运动②，使富劳尔斯得以逐步进入互助银行上层。人们开始知道他是因为他是互助运动活动的积极分子。这些活动包括支持巴勒斯坦禁运运动，互助集团是第一家拒绝从约旦河西岸和加沙地带进口新鲜水果蔬菜的英国大型企业。几年的时间里，他被选为互助集团地区董事会成员，并从这个职位爬到非常有权的互助集团西北大区董事会，成为互助集团西北大区董事会成员。西北大区董事会成员在挑选全英互助集团董事会成员的过程中握有 30% 的投票权，所以这是个举足轻重的职位。

富劳尔斯于 2009 年成为互助集团旗下互助银行非执行董事。这看起

---

① 原文为 Enthical Co‑operative Bank，即注重信贷发放或项目投资是否符合道德标准的银行，是英国的一种银行类型，这种银行只对能对社会及环境产生正面影响的企业及项目进行投资和贷款——译者注。

② 互助运动（Co‑operative Movement）：即合作互助运动，起源于 1844 年的英国，开始是英格兰北部罗奇代尔地区的一个棉花厂的 28 个工人在当时低工资、恶劣工作条件以及高物价的环境下，将各自的资源集中起来，结成互助团体，以相互支持、相互帮助的方式，共同解决互助团体参与者对日常生活必需品（包括食物及住所等）的需要。经过 100 多年的发展，互助运动已经成为在全球拥有 10 亿会员，雇佣几十万员工的庞大互助商业组织——译者注。

来非常奇怪：一个只有从政经验的人在企业中占据了一个非常重要的商业管理职位。但互助集团并不是通常意义上的企业。用在富劳尔斯事件后被任命为互助集团非执行董事的迈纳斯勋爵（Lord Myners）的话说："互助集团奇怪的三级管理体系不断地出现让没有资格和经验的人来担任董事会成员，这使董事会对集团业务根本无法起到有效的领导作用。"在互助集团内部，那些被任命的政客高管高高在上，而那些有经验的职业经理们则处于唯命是从的地位。正因为这种奇怪的管理方式，让迈纳斯得出"互助集团运作不民主"的结论。

在富劳尔斯成为互助银行非执行董事一年后，出现了另外一个机会。2010 年互助银行同不列颠尼亚①合并。在合并的过程中，富劳尔斯通过巧妙地运作，使自己成为合并后银行的董事会主席。作为互助银行董事会主席及互助集团董事会副主席，富劳尔斯每年的薪金收入达到可观的132 000 英镑。对英国金融服务管理局（Financial Service Authority）没能阻止富劳尔斯成为互助银行董事会主席，富劳尔斯在互助运动中的政治对手很是不爽。

前议会专员克里斯托弗·凯里爵士（Sir Christopher Kelly），在其于2013 年 4 月 30 日公布的调查报告中说："富劳尔斯拒绝参加对他主席资格的询问程序，他不适合担任互助银行董事会主席。"报告还说："结论是显而易见的：虽然互助银行主席选举委员会可以考虑其他的主席人选，但他们更愿意让一个互助运动的倡导者和积极参与者来担任主席职务。"

发生在 2013 年前几年的金融市场动荡，对占据任何一个银行高级管理职位的人来说都是挑战，这对担任互助银行高级管理职务的人来说也是一样。虽然互助银行的形象没有受到 2007 ~ 2008 年银行危机的影响，

---

① 不列颠尼亚（Britainnia Building Society），英国金融机构，主要提供房屋抵押贷款。同互助银行合并前（按照资产规模）是英国第二大向住宅建筑商及房屋购买者提供信贷服务的金融机构——译者注。

但它也像它的市场竞争对手一样，在其财务报表上积累了很多美国次贷产品。同时，互助银行也在本国市场上面临着很多的问题。

富劳尔斯晋升之路让人觉得，互助集团内部的管理、控制及所有权非常不透明，同时互助银行同互助金融集团（Co‑operative Financial Group）旗下的其他企业的关系，包括同互助保险（Co‑op Insurance）的关系，同样模糊不清。虽然所有互助金融集团的金融服务都归属在互助金融集团旗下，但提供这些金融服务的机构却是各自独立并拥有被互助集团控制的各自的董事会。现实中，互助保险同互助银行的关系仅限于前者通过后者的分行销售保险产品。

互助集团跟工党的长期关系也使情况变得更加复杂。实际上，互助集团就是工党的钱袋子。互助集团支持过 50 多个工党议员，包括在戈登·布朗（Gordon Brown）政府内很有影响力的艾德·鲍斯（Ed Balls）。互助银行每年向鲍斯的选区办公室提供 5 万英镑的财力支持，工党领导层也定期款待保罗·富劳尔斯。互助集团和工党的紧密联系即使在 2013 年互助银行出现严重危机时也没有受到影响：在危机的过程中，互助银行仍然向工党提供了 160 万英镑为期三年的贷款。这笔贷款是互助银行向工党提供的 3 400 万英镑为期 20 年低息（其中部分贷款年息只有 2.5%）贷款的一部分。以上互助银行和政党的紧密关系预示着，当互助银行的管理及运营加入政党因素，它的决策过程必将会受到政党政治的影响。

富劳尔斯加入互助集团时，互助集团的业务正处在快速发展阶段。2008 年，互助集团以 15.7 亿英镑现金收购了萨摩菲尔德（Somerfield）连锁超市。之后的 2009 年，在经过 1 年的谈判后，互助银行和不列颠尼亚合并，形成了英国"巨无霸"互助性质的银行。也正是这次合并，使富劳尔斯的职业生涯又向前迈进了一步。

银行危机后的新法律第一次允许互相持股的不同类型的银行进行合

并。这个新法律让永远想着扩张互助集团业务的互助集团首席执行官彼得·马克斯（Peter Marks）很兴奋。而对不列颠尼亚来说，加入资本实力更强而且业务范围涵盖连锁超市、药房、甚至是墓地服务的互助集团，对因跟两家在前一年倒闭的银行有紧密信贷关系而出现资金短缺的不列颠尼亚来说，也是非常划算的。

不列颠尼亚的首席执行官纳维尔·理查森（Neville Richardson）在公布合并消息时大言不惭地说："合并协议预示着互助银行业的复兴。"互助银行也说："合并协议意味着新的、绝无仅有的、注重道德的、由股东及政府所有的'巨无霸'互助银行的诞生。"

人们对互助银行与不列颠尼亚的合并表现出来的兴趣并不奇怪。那时候的人们不大喜欢银行。但合并两家相互持股银行的想法受到同这两家银行有关系的人的欢迎，尤其是对那些希望看到合并成功的工党政客以及政府监管部门。另外，合并后的银行会在金融市场上发挥更大的作用。同不列颠尼亚合并后，互助银行的分行数量从原来的 90 家，猛增到 300 家，客户账户数量达到 400 万个，这对互助银行来说简直就是一个飞跃。

英国政府银行监管部门中的一些人也在暗中力促这两家银行的合并。因为在 2008 至 2009 年期间，"因其糟糕的财务状况，不列颠尼亚被认为是可能急需外部资金支持的几家金融机构之一"。英国银行监管部门相信，如果不列颠尼亚不能成功同其他金融机构合并，它马上将会面临需要以"极端"方式解决其生存问题的局面。

着急的政客、英国银行监管部门以及两家银行高层都希望看到合并尽快完成。在这种环境下，对这两家银行的尽职调查只是走一个过场。虽然互助银行聘请的审计公司，毕马威（KPMG），在 2013 年 12 月告诉英国财政部特别调查委员会，它们的审计很"全面"，但毕马威也承认，它们的审计人员没有审计不列颠尼亚亏损严重的公司信贷情况。而不列颠尼亚极度亏损的企业信贷业务正是导致稍后在互助银行出现 15 亿英镑资金缺口的重要原因。毕马威在上述尽职调查中的审计漏洞，使其后来成为监管伦敦金融机构及其财务责任的英国财务报告理事会（Financial Reporting Council）的调查对象。

2014 年的凯里报告对毕马威在不列颠尼亚尽职调查中的不负责任，有惊人的描述：

"毕马威对不列颠尼亚的公司信贷业务审计的草率程度让人吃惊……不列颠尼亚在逐渐恶化的经济形势下，在商用写字楼价格急剧下跌的时候，增加对建设商用写字楼建筑商的贷款规模让人非常吃惊。"

人们一直没有充分意识到不列颠尼亚早已偏离了其传统的银行零售服务，它已经积累了大量商用写字楼的信贷业务，而正是这部分信贷业务使它在 2009 年的金融危机中付出了巨大的代价。同时，不列颠尼亚也没有及时更新保证其银行业务顺利运行的银行业务管理系统。像互助银行和其他很多银行一样，不列颠尼亚内部也存在可以让其蒙受巨大损失的违规操作问题，比如在销售支付保证保险（PPI，Payment Protection Insurance）过程中的违规操作以及在提供房屋抵押贷款中缺少必要的审核程序等。事实上，这些业务经营过程中的违规操作，使互助集团和不列颠尼亚在 2014 年 3 月不得不准备 4 亿英镑，以保证他们能按照政府要求支付违规罚金和向其客户支付巨额赔偿。

基本硬件也在合并过程中被忽视了，比如，没人认真考虑过两家银行的 IT 部门如何无缝衔接以管理合并后银行的 400 万客户账户。也没人理会互助集团已经有的，不向任何一家在经济衰退时可能倒闭的银行提供财务支持的内部规定。

另外，凯里报告还显示，摩根克兹诺夫（JPMorgan Cazenove）也曾在 2009 年告诉互助银行，它们认为互助银行同不列颠尼亚的合并是"公平"的，从商业及战略角度看，合并的理由让人信服。互助集团董事会的讨论记录也显示："摩根克兹诺夫认为毕马威的尽职调查范围比它对其他上市公司做的尽职调查范围大得多。"凯里不明白为什么摩根克兹诺夫会得出上述结论。因为看起来，所有摩根克兹诺夫的上述结论都是基于这两家银行管理层的保证，而不是其审计人员对两家银行财务报表专业、认真的审计。

毕马威和摩根克兹诺夫没有对互助银行与不列颠尼亚的合并提出任何异议，其他的质疑也被置之不理。凯里说，他在调查的过程中，曾向不列颠尼亚首席执行官内维尔·理查森和互助集团首席执行官彼得·马克斯提出互助集团内部缺少权、责监督和控制机制的问题，但他们的回答是：你根本不懂互助集团内部健全的管理程序和互助运动中民主的管理方式。

那位永远对自己充满信心的彼得·马克斯看起来特别相信他的公司可以垄断权、责关系的解释权。他曾经宣称："世界上只有一家管理民主的零售企业，那就是互助集团。"伦敦金融监管部门的麦纳斯勋爵在他于2014年3月公布的让人震惊的临时调查报告中指出："由马克斯主导的跟不列颠尼亚的合并以及收购萨摩菲尔德连锁超市，对互助集团来说是让人难以置信的灾难。"

但和不列颠尼亚的合并根本没法同互助集团在2011年提出的、希望通过"沃迪项目"（劳埃德为卖掉其632家分行专门起的项目名称），收购劳埃德银行632家分行的想法相比。这次收购的政治考虑远远大于商业考虑：2009年金融危机最困难的时候，英国政府计划援救资金出现问题的劳埃德银行。当时的欧盟竞争委员会专员尼雷·库尔斯（Neelie Kroes）就劳埃德银行如何公平地使用政府救援资金同英国政府及劳埃德银行达成了协议。协议的核心是：劳埃德银行必须在4年内卖掉632家分行，并且2年内不能支付任何股权红利。

劳埃德银行专门为"沃迪项目"建立了一家公司，并且用查腾汉姆·格莱斯特和 TSB 两个名称进行交易。所有对收购劳埃德分行有兴趣的公司全部以数字代替其公司名称。这些公司包括澳大利亚银行（Australian Bank），由企业家克里夫·考德莱（Clive Cowdry）领导的坚毅保险集团（Resolution）以及国家建筑集团等。所有有兴趣收购劳埃德分行的企业都必须提交认购申请。但当查腾汉姆·格莱斯特和 TSB 正式开始接受收购申请时，只有两家公司提交了申请，它们是互助银行以及由前劳埃德伦敦保险市场负责人彼得·莱文（Peter Levene）领导的 NBNK 公司。

像互助银行跟不列颠尼亚的合并一样，互助银行收购劳埃德 632 家分行的过程也充满政治因素。那时，新的英国联合政府在 2010 年已决定继续对更多的互助机构进行支持，从提高竞争力的角度来说，他们很喜欢"沃迪项目"。财政大臣乔治·奥斯本（George Osborne）就曾公开表示他希望互助集团能够完成收购。他说："如果互助集团收购成功，那么英国就会有一个对消费者和银行客户更加有利的全新银行服务体系。这对英国经济会有很大帮助，完成收购后的互助银行会迫使其他银行提高其服务质量，同时互助银行的收购也能推动互助业的发展。"

虽然互助集团的马克斯极力赞成收购，但其内部也有不同意见。纳维尔·理查森，原不列颠尼亚的首席执行官，就提出互助集团刚跟不列颠尼亚合并，老旧的 IT 系统还亟待升级，代号为"统一项目"的新的管理程序还没有完成实施，互助银行还没有完全消化、适应跟不列颠尼亚的合并，它也需要很长的时间让不列颠尼亚融入互助银行。他提醒互助集团董事会："这时，又贸然进行更大规模的收购会给互助集团带来灾难。"

虽然收购劳埃德银行 632 家分行后，会使互助银行的分行数量超过1 000家，客户人数可以达到 1 100 万并使互助银行拥有全英 7% 的个人银行账户。但当时的大环境是：英国仍然处在金融危机的漩涡之中并且经济正在持续衰退。

同时，更重要的是互助银行对劳埃德的收购企图跟它本身的收购能力有很大差距。在 2011 年 7 月的一次晚餐会上，从英国中央银行借调到英国金融服务局的高级官员安德鲁·贝里（Andrew Baily）告诉互助集团董事会：如果互助集团执意收购劳埃德 632 家分行，它需要有更多的收购资本。2011 年 7 月，理查森跟马克斯的矛盾达到了顶点。互助集团宣布：根据双方的协议，理查森将离开银行，互助银行将支付其 430 万英镑的"分手费"。对一向标榜自己跟别的银行不同以及其业务是以满足互助集团会员利益为出发点的互助集团，这笔"分手费"大得惊人。

理查森留下了大量问题：不能收回的贷款、IT 噩梦、资金短缺等。但这是人们在他离开几个月之后才发现的。2012 年 2 月，互助银行的首席财务官詹姆斯·麦克（James Mack）宣布离开公司，他才在这个职位上干了 2 年（凯里报告提到，詹姆斯·麦克的学历和经历，不足以让他担任互助银行首席财务官）。麦克没有说他为什么要离开互助银行，但买方的首席财务官在收购过程中突然离职非常不正常。

理查森的接替者叫巴里·图特尔（Barry Tootell）。他是互助金融服务的前高管。但凯里报告中对他的能力更加怀疑。

2012 年 2 月，在互助银行将要公布其 2011 年财务报表前，互助银行财务及风控部门建议互助银行按照一定比例，准备 2 000 万英镑银行信贷风险应急基金。但根据凯里报告中的信息，两天后，这个建议被互助银行否决。因为这笔应急基金会使互助银行当年计划向其董事和雇员发放的 4 000 万英镑奖金总额减少一半。

在以上人员变动的过程中，互助银行对劳埃德 632 家分行的收购活动并没有停止。劳埃德这时的卖价是 7 500 万英镑，它也倾向于将它 632 家分行卖给互助银行。劳埃德甚至提出由它替互助银行代管卖出 632 家分行的 IT 系统以使那些分行的客户不受收购的影响。同时，劳埃德银行还提出如果互助银行缺少收购资金，它可以借钱给互助银行以帮助后者完成对自己 632 家分行的收购。这个提议得到劳埃德董事会的同意。这时英国金融投资公司①已占劳埃德银行 41% 的股份，那个在 2008 年因主导劳埃德对苏格兰哈利法克斯银行（HBOS – Halifax Bank of Scotland）灾难性的收购而广受指责的前劳埃德主管，美国人埃里克·丹尼尔斯（Eric Daniels）已被桑坦德银行（Santande UK）英国区主管，葡萄牙人安东尼奥·胡塔—奥索尼奥（Antonio Horta – Osorio）所取代。

与此同时，人们继续听到对收购的质疑。安德鲁·贝里（安德鲁·贝里于稍后被调回英国中央银行担任副行长，同时兼任审慎监管局②主管）在其于 2011 年 12 月 20 日给保罗·富劳尔斯的私人信函中，明确表示了他对收购的如下担心：

"我们的观点是：我们不确定互助银行在完成收购后，有能力成功及持久地提升自己。"

贝里敦促富劳尔斯尽快建立"可信的资产流动性及风险管理机制"，同时要求互助集团在互助银行内建立"稳定的、合格的管理团队"。贝里告诉富劳尔斯，他已在劳埃德银行作出向谁卖出那些分行的决定之前，将他对互助银行的担心转给了那边的董事会。

对互助银行收购劳埃德 632 家分行，彼得·莱文非常气愤。莱文不但担任过劳埃德伦敦市场部主席，还在德意志银行（Deutsche Bank）的投行部门和政府机构担任过高级职务。莱文被认为是伦敦金融街上最可怕的"大野兽"之一。我（作者）还记得我在 2012 年的一次慈善晚宴上

---

① 英国金融投资公司（UK Financial Investments），是英国工党政府为以通过购买股权方式挽救劳埃德银行、北岩银行等英国金融机构，在 2008 年设立的金融投资公司。

② 为更有效地管理英国金融机构，英国于金融危机后的 2012 年 1 月 19 日将原来的金融服务局（FSA – Financial Service Authority）拆分成两个独立机构，其中一个机构叫审慎监管局（PRA – Prudential Regulation Authority），另一个机构叫金融行为监管局（FCA – Financial Conduct Authority）。审慎监管局是英国主要监督银行、保险公司、信用社等的行为准则执行情况的部门——译者注。

和他谈话的情形。当时他以极其激烈的方式表达了自己的观点。他说，这次收购过程有太多的政治因素，即政府影响，特别是自由民主党的影响。因为有人想建立互助银行体系以挑战现行的银行体系。同时，他还说，如果劳埃德把那些分行卖给他，劳埃德的收益会更大并且与出售相伴随的风险会小得多。互助银行与劳埃德的收购关系让人觉得有很强的政治色彩，但如果劳埃德向他出售那些分行，劳埃德则不会有这种担心。最后，他表示他不理解为什么英国金融监管机构在 2012 年允许作为混合控股金融服务机构的互助集团，可以在 3 年内以短期借贷方式增加资本。

显然，莱文认为，跟互助银行相比，他领导的 NBNK 是更适合的收购者。

莱文并不是只在私下对收购提出反对意见，他也直接通过信函向劳埃德银行董事会陈述了自己对互助银行收购劳埃德银行 632 家分行的看法。他说，互助银行的收购充满风险，互助银行根本没有足够的现金完成这么大的收购企图。后来的事实证明，莱文的看法是正确的。但当劳埃德银行董事会主席温·比斯乔夫爵士（Sir Win Bischoff）在 2013 年 6 月面对财政部特别调查委员会的质询时，完全否认曾经看到过莱文向其董事会提交的那封信函。但即使比斯乔夫爵士真的没有看到那封信函，他也不可能不知道莱文对互助银行收购劳埃德银行分行的反对意见及其理由，因为当时大量新闻媒体都在刊登或播放莱文的反对意见及其理由。

2013 年 3 月 21 日，互助银行公布了让人震惊的上一年财务经营情况：2012 年互助银行的营运亏损高达 6.73 亿英镑。互助银行给出的亏损原因，主要包括不列颠尼亚的坏账损失以及因误导销售支付保证保险产品损失的 1.5 亿英镑（包括政府罚款）。互助银行，这个一向标榜自己坚持道德标准的银行，也像它的竞争对手一样，向它的忠实客户兜售他们根本不需要的支付保证保险。就不列颠尼亚来说，就像出现危机的其他建筑互助公司一样，它已经完全偏离了它过去熟悉的业务领域（即住宅

抵押贷款服务），并深陷商用写字楼的信贷泥潭不能自拔。当商业信贷市
场在 2007～2009 年的金融灾难后出现危机时，不列颠尼亚的大量商业信
贷要么被降低账面价格，要么不得不做坏账处理。

2013 年 3 月互助银行的财务状况更糟，因为它发现不列颠尼亚的坏
账已经达到 145 亿英镑。这个发现对互助集团的冲击是巨大的。为了重
建互助集团的财务基础，互助集团宣布计划将它的人寿保险业务和资产
管理业务卖给它的竞争对手：皇家伦敦（Royal London）。互助集团同时
也计划将它的其他保险业务全部卖掉。虽然处在财务困境中的互助集团
希望通过卖掉他其业务分支以恢复财务健康的做法无可厚非，但从战略
角度看，互助集团这么仓促地卖掉它的保险业务还是让人吃惊，因为一
直以来，互助集团的保险业务是互助集团核心服务业务，几十年来，互
助保险机构，一直同互助银行一起，服务着大量相同客户群。

迫于 2012～2013 年糟糕的财务状况，互助集团最终决定放弃收购劳
埃德银行 632 家分行的计划。2013 年 4 月 24 日，彼得·马克斯确认互助
集团放弃收购，但他将互助集团撤出竞标的原因归咎于逐渐恶化的经济
前景（但事实上，经济形势从 2013 年已经开始出现复苏的迹象，失业率
大幅度降低，所有衡量经济健康状况的指标都预示着经济形势在向好的
方向发生变化）。同年 6 月 18 日，劳埃德银行的两位主管温·比斯乔夫
爵士和安东尼奥·胡塔—奥索尼奥对英国财政部的官员说："他们一直对
互助集团能否完成收购非常怀疑，因为他们其实从 2012 年就知道互助集
团根本没有充足的现金来完成收购。如果互助银行真的想尽办法筹齐资
金完成收购，这个勉强完成的收购一定会给互助集团带来很大麻烦。所
以，人们对互助集团的收购方案的可行性一直存疑。"

人们准确了解互助银行问题的严重性是从 2013 年 5 月 10 日巴克莱银
行信用研究部门公布的那份灾难性的互助银行调查报告开始的。这份调
查报告显示，同不列颠尼亚的合并虽然使互助银行的经营规模增长了 3

倍，但也使互助银行的财务风险敞口大幅度提高。巴克莱银行估计，即使经济形势不变、房地产市场保持目前的稳定状态以及人们对互助银行管理层的信心没有发生动摇，互助银行的资金缺口也将达8亿英镑。但如果市场情况发生变化或人们对互助银行管理层的信心发生动摇，则其资金缺口可能会达到18亿英镑。这份报告还指出，因为互助集团的主要业务是食品零售、殡仪及墓地服务以及药店，互助集团可用来增加互助银行资金的来源并不多。巴克莱银行的分析员警告："在不知道互助银行潜在风险有多大的时候，人们在选择购买互助银行的次级债券①时，要特别谨慎，特别是在今天（2013年5月10日）价格大跌时。"显然，巴克莱银行担心互助银行会拒付其到期债券。

就在巴克莱银行向其客户发布其有关互助银行财务状况报告的当天，互助银行向外界承认它的财务出现了巨大的15亿英镑的资金缺口。过去，互助集团在其旗下企业出现资金缺口时，总是先粉饰其财务状况，同时，马上从集团其他盈利业务部门调拨资金予以补充。但这次，这种方式行不通了。

互助银行出现严重的财务危机，作为其首席执行官的巴里·图特尔（巴里·图特尔担任互助银行首席执行官前是互助银行的财务总监）知道自己难辞其咎，马上提出了辞职。互助集团随即任命了另一位互助银行的高管——罗德·鲍曼（Rod Bulmer），暂时代理首席执行官的职责。

两个星期后，鲍曼被空降到互助银行的前汇丰银行高管尼奥·布克（Niall Booker）取代。在汇丰银行，布克直接管理着大量受美国次贷危机影响，没有充分担保保证的坏账。所以，他很熟悉如何处理银行坏账的方法。

但鲍曼的到来，并没有解除市场对互助银行财务状况的担心。就在

---

① 次级债券（Subordinated Securities）：这种债券持有者在发行这种债券的公司出现清算时，其获得偿还的地位要比优先债券持有人低。

鲍曼到互助银行上班的第一天，穆迪（Moody's）将互助银行的债券等级大幅度地下调了六个等级，这使互助银行债券瞬时成为垃圾债券。这种下调幅度，使现有的互助银行债券持有人极度震惊和恐慌。

绝望的时刻会使企业作出绝望的选择，互助银行曾经标榜的作为固有银行体系的挑战者，它愿意向中小企业提供信贷支持的承诺被放弃了。互助银行向市场宣布：为了节省资金以保证银行不出现关张倒闭的情况，它没有办法，只能停止对任何企业，包括中小企业，提供信贷服务。

这时互助银行高管的更替像走马灯一样频繁。面对互助银行急速恶化的信贷信誉，英国金融监管部门要求互助银行提出一份可行的计划以修补其巨大的财务"黑洞"。在这个过程中，银行的董事会主席必须承担直接领导责任。他必须让快翻的船平稳过来，并且保证银行经理的每项业务决定都要严格符合银行利益。但这时的银行董事会主席保罗·富劳尔斯因为毒品的作用，连他自己都平稳不了，更别说帮助平稳互助银行这条大船了。

作为互助银行的董事会主席，富劳尔斯的一个主要工作内容是跟英国银行监管部门以及互助银行的债权人密切沟通，以打消他们对互助银行营运及盈利能力的疑虑。但事实是，对富劳尔斯担任互助银行董事会主席的任命就是一个政治任命以及他糟糕的个人生活问题，让富劳尔斯显然没有这个能力。他不再适合继续担任互助银行董事会主席一职。

2010年6月，富劳尔斯辞去互助银行董事会主席以及互助集团董事会副主席的职务。当时人们没想别的，都认为他的辞职是因为互助银行当时的经营状况不佳。但人们在11月知道了这位生活"多姿多彩"的富劳尔斯先生是被逼辞职的。被逼辞职的原因是他要求银行给他报销的开销已经到了无节制的地步，而他要求银行报销的开销跟他的银行工作基本没有任何关系。

面对银行没有董事会主席以及市场对互助银行信心急剧下跌的局面，

互助集团非常需要一个紧急救援计划以挽救互助银行。6月3日，互助集团对外宣布，为筹集资金，它计划将不列颠尼亚应收贷款的8%以2.37亿英镑卖给一个不愿透露其名称的机构。同时，互助集团宣布，前联盟雷赛斯特首席执行官理查德·皮姆（Richard Pym）成为互助银行新的董事会主席（理查德·皮姆也于2014年5月辞职）。

皮姆对处理面临危机的银行很有经验。英国财政部就曾请他帮助管理那些因受到北岩银行（Northern Rock）和布莱德福德滨雷（Bradford & Bingley）坏账影响而出现财务危机的"坏银行"。① 北岩银行及布莱德福德滨雷都因自己的财务问题没能扛过2007～2008年的信贷危机。没过多久，莫里森（Wm Morrision）前财务总监，理查德·潘尼库克（Richard Pennycook）也加入到皮姆团队。潘尼库克曾在2004年参与过对赛福威集团（Safeway Group）艰难的兼并过程，在兼并业务领域是很有经验的角色。

在发现互助银行危险的财务状况以及意识到它和不列颠尼亚的合并非常不成功后，英国财政部在2013年6月13日宣布，它将成立一个特别调查委员会调查互助集团已经放弃的收购劳埃德银行632家分行的情况。英国财政部想知道，为什么在媒体及像莱文这样的人披露了对互助集团的担心后，互助集团照样可以顺利提交收购申请。英国财政部还想知道，不同机构参与收购的人想以什么方式参与收购。同时，因为英国银行监管部门在互助集团的收购过程中向它提供帮助的做法十分明显，英国财政部还想深入了解，在避免英国出现"大恐慌"过程中显得那么无能的英国银行监管部门，对互助集团收购劳埃德银行632家分行的真实立场。

调查结果显示，英国银行监管部门当时对互助集团收购计划的确有

---

① 西方银行界将管理银行呆、坏账或问题业务的银行或银行的内部机构称作坏银行（Bad Bank）——译者注。

很多担心，他们也向富劳尔斯及互助集团董事会表达过他们的担心。但很不幸，他们的担心是以间接的方式，用非常专业的术语向富劳尔斯和互助银行董事会表达的。而富劳尔斯和董事会成员听不大懂那些专业表述，所以对他们的担心也没太在意。

安德鲁·巴里在 2011 年 12 月 20 日给富劳尔斯写了一封信，巴里在信中写到："我们希望很坦诚地告诉你及互助集团董事会，如果你们想继续收购劳埃德的分行，你们要清楚这种收购可能的政策监管风险。"巴里希望互助集团在收购前解决其资产流动性问题、风险管控问题、合格管理团队问题、银行业务监管问题以及资金的筹集和使用问题。

换句话说，巴里对互助银行是否有能力收购 632 家劳埃德分行的担心几乎涵盖所有方面。巴里发现了存在于互助银行内部的问题，他是指望富劳尔斯和互助集团董事会能意识到问题的严重性并且叫停收购。但实际上，互助集团对巴里的警告置之不理，继续进行他们对劳埃德分行的收购操作。

类似的事也在 2012 年 4 月发生在巴克莱银行（Barclays Bank）。那段时间里，金融服务局主席特纳勋爵（Lord Turner）也通过给巴克莱银行董事会主席马库斯·阿吉尔斯（Marcus Agius）的一封信，表达了对巴克莱银行管理方式的担心：

"我希望这封信能引起您对以下问题的注意：在过去几年，我们不断积累的对巴克莱银行行为方式的感觉是，巴克莱银行好像乐于通过一些复杂的程序，或通过跟我们争论在极端情况下政府的监管方式来使巴克莱受益。"

特纳接着列举了在鲍勃·戴尔蒙德（Bob Diamond）① 任巴克莱银行

---

① 鲍勃·戴尔蒙德（Bob Diamond），前巴克莱银行投资银行部总经理和巴克莱银行首席执行官——译者注。

首席执行官时，巴克莱银行一些让银行监管部门觉得不妥的行为。其中包括，在对巴克莱银行资产负债表进行审查的过程中，巴克莱银行试图让政府审计人员对巴克莱银行帮助其客户偷漏英国税款的做法视而不见，以及巴克莱银行对政府因其一些不妥的银行操作对它提出的警告充耳不闻。事实证明，政府监管部门的那些警告都是正确的（巴克莱银行于2012年7月承认，它曾操纵伦敦银行同业拆借利率，而这个利率影响着以兆亿计的房屋抵押及商业贷款成本）。

巴克莱银行和互助银行都觉得它们可以对英国银行监管部门的要求使用拖延战术或拒不执行监管部门的要求。因为英国金融监管部门在2007年，即金融危机发生前，一直对银行采取"高高举起，轻轻放下"的监管方式。这种没有效率的监管方式让这两家银行的主管认为，他们跟监管部门暂时紧张的关系会随时间的推移自动好转。

在英国财政部宣布成立特别调查委员会调查互助银行后的第2天，即2013年6月14日，英国中央银行的审慎监管局终于也跟着采取了行动。安德鲁·巴里（这时他已经成为英国中央银行的副行长）宣布，银行监管部门发现互助银行资产负债表上存在15亿英镑的"黑洞"，银行监管局已经要求互助银行在2013年6月15日前向银行监管部门提交一个切实可行的应对计划。这个"黑洞"数字跟互助集团自己在5月做的评估结论，以及一个独立评估机构在对互助银行完成压力测试①后对其资金缺口所做的评估结论相同。巴里继续说：如果互助集团在规定的时间内不能提交应对计划或者互助集团的应对计划不被银行监管部门接受，则监管部门将会代替互助银行董事会，行使互助银行人事任免和管理职责，

---

① 压力测试（Stress Text），是通过非常严格的方式，检查系统在不同内部、外部条件变化时的稳定程度。2008年金融危机过程中，被欧美银行广泛使用。美国财政部在盖特纳（Tim Geithner）担任部长期间，力主美国主要金融机构全部进行压力测试。压力测试原理在许多领域被广泛使用，包括医学诊疗领域——译者注。

这是英国金融监管部门对出现危机的银行采取的最极端的解决方式。

经金融监管部门同意，互助集团比规定时间晚了两天，即在 6 月 17 日，向金融监管部门提交了一份挽救互助银行的计划。这项计划的核心是将互助银行大部分的巨额经营亏损转嫁给互助银行债券持有人，即要求互助银行债券持有者将其所持互助银行债券变成没有任何收益保证的互助银行普通股票（即使公司有收益，普通股票的收益也远低于债券收益）。相较于政府用纳税人的钱挽救互助银行，互助集团是想要求互助银行的债权人承受经营亏损和承担挽救责任。

互助集团还计划卖掉它的保险业务以及在伦敦股票市场上卖掉25%它所持有的其他互助公司的股票。同时，互助集团也打算将互助银行拆分成"好银行"和"坏银行"两个独立银行。互助集团计划将总计 14.5 亿英镑"有毒"的房屋抵押贷款、不列颠尼亚带过来的建筑贷款以及互助银行规模巨大的公司信贷业务转入"坏银行"。互助集团希望今后能逐渐恢复互助银行的信贷业务，或者，如果遇到合适买家，将"坏银行"全部卖掉。而"好银行"则只专注于个人及小微企业的存贷业务。

互助集团极力推销它的互助银行营救计划。互助集团宣称：如果不采用这个计划，互助银行只能关门。互助银行新任董事会主席理查德·皮姆说：这个计划为互助银行今后在市场上向客户提供另外一种银行服务选择和为互助银行能长期成功地发展提供了基础。

但这个计划一经公布，立刻招致了大量反对声音。伦敦金融街资深房地产商人和投资人约翰·瑞特布莱特爵士（Sir John Ritblat）给我（作者）打电话说：他也是互助银行债券持有人，他 2013 年 6 月初就知道互助集团打算放弃跟他的家族企业，黛蓝赛（Delancey），在曼彻斯特市中心的那个 8 亿英镑项目上的合作。对互助集团计划通过掠夺 7 000 位互助银行债权人权益的方式挽救互助银行的做法，瑞特布莱特感到非常气愤。

　　瑞特布莱特对我说："通过使用惩罚互助银行债券持有人而不惩罚作为互助银行股权持有人，特别是互助集团，来挽救互助银行的做法实在太可恶。互助银行大面积的管理失误是导致其目前深陷泥潭的直接原因。他们不但要求我们这些互助银行的债权人承担他们收购萨姆菲尔德的费用，还要求我们承担跟不列颠尼亚合并的费用。现在，他们又要求我们承担他们愚蠢经营的恶果。"

　　瑞特布莱特说得没错，企业遇到经营危机时，正常的做法应该是：企业所有者，即企业股票持有人，应该首先承担营救责任，然后才是没有获得任何抵押物的企业债券持有人。而互助集团恰恰是把这个顺序弄反了。互助银行如果出现资金缺口，作为拥有连锁超市、药房、墓地服务它的控股公司，互助集团，应先考虑通过卖掉其部分生意的方式筹集资金，来填补互助银行的资金缺口，而不是先想着如何让其债券持有人为挽救企业做贡献。但正像人们现在了解到的，好多奇怪的、不合常理的事情都发生在互助集团。但互助集团新的首席执行官尤安·苏索尔兰德（Euan Sutherland）认为：热衷疯狂扩张之后深陷泥潭的互助集团，除了让债券持有人为互助银行的生存作出牺牲外，没有其他选择。

　　那个死不认错的互助集团首席执行官彼得·马克斯终于在 2013 年 6 月 18 日提交了辞职申请。但这时，互助集团同互助银行债券持有人的矛盾也白热化了。固定收益的支持者，马克·泰伯（Mark Taber），带头在全英发起为保护小额投资者权益、反对互助集团营救互助银行计划的抗议运动。实力较大的投资人也对计划的公平性提出了质疑。在这种情形下，苏索尔兰德不得不开始跟投资人进行谈判。

　　这时互助银行的财务状况变得越来越糟，2013 年 8 月 29 日，互助银行公布了它 2013 年上半年的经营情况：相较 2012 年同期的 5 860 万英镑的亏损，互助银行 2013 年同期亏损达到 7.09 亿英镑。面对这种情况，从 2007 年一直担任互助集团董事会主席的兰·沃德（Len Wardle）宣布辞职。人们在互助银行出现危机之后，很少在媒体上见到沃德，所以有人建议他的绰号应该叫"沉默的兰"。

虽然互助银行小额债券持有人跟苏索尔兰德的谈判没有任何进展，但他们却发现互助银行那些由机构持有的 70% 的互助银行债券已经被两家美国基金，欧瑞尼尔斯基金管理公司（Aurelius Capital Management）及银尖基金（Silver Point Capital）悄悄买走。事实上，这两家基金目前是互助集团主要的政策制定者。苏索尔兰德保证，虽然这两家以逐利为目的的美国基金把持着互助银行大多数债券，但互助银行还会继续坚持它原来的"以道德标准经营银行"的原则，并会将这一原则体现到新的公司章程上。但在银行决策权已经落入不知名的、随时可能套现的两家外国基金公司手里后，人们不禁要问，从法律角度来说，互助银行是否还能管自己叫"互助银行"？

最后，互助银行要求它的小额债券持有人在以下两种选项中作出选择：他们要么选择跟过去规定相同的债券利息，但互助银行不保证债券在 2025 年到期时的投资回报；要么选择接受被降低了的债券利息，以换取今后更高的投资回报。

与此同时，互助银行开始加速通过关闭分行来削减其经营成本。11 月 4 日，互助集团宣布：年底前，为节省开支，互助银行将关闭它 324 家分行当中的 50 家分行，银行 9 000 多名员工当中，将有 1 000 人被解雇。同时，互助银行也缩小了它的业务领域，它不再向全英 100 多个政府机构（这些机构大多是由工党控制的）提供银行服务，只专注于零售银行客户服务。但因为互助银行早就不符合管理政府存款的要求，所以在互助银行公布它的上述决定前，很多政府机构像是预见到不可抗力事件（Force Majeure）将要发生似的，已从互助银行提走了它们的存款。

改变互助银行所有权结构需要 2/3 的银行债券持有人同意。但就在决定互助银行未来的银行债券持有人投票日（2013 年 11 月 30 日）前几天，互助集团大厦突然崩塌。它从一个正在努力摆脱危险困境的企业，一夜之间因董事会副主席富劳尔斯，在街上买毒品和跟男妓鬼混而成为全英丑闻企业。从这天开始，富劳尔斯糟糕个人生活的方方面面也渐渐展现在人们眼前。

人们不禁要问，为什么像富劳尔斯这么不合格的人能担任这么大银行的高级主管？为什么他能受到那么多政客的青睐？

富劳尔斯事件被曝光后，他被他所在的教会终止了牧师资格。互助集团董事会主席兰·沃德在被迫提出辞呈时说："我领导的董事会任命了保罗·富劳尔斯担任互助银行的董事会主席，在他出现这种事情之后，我没有别的选择，只有辞职。"这是人们在这个奇怪事件过程中，听到"沉默的兰"说的最多的话。兰·沃德辞职后，互助集团的"老人"，尔索拉·利德贝特（Ursula Lidbetter）成为互助集团的董事会主席。利德贝特之前曾是互助集团旗下独立的林肯郡互助公司的首席执行官。虽然林肯郡互助公司在林肯郡是最大的雇主，但利德贝特简历上没有她曾领导处理银行复杂财务困境的经历。

与此同时，对富劳尔斯的调查也在紧锣密鼓地进行。富劳尔斯在布莱德福德的住宅遭到警察以调查非法使用毒品为理由的搜查，而富劳尔斯积极参与的互助运动也成为人们关注的焦点。11月20日，随着工党对互助集团的支持迅速减退，等待时机的保守党政府首相大卫·卡梅伦（David Cameron）向英国下院承诺成立独立调查委员会，对互助集团进行调查。卡梅伦说："显然，互助集团需要回答好多问题。比如，为什么危机警报没能及时拉响？特别是那些知道实情的内部高管为什么不及时拉响警报？为什么富劳尔斯牧师会被互助集团任命为互助银行的董事会主席？"

工党这时在互助集团的问题上，完全处于守势。工党影子大臣艾德·鲍斯（Ed Balls）坚决否认他曾经收到的5万英镑互助银行捐款是由富劳尔斯决定的。虽然在几次互助集团组织的餐会上跟富劳尔斯见过面，但除此之外，鲍斯不承认他在私下场合见过富劳尔斯。在互助集团问题被过分政治化了的环境下，那些政客可能忘了，想让互助集团成为英国互助商业"巨无霸"的想法，是历届政府（包括保守党以及自由民主党政府）的一贯想法。

英国政府对互助集团的调查，是对由新的互助集团管理层成立的、由前议院操守专员①克里斯托弗·凯里爵士（Sir Christopher Kelly）领导的互助集团内部调查的补充。但这远没有结束。富劳尔斯这时已经被他的教会无限期地终止了他的牧师资格，英国政府负责慈善事物的专员也开始调查他可能的大量挪用英国政府"生命线项目"（Lifeline Project，是英国政府为避免灾害发生或降低灾害损失而设立的）资金，为自己购买毒品和名酒的问题。而这个问题 12 年前就已经有人向英国政府举报过。

面对这种情况，互助集团也开始将枪口对准了富劳尔斯。互助集团要求富劳尔斯归还两笔总计为 18.6 万英镑的报销款。11 月 22 日，警察在默西赛德郡以调查"毒品买卖"逮捕了倒霉的富劳尔斯。发生了这些事情，让人们觉得互助银行想要不受任何影响地照常经营其银行业务基本是不可能了。财政部决定将对互助银行的调查时间至少延伸到 2008 年，而负责监管英国企业财务的财务报告理事会（Financial Reporting Council）宣布，他将审计互助集团的财务报表以决定是否对互助集团展开正式调查。

好像还不够热闹似的，2014 年 1 月 12 日，富劳尔斯牧师的名字又因为他在街上试图购买毒品和找男妓出现在星期日邮报的头版。几个月前，

---

① 议院操守专员（Parlimentary Commissioner of Standards），此职位由英国议会于 1995 年设置，负责确保议员的职业操守，包括了解议员的工作是否跟他们的经济利益有关系——译者注。

富劳尔斯曾发表过一个声明，说他上次是因为受不了巨大的工作压力才到街上买毒品的，请求大家原谅他。并说，上一年对他来说是困难的一年。这一年中，他的母亲过世了，而互助银行董事会主席的工作让他喘不过气来。在那段时间最困难的时候，他干了愚蠢和错误的事情。他为此感到遗憾。他最后说，他在寻找专业的（心理及医疗）帮助，并向所有他伤害过的及对他的行为失望的人道歉。

富劳尔斯的认错并没有阻止更多互助集团秘密被外泄。2014 年 3 月 10 日，《观察家报》（*Observer*）披露了一份互助集团董事会文件。文件显示互助集团新的首席执行官，尤安·苏索尔兰德，可能会在当年从互助集团赚取 366 万英镑，其中包括 150 万英镑年薪、150 万英镑养老金等以及从他前雇主那里买断他合同的费用。而他的前任，就是使互助集团深陷泥潭的那位马克斯，在前一年从互助集团得到的总收入是 130 万英镑。

在观察家报披露上述信息的第 2 天，苏索尔兰德辞职，同时指责透露其收入信息的董事会成员暗中给他和他领导的团队下绊子。他说："那些高高在上谈论改革的人，在现实中，根本就没打算改革。互助集团根本无法管理。"这之前，苏索尔兰德已经因互助集团董事会权力过大而跟董事会里面的"政治董事们"闹翻。苏索尔兰德发现，那些"政治董事"在董事会中的地位根本无法撼动。苏索尔兰德问道："互助集团是为谁服务？是 600 个互助运动的积极分子？还是 9 000 名互助银行员工？抑或是成千上万名互助集团的客户？"

"我的回答是，它为上述所有的人服务。"苏索尔兰德说道。

苏索尔兰德走后，财务总监理查德·潘尼库克暂时代理首席执行官职责。尔索拉·利德贝特，互助集团新的董事会主席，在其试图粉饰的声明中说：

"尤安和他的团队在互助集团 150 年历史中最严重的危机时刻，在没有花纳税人一分钱的前提下，挽救了互助银行以及互助集团。他们为互助集团的可持续发展的未来在过去的时间里日夜工作。"

　　苏索尔兰德混乱的辞职过程，使曾在布朗政府中担任财政部金融商务局局长[1]，在帮助银行脱离困境的过程中起着至关重要作用的互助集团独立董事梅纳斯勋爵（Lord Myners）很气愤，他向我（作者）揭露了互助集团内部管理的内幕。梅纳斯说："互助集团就是一窝里斗，它的地区负责人掌握着太大的权力。"他接着说："当我刚被任命为独立董事，想要整顿一下互助集团内部混乱的管理结构时，互助集团的一位地区委员会委员告诉我，没有他（地区委员会委员）的同意，我的所有改革都不会成功，因为他掌握着至关重要的投票权。"

　　梅纳斯后来发现，那些来自地方上的人士，包括在地方上有权势的人、地方的什么协会的主席以及地方政客，都从互助集团领取补助，他们都为了既得利益不计代价地把持着政府职位。他们当中的一些人每年从互助集团领取的补助超过了英国人的年平均收入[2]。这些人的脑子里根本没有民主意识，他们觉得那些企业高管就应该把他们这些人当领导，向他们磕头。而互助集团就像那个曾经控制美国纽约市的坦慕尼组织[3]一样，虽然标榜自己对社区友好，但其实根本不是那么回事。

　　梅纳斯很有挫折感。他认为互助集团选举其董事会成员的三级选举体系，不断地让一些不够格、没经验的人成为董事会成员。这些人不但抬高决策成本，而且在互助集团内部模糊了权、责关系。虽然互助集团宣称它的选举方式是"一人一票"，但按照现行的公司章程，互助集团普

---

　　[1] 财政部金融商务局局长（Commercial Secretary to the Treasury，又称 City Minister），此职位主要负责管理英国商业领域和金融领域内的事务——译者注。

　　[2] 根据英国统计局（ONS–Office of National Statistics）的数据，2013 年英国人平均收入为，男性：29 300 英镑，女性：26 600 英镑。

　　[3] 坦慕尼组织（Tammany Hall），起源于 18 世纪美国纽约，是美国纽约可以影响甚至操纵市政的民间组织，但自从罗斯福总统及其夫人和其他一些政商界人士开始质疑、反对坦慕尼组织后，这个组织的影响力逐渐衰落，直至在 20 世纪 60 年代终止活动——译者注。

通员工根本没有参加每年年会或投票选举集团董事的权利。

梅纳斯建议：互助集团董事会成员应该通过普选产生，就像英国人选议员或政府首长一样。如果管理位置出现空缺，则应该通过公开刊登招聘广告的方式，将职位要求，包括对能力和学历、经历的要求，明确公布出来，招聘过程要量才而用，而不是像现在似的进行政治任命。梅纳斯还建议：互助集团董事会主席应由一个没有参加过互助运动的人来担任，董事会由 6~7 个非执行董事，以及 2 个执行董事组成。梅纳斯不赞成目前由 20 位董事组成的互助集团董事会结构。他相信其中有些董事是因为在互助运动中很有影响力才被任命为董事的。梅纳斯说，他的改革计划现在落到了不到 50 人被任命的互助集团内部人员手上。如果这些人不想改革，则他的改革计划根本没有被采纳的机会。

梅纳斯最后建议，互助集团首先应该把它的董事会产生程序理顺，然后再考虑新的首席执行官人选。

但不只是董事会的问题缠绕着互助集团。它（指互助集团）在 2013 年 3 月 24 日发现，互助银行的亏损已经高达 4 亿英镑。但互助集团决定暂时不公布这个信息，因为它不知道公布这个信息会给集团带来什么样的后果。

互助集团这时又要求其股票持有人提供资金，帮助填补互助银行的财务"黑洞。"由于不能跟股票持有人达成协议，最终，互助集团找了一些投资基金提供了互助银行急需资金的 2/3，从而使这些基金通过对投票权的控制完全控制了互助银行。因为另外急需资金的 1/3 必须由互助集团自筹解决，没办法，互助集团只能在卖掉它的 750 家药店和一些土地后，再计划卖掉 200 家超市（其中大部分超市是它通过灾难性的收购，从索姆菲尔德买来的）。现在，出现在互助银行的危机很有可能毁掉有着 150 年历史的互助运动。如果互助集团再按计划继续解雇 1 000 位员工，互助运动无疑会面临死亡的威胁。

　　互助银行的丑闻虽然不能跟大银行违规销售 180 亿英镑的支付保证保险行为、汇丰银行帮助其客户洗钱行为以及巴克莱银行操纵伦敦银行同业拆借利率行为相比，但让人们担心的是，其丑闻根源跟其他银行丑闻根源的相似性。发生在互助银行的丑闻和危机又一次证明，在金融领域的过去和现在，历史是在不断重复着的。

　　首先，是那些野心很大的银行高管愿意冒险的行为倾向。作为互助运动一部分的互助银行，可能拥护社区的协商文化，但这并不是说，它的决定全部建立在谨慎及依靠广泛专业知识的基础上。相反，集团前首席执行官彼得·马克斯和他的管理团队在拜占庭似的所有权结构中，在基本没有监督和平衡的情况下，完全掌握着对互助银行各项事务的决定权，包括任命富劳尔斯和兰·沃德这些对他唯命是从的人。这些人使马克斯和他的团队可以无所顾忌地从事他们那些疯狂和无节制的扩张活动。

　　如果说互助集团内部没有适当的监督机制，那它外部的监督机制也近乎形同虚设。英国历届政府都希望将银行出现的问题尽快"解决"或让银行迅速"抓住"机遇，所以很多时候，英国政府在没有进行详细调查前就仓促作出决定。这种决策方式（即不经过详细调查的决策方式），让金融监管人员很难在关键的时候叫停那些危险的银行项目和操作。

　　还有就是监管部门经常忽略主要银行高管的道德瑕疵和缺少合格从业资质在一定程度上导致银行经营危机的问题。富劳尔斯就是一个最突出的例子。他"多姿多彩"的个人生活很能说明这个问题。金融服务局的高级官员克里夫·安德森（Clive Anderson），在其 2014 年向财政部特别调查委员会所做的证词中说："富劳尔斯担任互助银行董事会主席前在公共卫生间跟人胡搞被抓的事实完全被忽略了。""我们知道这事。"他说，"但从 1981 年开始我们不认为他的那些罪行跟他是否能做好他的银行工作有什么关系。我们必须小心，不要把人们的私生活跟他们的职业等同起来。"安德森说，他不知道富劳尔斯 1990 年曾因酒驾被警察拘留过。金融监管部门和互助集团也没人对富劳尔斯 2011 年因在其电脑内存储色情文件而被迫从布拉福德郡委员会辞职一事做过任何调查。是否这些监管疏失是让富劳尔斯胆子更大，最终导致其后来一系列判断失误的原因，也只能是仁者见仁智者见智了。

虽然安德森不承认他同意富劳尔斯担任互助银行董事会主席是个疏忽，但富劳尔斯没有什么银行工作经验和不了解银行业务则是不争的事实。他说："我不认为当初建立在我能看到的信息基础上的同意决定是错误的。"但当 2013 年 11 月财政部特别调查委员会的委员们听完富劳尔斯提供的互助银行资产数字时，他们马上发现富劳尔斯根本不了解他所管理的银行的基本信息。比如，当调查委员会委员问富劳尔斯目前银行大约有多少资产时，富劳尔斯的回答是 30 亿英镑。但实际上，当时互助银行大约有 490 亿英镑的资产。财政部特别调查委员会主席安德鲁·泰瑞（Andrew Tyrie）告诉安德森（安德森这时已是金融行为监管局[1]的官员）："你对互助集团董事会的迎合结果，就是让对银行知识一窍不通的白痴领导互助银行。"（公平地说，富劳尔斯在国民西敏寺银行工作期间通过了银行知识第一部分的考试，并完成了一半银行知识第二部分的课程。）

富劳尔斯的教会和互助运动背景，使互助运动领导们对富劳尔斯的任命就是走一个过场，这并不奇怪。但英国金融服务局[2]也同意对他的任命就很让人吃惊。总之，富劳尔斯事件后，所有对银行高管的任命变得异常敏感。财政部的报告也特别强调今后各银行董事会主席必须要具备全面的金融知识并且要了解英国金融市场的运作。议员们希望银行董事

---

[1] 金融行为监管局（FCA – Financial Conduct Authority），是英国负责管理金融行业的部门。这个部门也受理银行客户对银行的投诉。

[2] 英国金融服务局（FSA – Financial Service Authority）由于它糟糕的监管记录，被它的批评者冠以"完全懒惰局"（FSA – Fundementally Supine Authority）。

会主席由既充满活力又有能力的人担任，并且所有董事必须都是独立的，能够对像弗雷德·古德温（Fred Goodwin）[①]或鲍勃·戴尔蒙德（Bob Diamond）这些善于让董事会靠边站的强势首席执行官作出的决定提出质疑。在危机后的金融法规的改革过程中，富劳尔斯利用法规漏洞，成了漏网之鱼，他没有受到什么影响。他的职位提升得益于我们稍后可以看到的互助运动那个不可能实现的所谓的民主程序。

好像那些将银行带入绝境愚蠢的银行高管让人气愤的程度还不够高似的，人们发现这些高管在被炒或离职后，都可以得到一大笔数量可观的"分手费。"比如，互助集团支付给不列颠尼亚的前首席执行官纳维尔·理查森的分手费为460万英镑，这份"黄金分手费"包括139万英镑的离职费、73.8万英镑的奖金和其他支付以及不列颠尼亚已经同意支付的210万英镑退休基金。虽然理查森对特别调查委员会的安德鲁·泰瑞说，互助集团的危机是在他离开之后发生的。但英国审慎监管局公开反驳了他的这种说法。首先，作为不列颠尼亚首席执行官，在跟互助集团合并的过程中以及合并之后，理查森对两个机构的健康营运都有不可推卸的责任。同时，不列颠尼亚混乱的信贷业务、漏洞百出的 IT 系统、通过欺骗方式向客户销售他们不需要的产品，比如说支付保证保险，都是在他担任首席执行官期间发生的。克里斯托弗·凯里爵士在他 2014 年 4 月的报告中也指出："在担任不列颠尼亚首席执行官两年的时间里，理查森对不列颠尼亚资金问题、不健全的风控管理体系以及不断增加的 IT 系统重建成本，根本是不闻不问。"

以上银行高管的所作所为听上去好像很熟悉吧？没错。人们发现，所有那些把他们管理的银行搞垮的银行高管，跟互助银行的高管其实没有什么区别。时间会证明，跟互助银行高管们相同或相似的银行高管还

[①] 弗雷德·古德温（Fred Goodwin），苏格兰皇家银行前首席执行官——译者注。

在不断地将他们的银行搞垮。互助集团的那位极具侵略性的彼得·马克斯不是个别现象。在巴克莱银行，董事会成员，包括董事会主席马库斯·阿吉斯（Marcus Agius）就默许鲍勃·戴尔蒙德不断使用不择手段的方法管理巴克莱银行。原因是，戴尔蒙德在 2008 年金融危机期间，极力阻止了政府企图控制巴克莱银行的计划。在美国的摩根大通银行（JP Mogan Bank）内部，董事会和股东之所以允许他们的董事会主席和首席执行官杰米·戴蒙（Jamie Dimon）想干什么就干什么的原因，是因为戴蒙可以为银行带来利润。还有那位前苏格兰皇家银行的首席执行官，弗雷德·古德温。当苏格兰皇家银行利润上升，大家都称赞古德温。但人们不知道，在银行紧闭的大门后面，自负狂傲的弗雷德·古德温拒绝任何对他经营方式的批评。

同样，互助银行不透明的所有权结构和管理、控制体系，也让其权力巨大的首席执行官可以为所欲为。其实，银行高管不受监督和制约的情况，不只存在于像互助银行、巴克莱银行或纽约的大通曼哈顿银行，在其他的欧洲银行也照样存在。这种软弱的银行管理体系对消除银行高管的冒险野心和危险经营都显得无能为力。

正像过去几年人们看到的那样，政府在减少银行冒险行为方面也是乏善可陈。前英格兰银行行长默文·金（Mervyn King）将 1997～2007 年这段时间比喻成银行家的"美好年代"，因为在这段时间里，银行法规不严，监管又非常松弛。只要银行赚钱，没人追究银行的钱是怎么赚的。人们也许会觉得，经过金融危机和 2008～2010 年经济大衰退，银行高管会开始学着自律，而监管部门会加强监管力度，但坏毛病改起来有时很难。比如在巴克莱银行，董事会选择不理金融监管部门的警告，继续为它的客户提供躲税服务，就是因为这个服务能给银行带来巨大收益。在巴克莱内部，没人对此提出异议直到有一天巴克莱为此蒙受巨大损失。

当银行领域出现大的问题时，金融监管部门也会采取一些措施。比如，2013 年 10 月 26 日，英格兰银行就宣布它将调查互助银行的问题。调查的细节在 2014 年 1 月由审慎监管局和金融行为监管局对外公布。这两个部门都会调查是什么原因导致互助银行出现 15 亿英镑的财务"黑洞"以及在互助银行处理其资本和清算其资产的过程中是否存在不当行为。跟不列颠尼亚的合并以及野心巨大的兼并劳埃德 632 家分行的企图也成为这两个部门调查的内容。有传言，那些在发生以上这些事情时身居要职的金融监管部门官员，从此可能会被禁止参与跟伦敦金融业有关的任何活动，或更惨。但最终，这只是一个传言。

现实中，要重新规范放任了十多年的银行不是很容易。但我们觉得，经历了 2007~2008 年的金融危机，最起码，银行总该学着逐渐完善它们的管理体系吧。但是我们又错了。我们这些年还在不断看到爆出的银行丑闻，从操纵伦敦银行同业拆借利率、洗钱到继续向银行零售客户兜售他们根本不需要的保险产品再到因为银行混蛋交易员的疯狂买卖行为给银行带来的巨额损失。我们似乎每天都能看到新的银行危机和那些可疑的银行操作行为。

现在距金融危机和北岩银行（Northern Rock Bank）破产已经 7 年，"大恐慌"（Great Panic），这个本世纪迄今为止最大的金融危机也已过去 5 年了，但我们离彻底解决英国国内以及世界其他地区的银行管理和银行监管问题还很远。人们不禁要问："为什么会这样？"以及"我们应该怎么做才能改变这种状况。"

= 2 =

"9·11" 的长期阴影：
世界银行业务滑向灾难

    2008 年 10 月的一个星期五的晚上，英国土地公司①首席执行官史蒂芬·哈斯特（Stephen Hester）正在享受他的周末夜晚，突然，苏格兰皇家银行（Royal Bank of Scotland）董事会主席汤姆·麦克科鲁普（Tom McKillop）爵士打来电话。哈斯特刚把电话接起，就听电话那头麦克科鲁普说："我们需要一个新的首席执行官，我们希望你来干。"

    麦克科鲁普是被财政部金融商务局局长梅纳斯授权给哈斯特打这个电话的。从美国投资银行雷曼兄弟公司（Lehman Brothers）在 2008 年 9 月 15 日倒闭开始，世界银行界便出现了前所未有的大混乱。在这种情况下，英国财政部请来深谙金融市场的梅纳斯，帮助重建英国的银行体系。梅纳斯知道哈斯特曾在 2004 年帮助阿比国民银行（Abbey National）成功完成重建，然后将银行卖给了桑坦德银行。梅纳斯对哈斯特在阿比国民

---

    ① 英国土地公司（British Land Company PLC），是英国最大的物业开发和投资公司之一——译者注。

银行的表现印象深刻。梅纳斯知道苏格兰皇家银行目前出现了非常严重的问题，它急需一位精明强干的首席执行官。

发生在 2008 年秋天苏格兰皇家银行足以震动整个英国和欧洲银行基础的"地震"让史蒂芬·哈斯特来到这家银行。虽然"地震"的表面原因像是近期产生的，但其根本原因（这个根本原因也是导致"大恐慌"的根源）却是过去几年银行畸形发展的结果，以及那个改变世界的，由基地组织发动的"9·11"恐怖事件。

人们知道，2001 年 9 月对五角大楼和纽约世贸中心像是战争模式的攻击，立即导致了随后美国的反恐战争。但 2001 年 9 月 11 日对美国的攻击，也给美国带来非常严重的经济后果。很多人认为，选择有成千上万金融和商业从业人员在里面工作的世贸中心作为攻击目标，好像是精心设计的对美国资本主义体系的一次打击。在"9·11"之后那些不安的日子里，市场情况急转直下，纽约股票市场关闭了 6 天，这在纽约股票市场的历史中还从来没有发生过。

虽然世界市场处于停顿状态，但紧急电话和 7 个工业国家，美国、日本、德国、英国、法国、意大利和加拿大之间的通信却异常频繁。用当时英格兰银行行长艾迪·乔治（Eddie George）的话来说：世界结算管道已经严重堵塞，急需有效的应急处理，以使它重新畅通。更重要的是，世界金融政策的制定者需要坚定地向世界表示：自由市场和资本主义体系是可以持久生存下去的，他们可以承受对华尔街心脏地区的打击。

美国联邦储备系统（以下简称"美联储"，The Federal Reserve System，英文简称 Fed。）主席，著名的艾伦·格林斯潘博士（Dr. Alan Greespan）清楚地知道他该做什么。美联储要降低利率以通过金融管道在全球释放美元。只有这样，可能的世界经济衰退灾难才能避免，信心才能重建。2001 年后，美联储本想将利率提至 6.5% 以使出现些许繁荣迹象的信贷和房地产市场稍微冷却一点儿。但在"9·11"恐怖事件发生

后，在格林斯潘的主导下，美联储立即快速启动4次连续降息直至到
2001年年末将利率降至1.75%（其他中央银行也效法美联储开始降息）。
到2003年底，美联储更将其利率降至1%，这是50年来最低的利率
水平。

　　这种大幅度的降息正好发生在纽约和伦敦金融市场正在经历演变和
发展的过程中。20世纪80年代末和90年代初，金融监管相对比较严，
但临近21世纪，金融监管变得逐渐松弛起来。在美国，克林顿总统在其
执政的1992~2000年期间，通过不同的法案，放松了对金融机构的限
制。废止《格拉斯—斯蒂格尔法案》① 这个在大萧条时期将零售银行和
投资银行区别开了的法案，直接导致了美国出现大量像花旗银行和大通
曼哈顿银行这样什么金融产品都经营的超大银行。这些银行经营的金融
产品从向个人提供的房屋抵押贷款到向公司提供的金融衍生产品几乎无
所不包。银行从此变得更加任性和更具扩张企图。银行高管也鼓励其员
工要像创业者努力追逐发展和利润那样，不停地为银行的发展和利润努
力。英国的情况跟美国差不多。1997年新工党执政后，对金融业采取了
后来我们知道的放松监管的政策。意识到英国的银行和伦敦金融机构可
以通过税款为政府改进公共服务设施提供所需资金，英国政府特别不想
做任何可能会妨碍新的金融企业形成和金融事业发展的事情。

　　放松对金融机构的监管和低利率证明对市场帮助很大。在以后十多
年的时间里，大西洋两边的股市价格都发生了大规模的爬升。道琼斯指
数在2001年9月10日的收盘价为9 605.51点，到2007年10月，在对经
济前景的信心空前高涨的背景下，大幅升至14 000点。好时光也反映在
美国房地产市场上。受低利率、宽松的信贷发放标准的影响，以及克林

---

　　① 《格拉斯—斯蒂格尔法案》（Glass - Steagall Act），1933年由曾任美国财政部长的美国参议员
卡特·格拉斯（Cater Glass）和另外一个参议员亨利·斯蒂格尔（Henry Steagall）共同提出，其主要内
容是商业银行、投资银行和保险公司不能跨界经营和相互持股。此法案在1999年被废止——译者注。

顿政府希望通过部分由政府控制的房产中介，房利美（Fannie Mae）和房地美（Freddi Mac）的房屋抵押贷款计划使低收入的居民也可以有资格申请房屋抵押贷款的政策，美国房屋价格在 2001～2005 年以每年 8.26% 的速度增长。这个增长速度是过去 10 年年增长速度的两倍。整栋房子的平均售价从 2001 年的 166 600 美元增至 2006 年的 221 900 美元。正是这个高房价导致全美的房屋建设热潮。

在"9·11"事件之前的 3 年里，在经历了 26 年因美国联邦政府财政赤字导致的美元在全世界泛滥之后，克林顿政府使美国联邦财政重回盈余。但乔治·布什（George W. Bush）总统在 2001 年 6 月迫于互联网泡沫破裂以及美国经济开始显现出的衰退迹象的压力，实施的大规模减税政策改变了以上的一切。由于大规模减税和在阿富汗和伊拉克战争的双重作用，使美国联邦预算赤字逐渐攀升至 1 万亿美元。与此同时，那些有预算盈余的国家，比如中国和日本则囤积了大量美元。美元的国际储备货币特点，让世界别的国家、银行或其他一些机构（比如养老金管理机构）即使在美国出现财政预算赤字后，也愿意购买美国财政部发行的美元债券以作为它们的资本储备或以购入的美元债券作为它们的信贷支持。大量美元通过世界各国银行系统不断地循环流动，使世界金融市场的信贷利率持续下降。这种情况使各国之间出现失衡状态。出口国，比如中国、日本、德国等，通过限制国内消费积累了大量结余，而美国，因其巨额财政赤字，还在不停地印制美元。

廉价信贷、放松了的政府监管以及让低收入家庭可以"轻松"获得购房贷款繁荣的房地产市场，向华尔街提供了一个他们觉得能赚大钱的新的赚钱途径。大量新的房屋抵押贷款被批准发放出去，其中不乏向很多信用记录不佳的高风险客户发放的房屋抵押贷款。有些贷款手续极其简单，有些贷款干脆不需要申请人提供任何可以证明其收入来源和信用记录的证明文件。银行还发放根据申请人不同的收入组合和房屋价值设计的（超大）混合房屋抵押贷款（Jumbos）。更有甚者，银行还将以上抵押贷款打包后，让其变成可以买卖的另外一种金融衍生产品。所以对银行来说，发放一笔房屋抵押贷款，不单单意味着它可以从这笔贷款中能够获得利息和手续费收益，它的员工可以获得佣金和奖金，还意味着它还可以从打了包的，由房屋抵押贷款组成的金融衍生产品的销售中获得大笔销售收益。

经过信用评级机构［标准普尔（Standard & Poor's）或穆迪（Moody's）］，橡皮图章似的背书，那些被打了包的由房屋抵押贷款组成的新的金融衍生产品，便可以卖给世界各国的银行、保险公司或养老金管理公司。然后，这个被认为是非常保险的金融衍生产品被这些机构当做资产置于其资产负债表上。很奇怪，那些越是不具备安全保障基础的金融衍生产品（比如由向有支付风险的房屋抵押贷款申请人发放的，贷款利率较高的抵押贷款打包形成的金融衍生产品），越是被当做抢手货被各种不同的机构争相购买。

上述的畸形现象伴随着两种完全错误的想法。第一种错误想法是，所有成功申请到房屋抵押贷款的人都有能力还款，即使他们当中的几百万人是来自城市低收入地区或一直住在汽车旅馆里。没错，虽然这部分房屋抵押贷款的申请人可以利用大大放宽了的贷款发放标准拿到贷款，但当贷款第一年的优惠偿还计划一结束，他们一定会立即面临还款困境。第二种错误的想法是，房屋价格还会持续攀升，即使有人不能偿还贷款，那些将贷款打包成金融衍生品并出售这种产品的银行，也还可以通过将作为贷款抵押品的房屋在高价位上卖掉而获得收益。

一些专家（包括艾伦·格林斯潘）的观点，在一定程度上也对银行的上述操作起了推波助澜的作用。他们认为，因为由房屋抵押贷款组成的金融产品广泛分布于各个银行，所以其风险也会被金融体系平均承担。即使信贷和房地产泡沫被刺破，整个金融系统今非昔比的应对能力也足以应付冲击。

现实中，这是一个以劣质房屋抵押贷款和由劣质房屋抵押贷款支持的金融和保险衍生品［即被称为信贷违约互换或信贷违约掉期（CDS - Credit Default Swap）的信贷衍生品］为材料或建在移动沙滩上的金融大厦。其结果就是，当房屋抵押贷款违约率开始在 2007 年出现直线上升的情况后，整栋大厦便随之出现了坍塌的迹象。

在英国，那个以投行方式经营零售银行的北岩银行，也在把它对普通居民的房屋抵押贷款打包弄成金融衍生品后，在美国市场上出售。当其存款客户发现北岩银行不能再像过去似的，可以继续从资本市场获得支持它发展模式的信贷资金和北岩银行经营弊端逐渐暴露后，立即蜂拥到这家银行要求提出他们的银行存款。这种挤提逼使英格兰银行和英国政府不得不向北岩银行施以援手并最终将其国有化。

几乎所有购入跟次贷有关产品的银行都有风险敞口，从美国的花旗银行到西班牙的班基亚银行（Bankia）。次贷危机爆发后，大量规模超大的银行，突然发现被它们放在资产负债表上的，先前对它们很有吸引力的那些由房屋抵押贷款组成的金融衍生产品，一夜之间突然一文不值了。更糟的是，在美国政府想以迫使雷曼兄弟公司申请破产保护的方式教训一下不计后果、极度扩张的金融行业后，立即在全球范围内引起连锁倒闭风潮，致使大量国际金融和国际经济体系内的商业活动戛然而止。

作为向经济机体提供货币血液的银行，是通过银行体系自身的循环系统将货币注入到经济机体的各个部位的。但伴随着雷曼兄弟公司的倒闭，不信任感立即开始在银行和银行之间，以及银行和其他非银行金融机构之间蔓延。这种不信任感让银行开始拒绝向其他银行提供信贷支持。其结果就是到处是灾难性的信贷短缺以及让世界经济大受影响的信心崩盘。房屋抵押贷款这个在前几年随手可得的银行产品，这时也因为银行开始收回贷款、收紧银根和拒绝放贷而不复存在。同时，大量企业也停止借贷和投资。在银行拒绝放贷的背景下，许多中小企业要么在绝望中苦苦挣扎要么干脆倒闭关门。那些曾经让人们可以为所欲为地进行信用购物（从购买时髦用品到购买汽车）的个人信用支付枯竭了，由此导致大量消费活动在经济体系中消失。在英国，在衰退严重的 2009 年春季，产出较巅峰水平下降了令人震惊的 7.4% 。"大恐慌"变成了"大衰退。"

如果有一家银行能集中反映大多数衰退原因和衰退结果，这家银行非苏格兰皇家银行莫属。经过 30 多年的发展，伦敦金融街和金融服务业的规模已经达到英国国民生产总值的 4 倍。同一时期内，苏格兰皇家银行从一个地处爱丁堡的地区银行发展成规模巨大的国际银行，并在 2007 年以其 2 万亿英镑的资产一度成为世界最大的银行。那时，苏格兰皇家银行在其发展的历史中，第一次使其在英国和海外的雇员人数达到 100 万。苏格兰皇家银行向英国政府缴纳的税款占英国政府总税款的 13.9% ，从而从财力上大大帮助了专注于投资学校和医院的英国工党政府。

苏格兰皇家银行一直是由使人着迷和极其聪明的弗雷德·古德温领导。在 2007 年前，古德温非常享受他那让人目眩的职业经历。他是他们家族第一个上过大学的人。从格拉斯哥大学拿到法律学位后，他通过考试加入了塔奇罗斯会计师事务所（Touche Ross）。他在 30 岁前取得的第一个成功是他成功领导了对国际信贷和商业银行①的清算工作。古德温使这家银行的债权人收回了几乎 100% 对这家银行的贷款。古德温在国际信贷和商业银行清算过程中取得的业绩非常耀眼。

1995 年，古德温加入了一家不起眼的苏格兰小银行，葛莱蒂斯戴尔银行（Glydesdale Bank），出任这家银行的副首席执行官。加入这家银行没多久，因其为了银行利润大量裁减银行员工的决定，古德温为自己赢

---

① 国际信贷和商业银行（Bank of Credit and Commerce Intenational），这家银行被认为是制造了世界金融史上最复杂金融诈骗案的银行。

得了"弗雷德裁剪师"的绰号。多年后，英国金融服务局的官员对古德温的评价是："他是一个冷酷、分析能力强和没有同情心的角色。"他的同事对他的评价更差。他的一个同事说他是个"反社会的人。"另一个同事说他是个"典型的恶棍。"我（作者）对他的感觉是，他对自己的能力极度自信以致相信他能将他手碰过的东西全都变成金子。

在古德温事业发展的初期，那些对他有看法的人只是在私底下说说而已。那时，大多数人认为他是个出色的领导者，所以当苏格兰皇家银行的首席执行官，乔治·麦斯森爵士（Sir. George Mathewson）雇他做自己的副手时，没有几个人觉得意外。不到两年，古德温在对国民西敏寺银行大胆的收购过程中，取得了让人吃惊的成绩。他打败了苏格兰皇家银行在爱丁堡的主要对手，苏格兰银行（Bank of Scotland）以 210 亿英镑的价格将国民西敏寺银行并入苏格兰皇家银行。这是那段时期英国最大的银行兼并。

麦斯森在 2001 年成为苏格兰皇家银行的董事会主席，年仅 42 岁的古德温接替他成为银行的首席执行官。12 个月后，虽然《福布斯》杂志（Forbes）将他评为年度最佳企业家，但对他的领导风格的议论也开始出现。古德温在 2005 年将银行总部从有悠久历史的爱丁堡市中心搬到爱丁堡城外一个占地 100 英亩的小村子里，并在过去曾是一家心理治疗医院的地方，投资 3.5 亿英镑建设了新的银行总部大楼。古德温让自己办公室的面积像一个足球场那么大（在他离开苏格兰皇家银行后，他的这个办公室在分割出他的继任者史蒂芬·哈斯特、银行新董事会主席菲利普·汉普顿爵士（Sir Philip Hampton）以及他们的助手的办公室后，还有很大闲置空间）。同时，他还亲自决定了董事会厨房的位置，以保证他所喜欢的那道扇贝菜在准时送到他办公桌上时，味道跟刚出锅的一样。

古德温这时还显露出其他一些骄狂的迹象。在他担任首席执行官时期，苏格兰皇家银行组建了一个有 12 辆奔驰 S 级别汽车和 12 位司机的银行车队。古德温命令把这些车的颜色全部喷成苏格兰皇家银行的颜色，车内所有内装皮质表面的颜色要同苏格兰皇家银行新总部管理人员办公室地毯的颜色一致。苏格兰皇家银行的标志在车内随处可见，包括在离合器操纵杆上。所有这些让史蒂芬·哈斯特，古德温的继任者，想要卖掉那些车基本不可能，除非将它们全部卖给收藏古怪纪念品汽车的人。最后就是银行用1 800万英镑为他买的那架涂着G-RBSG注册名称的猎鹰900EX商务客机。苏格兰皇家银行内部员工开玩笑说，飞机注册名称：G-RBSG，应该是Royal Bank of Scotland Goodwin（苏格兰皇家银行古德温）几个字的字头。

古德温对细节的注重已经到了让其他银行高管侧目的畸形程度。他讨厌不整洁。当他发现苏格兰皇家银行的员工喜欢把文件放在档案柜顶部时，他就命令将银行几千个平顶档案柜的顶部改成圆形以阻止银行员工再把文件放在这些档案柜的顶部。因为不喜欢别人在公共区域使用Sellotape这种牌子的透明胶带，他就干脆禁止银行员工在银行内使用所有的透明胶带。他的这些做法，虽然使苏格兰皇家银行表面上的所有东西都显得光鲜亮丽，但外表的下面却不尽然。这就像他督建的新的银行总部大楼：总部大楼是富丽堂皇，但离它不远就是村里人的猪圈。每当风从猪圈那个方向刮过来，在总部大楼里工作的人就会闻到猪粪的气味。

2008年夏天，我（作者）跟古德温在苏格兰皇家银行伦敦地区总部办公室吃过一次中饭。我对他的印象不是太好。他太想让我知道他现在住在萨伏伊酒店①以及酒店服务员如何有效率地为他清洗、熨烫衣服的服务。当我们谈到商业上的事时，他对跟他观点相左的观点嗤之以鼻。他对自己的过分自信让我不太舒服。

但有些人会被他的这种自信所吸引。古德温让这些人相信，他能成

---

① 萨伏伊酒店（Savoy Hotel），伦敦豪华酒店——译者注。

功地将复杂的银行 IT 系统跟其他系统融为一体。但实际上，古德温对苏格兰皇家银行分行卫生状况的关注程度要远远超过对 IT 系统的关注程度。而他对在极大程度上决定着银行是否可以正常运转的苏格兰皇家银行 IT 系统的忽视，直接导致了 10 年后苏格兰皇家银行 IT 系统的突然瘫痪，致使数百万银行客户不能从银行取钱。

古德温曾向新闻记者吹牛：他对兼并不死不活的英国共同基金公司没兴趣。相反，他把眼光投向大西洋对岸的美国。2004 年，古德温用 59 亿英镑在美国收购了 Charter One 银行，然后将它并入苏格兰皇家银行持股的，由同样具有野心的拉里·费石（Larry Fish）领导的美国国民银行（Citizens Bank）。在短短的几年时间里，古德温在大西洋两边完成了 25 次兼并。

古德温的逻辑很简单：他的银行必须成为跟纽约的花旗银行、大通曼哈顿银行，西班牙的桑坦德银行以及在香港和亚太金融领域起着重要作用的汇丰银行并列的世界级银行。要达到此目标，他的银行不但要足够大，还要在世界各地有分支机构。对国家西部银行的兼并让古德温得以大幅度增加其英国国内分行数量。而通过对坐落在康涅狄格州斯坦姆福德市的格林威治资本（Greenwich Capital）的收购，则让他直接进入了投资银行的业务领域。古德温不但在美国建立了投资银行和零售银行网络，他还通过收购快速进入了保险、大宗期货交易和租赁领域。在英国，古德温也进行了疯狂的兼并。比如，他兼并了保险公司 Direct Line 以及由保险天才彼得·伍德（Peter Wood）建立的 Churchill 保险公司。同时，他对铁路货运租赁公司的投资也是数额巨大。

表面上，古德温的所有兼并和投资进行得很顺利。所以，当 2004 年古德温因为他的银行服务被授予爵士爵位时，人们并不吃惊（其实，古德温被授予爵士爵位在很大程度上是因为他跟时任财政部长的戈登·布朗保持着友好关系）。但虽然一切看起来好像非常美好，但人们还是能时不时地听到一些对古德温的担心。比如，德累斯登佳华①的分析员詹姆斯·艾登（James Eden）在一次会议上，就直接将一些投资人的担心告诉了这个好像是不可战胜的首席执行官："我们知道，弗雷德·古德温是一个将银行规模置于投资人利益之上只热衷疯狂扩张的疯子。"在此之前，古德温听到这种担心时一般是置之不理。但这次他保证会将兼并速度降下来。可是，实际情况并不是这样。他喜欢他能看得见的所有可能的兼并或投资机会，不喜欢其他银行在他鼻子底下将这些"可能的机会"偷走。比如，当他听说苏格兰皇家银行多年在爱丁堡的老对手苏格兰银行收购国民西敏寺银行的价格后，为阻止他们两家成交，他立即提高了收购价格并最终将国民西敏寺银行并入苏格兰皇家银行。他对拥有大量海外分行和投行业务发展快速的巴克莱银行也使用同样的雄性决斗方式，以阻止巴克莱银行在英国变得更加强大。

2007年，巴克莱银行出身贵族的首席执行官约翰·瓦莱（John Varley）和那个傲慢、粗鲁的总裁，美国人鲍勃·戴尔蒙德已经商定收购表现不佳的荷兰银行（ABN Amro）。巴克莱银行甚至已经开始准备将其总部从伦敦迁至阿姆斯特丹。为了避免触碰荷兰人的敏感神经，巴克莱银行还决定放弃它那具有德国特征的银行徽标。

开始，古德温对这个兼并装得像一个有兴趣的旁观者，静静地在一旁注视着。但在其内心深处，古德温清楚，苏格兰皇家银行可以通过收购荷兰银行快速进入投行业务市场，并且，如果苏格兰皇家银行能够收购荷兰银行，苏格兰皇家银行还可以第一次进入快速增长的亚洲市场。很快，古德温的那个权力很大、总喜欢暗箱操作的媒体部主任霍华德·穆迪（Howard Moody）就向媒体和投资分析界暗示，苏格兰皇家银行的头儿近期会有一个大动作。暗中，古德温联合了西班牙的桑坦德银行，

---

① 德累斯登佳华（Dresdner Kleinwort Wasserstein），投资银行——译者注。

荷兰比利时合资的富通银行（Fortis Bank）加上苏格兰皇家银行，组成收购集团。然后，突然向荷兰银行提出 550 亿英镑的收购价。这个收购价格是巴克莱银行那个友情收购价没法比的。看到苏格兰皇家银行的价格，巴克莱银行只能带着遗憾和对苏格兰皇家银行的指责放弃了对荷兰银行的收购计划。

但是这个收购不论从时间上还是从收购设计上，对苏格兰皇家银行的投资人以及苏格兰皇家银行自身的安全都不是一件好事。2007 年秋天，北岩银行已经被财务问题逼入绝境。世界金融市场已经感觉到美国次贷危机的震荡。汇丰银行已经暗中为它所收购的、持续亏损的家庭信贷公司（Household Finance Corporation）准备了 10.75 亿英镑的应急资金。信贷市场也出现银根紧缩的情况。但即使如此，在英国金融服务局同意苏格兰皇家银行对荷兰银行的收购方案后，令人瞩目的这项收购还是在这年的 10 月正式完成。前金融服务局负责人哈格特·圣斯（Hector Sants）说，当时他能感觉到英国政府对苏格兰皇家银行收购荷兰银行的热情。圣斯之后还回忆说，多封唐宁街（英国首相官邸和财政部所在地）和金融服务局之间的信函显示，英国政府希望金融服务局不要对苏格兰皇家银行的收购方案太过苛刻。

但到 2008 年春季，伴随着金融危机在全球持续蔓延，英国金融服务局意识到，如果想避免在英国发生大范围的银行灾难，它必须立即加大它的监管力度。在这种背景下，圣斯要求苏格兰皇家银行和财务状况脆弱的苏格兰哈利法克斯银行①尽可能多地增加资本金以面对可能的危机。弗雷德·古德温的苏格兰皇家银行这时也感到其资产负债表上的"黑洞"威胁，计划以发行 120 亿英镑附加股的方式向投资人提出融资要求。这

---

① 苏格兰哈利法克斯银行（HBOS – Halifax Bank of Scotland）这时也在进行大规模的兼并活动——译者注。

是迄今为止英国历史上最大的附加股发行。这时的古德温不得不强压着他的傲慢，一个接一个地给关键投资人，比如保诚集团（Prudential），打电话，让这些投资人赶快认购。古德温一如既往巧舌如簧的沟通技巧，让这些投资人觉得他们没有任何选择，只能答应古德温提出的认购要求。

虽然古德温筹集到了120亿英镑，他的银行资金依然显得很单薄。银行能产生现金流的业务来源很不乐观，存贷比例和准备金远远偏离安全范围。2008年9月，在雷曼兄弟公司破产的余波在世界金融市场上来回震荡和信贷市场业务基本停滞的时候，苏格兰皇家银行突然发现它已经没有足够的现金来支持它日常的银行业务运行了。为避免因现金枯竭导致银行关门，绝望中，苏格兰皇家银行向英国中央银行发出了求救请求。当时的英国中央银行行长默文·金（Mervyn King）在收到苏格兰皇家银行的求救请求后，立即秘密安排向苏格兰皇家银行和苏格兰哈利法克斯银行（苏格兰哈利法克斯银行当时也因出现了巨大的资金缺口向英国中央银行发出了求救请求）注入616亿英镑的营救资金，希望能避免这两家银行倒闭关门。营救资金为英国政府赢得了一些时间，它迅速准备了另外460亿英镑，并通过股权购买的方式将这些资金再次注入到苏格兰皇家银行（英国政府的股权购买让英国纳税人持有财务状况糟糕的苏格兰皇家银行82%的股权）。但即使这样，苏格兰皇家银行的情况在2008年年底还是非常危险。苏格兰皇家银行2008年的经营亏损高达407亿英镑（这个数字创下了英国企业亏损记录），它的资产负债表上的大量资产，包括那些美国次贷资产，损失惨重，很多资产由于受到金融危机的影响，已经变得一文不值了。

一直想替出现危机的苏格兰皇家银行辩护的人声称，这家银行的许多问题源于超出银行控制范围的国际金融危机。的确，信贷危机让整个金融市场措手不及。但是，2011年12月公布的英国金融服务局的调查报告明确指出：苏格兰皇家银行的危机在很大程度上是它自己造成的。

在受到古德温豪华律师团队对调查报告的强力质疑后，英国金融服务局在其调查报告中将对古德温本人及其管理团队的批评降至最低程度，但报告依然明确指出：当金融危机到来时，苏格兰皇家银行的资本基数①太小，只有1 660亿英镑。调查报告还显示，苏格兰皇家银行的业务经营非常依赖资本市场的短期资本借贷支撑，而不是更为安全的资金来源，比如客户存款。同时，苏格兰皇家银行通过其投行分支，深陷美国次贷市场，对这种情况，其他金融机构知道得一清二楚。高盛集团（Goldman Sachs）曾经一度计划将它原本打算卖给约翰·保尔森基金公司（John Paulson，美国风投基金）的一些高风险甚至是"有毒"的打包债务，卖给苏格兰皇家银行。因为高盛集团进行了类似上述的金融操作，特别是阿巴卡斯②交易，美国证券交易委员会（Securities and Exchange Commission，SEC）在2009年9月向它开出了一张5.5亿美元的罚单。

但是，是对荷兰银行的兼并最终将苏格兰皇家银行推下了悬崖。没过多久，人们就发现，跟互助银行一样对扩张情有独钟的苏格兰皇家银行出奇得过分自信和僵化。英国金融服务局后来发现，因为在巴克莱银行退出竞标后，荷兰银行不再将苏格兰皇家银行对它的收购视为竞争性的。其结果就是，荷兰银行不再必须让苏格兰皇家银行所领导的收购集团审计它的财务账簿。最后，苏格兰皇家银行能从荷兰银行得到的只是两本包括银行简单介绍的活页夹和一张存储着一些银行信息的光盘。苏格兰皇家银行自己的确也做了一些调查，也派了高级经理去阿姆斯特丹，打算多搞些荷兰银行的信息。但考虑到收购规模，这样的尽职调查未免太草率了。其后果是，在苏格兰皇家银行完成对荷兰银行的兼并之后，它才真正发现荷兰银行存在的严重问题，其中很多问题都跟荷兰银行对

---

① 资本基数（Capital base），由投资人的投资资金和企业纯利组成。
② 阿巴卡斯（Abacus），是高盛向其客户销售的一种打包抵押债务责任产品（CDO – Collateralized Debt Obligations）——译者注。

美国次贷市场的投资有关。

古德温和苏格兰皇家银行董事会成员认为他们对兼并业务很熟悉，可以根据简单的尽职调查作出正确的判断。古德温的得力助手也是被公认为古德温的继任者，苏格兰皇家银行投行业务分支机构，世界银行市场（Global Banking Market）的主管约翰尼·卡梅隆（Johnny Carmeron）几年后对荷兰银行兼并过程的评论是：

"我对许多人说过，苏格兰皇家银行所犯的错误之一就是，我们没做任何尽职调查就通过强行收购的方式兼并了国民西敏寺银行。因为是强行收购，我们也做不了尽职调查。在兼并国民西敏寺银行后，我们有许多惊喜。我想这些惊喜让我们觉得我们会在今后的兼并中一直幸运。事实上，我们对荷兰银行的做法也是强行收购。我们是否进行了充分的尽职调查？当然没有。"

让情况更糟的是，虽然苏格兰皇家银行只买了38.5%的荷兰银行股份，但它是收购集团中的领导合伙人（lead partner）。这就是说，在金融危机期间，荷兰银行的所有权在几家参与银行之间完成分割之前，整个荷兰银行的财务负担都要体现在苏格兰皇家银行的资产负债表上。这就更加加重了苏格兰皇家银行的债务负担。同时，苏格兰皇家银行用于购买荷兰银行的资金不是股东投资资金而是它从资本市场借来的债务，这就让苏格兰皇家银行更加依赖短期资本借贷市场。英国金融服务局在其452页的详细调查报告中说："即使没有对荷兰银行的强行收购，苏格兰皇家银行自身的问题也已经非常严重了。收购荷兰银行只是使它已经非常严重的问题更加严重。"

在2009年2月接替汤姆·麦克科鲁普担任苏格兰皇家银行董事会主席的那位一向不留情面的前劳埃德银行财务总监菲利普·汉普顿爵士（Sir. Philip Hampton）同意金融服务局的上述观点。汉普顿对金融服务局说："我相信强行收购荷兰银行的那个致命决定是让苏格兰皇家银行深陷泥潭的主要原因。对此，我们现在已无能为力。现在回过头再看这个收购，我的结论是：我们是在错误的价位上，通过错误的支付方式，在错误的时间里签了一份错误的协议。"

苏格兰皇家银行董事会成员的无能直接导致收购荷兰银行的战略失误和更糟的银行经营状况。英国金融服务局发现，导致苏格兰皇家银行危机的一系列失误都是在汤姆·麦克科鲁普担任董事会主席时发生的，而汤姆·麦克科鲁普过去是制药公司阿斯利康（AstraZeneca）公司的首席执行官，对银行业务根本就不熟悉。苏格兰皇家银行董事会成员虽然没有干什么违法的事，但他们的错误决定直接导致了银行经营资本的严重不足。

那些没有银行经验的董事会成员很难对野心勃勃的古德温形成任何有效制衡。在调查期间，金融服务局曾经约谈过几位非执行董事，他们承认，很少有人对古德温的决定提出质疑和挑战。因为首席执行官对细节的专注和对问题细致的分析能力，让这些董事会成员甚至很难提出笼统的问题，更别说由细节、客观事实以及证据支持的担心了。所以，建立在有问题基础上的可疑的商业机会在苏格兰皇家银行变成现实。苏格兰皇家银行的文化是，人们把对古德温决定的不同意见统统当成废话，并且这种文化遍布银行各个角落。

最终，有投票权的股东以94.5%的赞成比率同意了收购荷兰银行的决定。

古德温从他事业巅峰跌至低谷的过程后来被人们清楚地记载了下来。当苏格兰皇家银行被纳税人的钱挽救后，他立即被逼辞职。由于麦克科鲁普领导的苏格兰皇家银行董事会没有在古德温的养老协议中嵌入对古德温不利的限制条款，使他在辞职后能非常轻松地从苏格兰皇家银行拿到每年1 600万英镑的养老金。由于当时正是金融危机非常艰难的时期，英国财政部金融商务局局长迈纳斯也没有对古德温养老金协议进行认真审查。虽然迈纳斯后来曾试图说服古德温放弃一些养老金，但被古德温以这是他的合同权利为由拒绝了。直到公众对他的养老金协议气愤之极并在同他的律师长时间谈判后，古德温才同意将他的养老金总额降至750万英镑（在此之前，古德温从养老金中已一次性提取了270万英镑）。古德温从来没有为他的不当操作公开道歉。他的理由是：像世界上其他地区的银行一样，苏格兰皇家银行是不可预见事件的受害者。

这之后，古德温的私人生活也成为人们关注的话题。在他跟苏格兰皇家银行一位高级职员的绯闻被曝光后，他跟他妻子（已有2个孩子）的23年婚姻在2011年承受了巨大的压力。古德温曾试图通过金钱收买媒体，恳请不要将他跟这个女职员的关系公诸于世，但当一位议员在英国议院宣布了那个女职员的名字后，他的所有努力就白费了。

但古德温的情况又一次证明规范那些有过失的银行经理过去是（现在依然是）多么困难。好几个投资人团体将古德温和苏格兰皇家银行告上法庭，说他们在银行财务方面被误导了。但一项针对古德温和苏格兰皇家银行的美国投资人集体诉讼案在2013年4月被纽约法院驳回了。相似的投资人集体诉讼也在伦敦被提交到法院，在这份诉讼中，苏格兰皇家银行的投资人声称，苏格兰皇家银行在2008年发行120亿英镑附加股的过程中向他们提供了虚假信息，所以他们向苏格兰皇家银行要求45亿英镑的赔偿。但曼彻斯特商学院的高级讲师伊斯梅尔·尔特克（Ismail Erturk）对此则持怀疑态度。他说：

"这个诉讼带有机会主义色彩，在危机过后，这些投资人企图将他们应该承担的责任推给苏格兰皇家银行。我觉的只有代理律师能从这个诉讼中获益。那些投资人应在苏格兰皇家银行出现危机前用高标准来指导他们的投资行为。"

2009年9月，古德温加入一家猎头公司（即Odgers Berndtson），但没几天就辞职了。原因是管理英国纳税人投资资金的英国政府机构，英国金融投资公司（UK Financial Investments，这个机构那时正为英国纳税人代持在苏格兰皇家银行的股权），以利益冲突为由，中断了同这家猎头公司的业务关系。2010 年 1 月，古德温在他法国南部别墅度完假回到爱丁堡后，为自己在 RMJM 公司谋了一份可以在全球旅行的咨询顾问差事。但不久，他又辞职了。之后，在向英国金融服务局保证，他今后不再向由英国金融服务局监管的任何一家金融机构提交工作申请后，古德温加入了 Gleacher Shacklock，一家私人的投资银行。

从此以后，古德温自己独自住在爱丁堡，闲暇时，用打猎和高尔夫球消磨时光。但他一直惧怕的噩梦终于还是来了。《伦敦宪报》（*London Gazette*）在 2012 年 1 月披露：因为他使一个有声誉的银行遭受如此大的打击，他的爵位被剥夺了。

但苏格兰皇家银行并不是唯一一家因为扩张野心致使投资人、银行客户以及员工利益受到损害的银行。那个曾经计划在 2001 年以 300 亿英镑兼并哈利法克斯建设银行①和苏格兰银行的苏格兰哈利法克斯银行，也向人们提供了另外一个因以傲慢代替谨慎致使银行出现危机的案例。事实上，在某些方面，导致这家银行出现危机的经营决策和其丧失信誉和名声的过程比苏格兰皇家银行更加让人吃惊。

当苏格兰银行知道它在收购国民西敏寺银行的竞标中不是苏格兰皇家银行的对手后，银行首席执行官彼得·博特爵士（Sir Peter Burt）很快就跟苏格兰哈利法克斯银行达成了友好合并的协议。博特虽然高举传统银行价值的大旗，但他也确信银行是越大越好。合并后，新银行的第一任首席执行官由苏格兰哈利法克斯银行的首席执行官詹姆斯·考斯比爵士（Sir James Crosby）担任。在他的带领下，合并后的银行随即又开始

---

① 哈利法克斯建设银行（Halifax Building Society）是一家提供房屋抵押贷款和定期存款服务的金融机构——译者注。

了新一轮的兼并。之后，博特转至幕后，成为银行的副董事长和苏格兰银行的行长。几年后，考斯比又让其亲信，年仅38岁的前阿斯达（Asda）超市连锁公司高管安迪·洪比（Andy Hornby）接替自己担任苏格兰哈利法克斯银行的首席执行官。

洪比在牛津大学取得英国文学学士学位后，又在哈佛大学获得了工商管理硕士学位。之后，他在一个水泥制造公司（Blue Circle）开始了他的职业生涯。1999年，他加入了阿斯达超市连锁公司，这个公司的很多高管都曾经是它首席执行官艾伦·雷顿（Allan Leighton）[①]的学生。洪比在加入阿斯达时说："我不想假装知道如何定价。"在以后的7年中，他从企业最底层顺着升迁梯子逐渐上升到阿斯达的最高管理层，直至后来被任命为合并后的苏格兰哈利法克斯银行的首席执行官。

这个银行业务新手在成为苏格兰哈利法克斯银行首席执行官后，继续延续着其前任在信贷危险领域强势扩张信贷的战略。他的这种做法为他在伦敦金融市场上赢得了很多掌声。2006年，德累斯登佳华的分析员们曾对投资人说："安迪·洪比是超级明星，并且，他长得也不赖。"

先是考斯比，后是洪比，苏格兰哈利法克斯银行在这两人的领导下实施了轻率、疯狂的扩张计划。他们先后收购了一些像 St. James's Place 这样的财富基金公司，然后又兼并了一家保险商（Clerical Medical）和一些包括 Godfrey Davis 和 Lex Vehicle 这样的租赁公司。他们的扩张是如此得疯狂，以致他们在2005年甚至花费8 300万英镑去装修爱尔兰电力公司的一个有55个房间的展示间，因为他们相信这些房间今后会成为他们银行的分行。考斯比和洪比立志将苏格兰哈利法克斯银行发展成英国第5大银行（前4家分别为苏格兰皇家银行、巴克莱银行、劳埃德银行和汇

---

① 艾伦.雷顿（Allan Leighton），英国企业家，2015年1月被任命为互助集团董事会主席——译者注。

丰银行），为此他们好像忘了每个银行在一定时期都有其发展极限的定理。

苏格兰哈利法克斯银行在金融危机前也是越来越依赖短期借贷而不是客户存款来支持其扩张企图。仅 2001 年一年，它就从资本借贷市场上借了 610 亿英镑。到 2008 年，借贷数字已达 2 129 亿英镑。当资本市场在 2007 年夏天开始紧缩银根，不祥之兆随即在采取疯狂扩张战略的中等规模银行（比如苏格兰哈利法克斯银行和苏格兰银行）出现。

而苏格兰银行的问题是，为达到其扩张目的，这家银行基本向所有走进银行大门、想申请贷款的企业发放贷款。的确有些借款人，像创造了阿凯迪亚（Arcadia）传奇业绩的零售业天才菲利普·格林爵士（Sir Philip Green），在贷款到期时履行了对贷款还本付息的责任。但其他一些借款人的情况则不是太好。那些苏格兰银行发出的，被用在轻率购买顶级房产和养老院项目上的贷款，最后大多被作为坏账处理。但即使如此，苏格兰银行企业信贷部主管彼得·康明斯（Peter Cummings）还是将他对信贷扩张战略的信心保持到最后一分钟。2007 年，当因次贷和银行疯狂信贷扩张引起的金融危机逐渐显现其端倪的时候，他还在说："有些人好像失去了主心骨，开始害怕了，甚至对还在自我测试的房地产市场也产生了恐惧感，但我们不怕。"

只有在英国议院银行标准委员会（Parlimentary Commission on Banking Standards）在 2012 年 4 月公布了它对苏格兰哈利法克斯银行的调查报告后，人们才第一次知道了在信贷危机到来之前，苏格兰哈利法克斯银行的信贷状况是多么可怕。上述报告在第一次详细分析了导致苏格兰哈利法克斯银行危机的原因后，得出结论：即使没有金融危机，苏格兰哈利法克斯银行的信贷管理质量也足以让这家银行彻底关门。而信贷危机只是让这家银行的坍塌来得更早些。

英国议院银行标准委员会估计，苏格兰哈利法克斯银行在其商业贷款业务中损失了 250 亿英镑，这个数字是其 2008 年信贷总量的 20%。同一时间，在爱尔兰地区的损失达到 109 亿英镑，几乎占它贷款余额的 36%。与此同时，被视为相对比较安全的政府债券投资部门也损失了 72 亿欧元。

面对银行糟糕的财务状况，苏格兰哈利法克斯银行的股票价格降到了接近零的可怕水平。显然，这时的苏格兰哈利法克斯银行的处境已经极其危险，它必须找到一个能以合并方式将它拉出困境的银行合并伙伴。2008 年的秋季，可能的银行合并对象，劳埃德银行，出现了。在英国首相戈登·布朗跟劳埃德银行董事长维克多·布兰科爵士（Sir Victor Blank）多次秘密会谈后，政府对劳埃德银行收购苏格兰哈利法克斯银行开了绿灯。人们现在在猜测，如果当初首相和他的财政部长阿利斯泰尔·达林（Alistaire Darling），知道苏格兰哈利法克斯银行的全部财务状况，他们是否还会那么热衷促成这两家银行的合并。就像人们后来看到的那样，苏格兰哈利法克斯银行那些"有毒"的贷款直接威胁着作为英国最安全、资本最充足银行——劳埃德银行的生存。

英国议院银行标准委员会非常明确地指出，苏格兰哈利法克斯银行高层应为这家银行的问题负责：

"正确和恰当的结论是：那位设计了这家银行发展战略和发展路径的詹姆斯·考斯比爵士，和被证明是既没能力也没意愿改变这个发展战略和发展路径的安迪·洪比，以及从这家银行成立到这家银行倒闭一直担任着董事会主席的史蒂文森勋爵（Lord Stevenson）应负主要责任。"

听到议院银行标准委员会的上述结论后，詹姆斯·考斯比爵士立即归还了他的爵士爵位，并保证将他在苏格兰哈利法克斯银行的养老金削减 30%并辞去他在食品服务集团（Compass）的非执行董事的职位。他说："我从来没打算推卸我的责任，我为在苏格兰哈利法克斯银行发生的事及其后果道歉。"

　　但洪比还打算在苏格兰哈利法克斯银行继续干。他本想为自己争取这家银行副首席执行官的职位。虽然他的努力得到了他的主管，美国人埃里克·丹尼尔斯（Eric Daniels）的支持，但很快，他的这个梦想就破碎了。他的公开声明有些自我怜悯，他说：因为他巨大的收入均来源于苏格兰哈利法克斯银行的股票，但因为银行及其股票价格的坍塌，他自己现在近乎是一文不名了。

　　跟我们熟悉的那些把他们管理的银行带入绝境的银行高管在面对媒体和公众时的做法相似，比较左倾的前苏格兰哈利法克斯银行董事长史蒂文森对银行的结局没有半点悔过的意思，并且极力为银行的行为辩护。我（作者）至今依然记得，2008 年，在我在《每日邮报》上发表了一篇关于他的银行高价从国际信贷市场借钱的评论后，我跟他在一个社交场合激烈冲突的情景。那时，他还依旧坚称他的银行非常安全。而在他的银行出现危机后，他则辩称，他的银行的危机是由他不能控制的原因造成的。

　　在面对议院银行标准委员会时，史蒂文森说道："我的银行对增长不是那么着迷，也没有乐观的文化。你如果查看任何公司的历史，你会发现它们有时做的决定的确看上去太野心勃勃。但你如果查看苏格兰哈利法克斯银行的历史，你会发现我们的很多决策其实非常保守。"

　　但史蒂文森最终还是为他在苏格兰哈利法克斯银行的行为付出了代价。在此之前，他是很多著名公司，包括英国天空广播公司（BSkyB - British Sky Broadcasting）和拉扎德银行（Lazard Bank）的董事会成员。但最后，只有一个出版商（Waterstone）为他保留着董事会成员的职位。

　　危机过后，在苏格兰皇家银行被惩罚得最重的是弗雷德·古德温。在苏格兰哈利法克斯银行，被惩罚得最重的人是其信贷部主管彼得·康明斯。康明斯所领导的苏格兰哈利法克斯银行企业信贷部在 2008～2011 年的损失高达 250 亿英镑。在金融危机期间，他不但不对放贷更加谨慎，反而大幅度增加贷款数量。当北岩银行的危机在 2007 年爆发时，他使苏格兰哈利法克斯银行的信贷总量增加了 22%；在此基础上，2008 年，他又将这家银行的信贷总量增加了 12%。正是这种不受约束胆大妄为的举动引起了政府监管部门的注意。2011 年，他被英国金融服务局罚款 50 万英镑。鉴于他在苏格兰哈利法克斯银行的所作所为是导致这家银行出现严重危机的重要原因，他被英国政府终身禁止涉足金融服务领域。

英国金融服务局金融犯罪执法部主任萃西·麦克德蒙特（Tracey Mc-Dermott）说："即使意识到他所领导部门的致命弱点和经济环境中的问题，康明斯还是主导了他的部门极具侵略性的扩张文化，并且没有任何可以管控这种扩张文化可能带来的风险的机制。在危机爆发后，他不但不像别的银行似的从同一市场撤出，反而在那个市场上增加其贷款规模和数量。"

康明斯指责英国金融服务局攻击他是为了掩饰自己在危机过程中对英国银行监管不力的情况（在一定程度上这也是事实）。他说："我们并不是唯一垮了的银行。起码还有 4~5 家银行跟我们一样。我奇怪为什么只把我抓出来。可能是什么人、在什么地方觉得这么做正确吧。我很好奇，也觉得这么做很恶毒。"

英国银行业在 2008~2009 年就像是刚打完一场大仗的战场，到处都是尸体和伤员。苏格兰皇家银行和苏格兰哈利法克斯银行是两个最著名的"伤兵"。这时期，也有一些较小的受害者，比如专向买房出租者提供抵押贷款的布莱德福德滨雷（Bradford & Bingley）等信贷公司。这些信贷公司在危机结束后，几乎全部从金融界消失了。

没有一家银行能够躲过金融危机而不受影响。巴克莱银行不得不去中东找钱帮助它度过困境，虽然这会对它的声誉有影响。对家庭房屋信贷公司（Household）的投资，让汇丰银行损失惨重，它不得不动用几十亿英镑的股东基金予以补救，这成了汇丰银行多年的伤疤。

　　具有讽刺意味的是，人们提出的用于对抗 2007～2009 年金融灾难的一个药方就是 "9·11" 后导致金融危机的那个降息方子。像 "9·11" 后美联储为避免经济衰退，多次降息一样，西方国家的中央银行在上次金融危机之后，又开始竞相降息，并且这次的降息幅度更大。相较 "9·11" 后，格林斯潘将美联储的利率降至 1%（这是之前 50 年最低的利率水平），这次美联储将利率降至 0～0.25%。这是美联储历史上最低的利率水平。而英国中央银行，英格兰银行，也将利率降至 0.5%。同时，伴随着央行利率的大幅度降低，为激活市场设计的量化宽松的货币政策①被广泛采用，其结果又造成大量货币通过银行渠道涌入流通领域。人们可以通过上一次金融危机看到这两个政策（降息和宽松的货币政策）的破坏程度有多大。到目前为止，这两个政策证明对解决市场问题帮助不大。但大规模的政府、中央银行和行业监管者的政策干预现在已经成为常态和必需的。银行家同政府在今后几年的复杂博弈，预示着另外一种金融市场生态环境将会出现，同时也为下一次的金融危机播下了种子。

---

　　① 量化宽松的货币政策（QE – Quantitative Easing）是中央银行通过购买政府公债或其他资产（比如房屋抵押债券）的方式释放货币。通过这些流入银行系统的被释放的货币，银行可以继续生存并向那些需要信贷支持的公司或个人提供重建所需要的贷款支持。

3

国际救援：
盎格鲁—萨克森的方式

　　2007～2008 年金融危机的规模以及危机从一个金融机构传播至另外一个金融机构的速度，让各国的中央银行措手不及。因此，它们最初的反应大多是对危机的危险程度不那么确定，它们应对危机的措施对迅速结束危机也没什么帮助。

　　在危机发生的最初几天，英国中央银行——英格兰银行行长默文·金曾非常强硬地说："英国中央银行只对暂时出现资金短缺的银行提供隔夜拆借（贷款支持），并将使用惩罚性利息惩罚那些恣意妄为的银行。"但没过多久，这个强硬立场就被证明是于事无补。它非但没有起到稳定市场的作用，反而让市场更加恐慌。当被认为是英国资金实力最雄厚，也是最安全的银行之一的巴克莱银行于 2007 年夏天突然请求英格兰银行紧急向它提供 16 亿英镑的隔夜拆借时（一般情况下，英国央行都会迅速同意巴克莱银行向它提出的隔夜拆借请求），英格兰银行却开始认真审视起这家银行长期稳定的问题。这种延误时间的审视过程，对在紧急情况下需要央行迅速采取行动的要求背道而驰。

　　慢慢地，英格兰银行确定了它今后的行动方案。但在很大程度上，这个行动方案是英国政府和英国央行共同努力的结果。面对不作为可能导致作为英国金融中心的伦敦金融市场发生严重动荡以及对英镑在国际货币市场上贬值的担心，英格兰银行的行动方案的核心就是要不惜一切代价重建市场信心。默文·金曾在2007年决定让出现资金危机的北岩银行自生自灭。但在2008年，面对雷曼兄弟公司倒闭以及短期借贷市场上的资金已被银行抽走的情况，为迅速解决英国主要银行出现的巨大资金缺口，金决定向英国两家放贷量最大的银行——苏格兰皇家银行和苏格兰哈利法克斯银行（因为现金告罄，这两家银行几小时后就不能向它们银行的自动提款机供应现金了）秘密注入616亿英镑的紧急救助资金。决定一经做出，英格兰银行便不再迟疑。针线街上的那个老女人①做了她在危机当中应该做的事：充当最后的贷款提供者。

　　从苏格兰哈利法克斯银行的命运，我们就能了解英国中央银行是如何不惜代价地营救它认为必须营救的银行的。2008年秋季，在首相戈登·布朗和劳埃德银行董事会主席，伦敦金融界元老维克多·布兰科爵士进行了几次非正式的私人谈话后，英国最安全的银行——劳埃德银行收购正在泥潭里挣扎的苏格兰哈利法克斯银行的道路便被扫清了。在雷曼兄弟公司倒闭后仅4天，那个122亿英镑的收购计划让所有人松了一口气。但这并不是说没有不同的声音。按理说，考虑到劳埃德银行一旦完成收购，它就会在房屋抵押贷款市场（苏格兰哈利法克斯银行当时是英国最大的房屋抵押贷款服务提供者）和经常账户市场上处于绝对统治

---

　　① 针线街上的那个老女人（Old Lady of Threadneedle Street），指的是英格兰银行。英格兰银行位于英国伦敦针线街（Threadneedle Street）。老女人指沙拉·怀特海德（Sarah Whitehead）。怀特海德在她哥哥在英格兰银行工作期间因欺诈行为被判死刑后精神失常。在之后25年的时间里，怀特海德每天必到英格兰银行门口，要求见她哥哥。怀特海德死后被埋在一所教堂的花园里。这座教堂的花园后来成为英格兰银行的花园。因为有很多人声称在这个花园里见到过怀特海德的灵魂，所以英格兰银行被戏称为"老女人"——译者注。

的地位，所以，布朗和布兰科涉及收购的私下会谈根本就不应该发生。同时，布朗自己刚刚签署了新的竞争法案。所以当人们听到竞争管理委员会①主席彼得·弗里曼（Peter Freeman）可能私下对布朗对他自己签署生效的法案置之不理，和布兰科私下谈收购的事嗤之以鼻就不会感到吃惊了。虽然可能有争议，但布朗政府这次是将眼前的政治便利放在银行常理之上了。

在几次跟我（作者）的谈话中，布兰科很清楚地告诉我：在劳埃德银行内部，并不是只有他才有收购苏格兰哈利法克斯银行的想法。的确，劳埃德银行的内部文件显示，劳埃德银行的首席执行官，美国人埃里克·丹尼尔斯一直支持兼并苏格兰哈利法克斯银行。当劳埃德银行开始收购程序时，它实际上是苏格兰哈利法克斯银行唯一的选择（在稍后出现的劳埃德银行资金危机的过程中，英国纳税人通过英国政府对劳埃德银行的资金救援方式，取得已经被劳埃德银行兼并但仍然使用苏格兰哈利法克斯银行独立经营的苏格兰哈利法克斯银行41%的股权，并在几年后将这些股权逐渐卖出的过程中，获得了好几十亿英镑的收益）。

作为收购方的首席执行官，丹尼尔斯自然而然地主导了梳理苏格兰哈里法斯克银行"有毒"产品的工作。他强调：苏格兰哈利法克斯银行的IT系统必须优化、它的员工和分行的数量必须减少、业务流程必须简化。但这个温和的、循规蹈矩、喜欢穿戴白领子、有翻边袖口手工制造的花色衬衣的美国人，从来没被英国财政部的人喜欢过。他温和的举止让他在一看到他背影就感到头疼的财政部官员中赢得了"娃娃鱼"的绰号。2010年9月，丹尼尔斯在压力下宣布辞职。接替他的人是在葡萄牙出生的前桑坦德银行（葡萄牙地区）董事会主席安东尼奥·胡塔—奥索尼奥。

---

① 竞争管理委员会（Competition Commission），于2013年被竞争和市场管理局（Competition and Markets Authority）取代。

　　虽然劳埃德银行与苏格兰哈利法克斯银行的协议只是一个差强人意的东西，但它预示着银行间的这种合并会是今后解决危机银行问题的一种方式。在劳埃德银行收购协议被宣布的当天，我（作者）恰好跟英国财政部长阿利斯泰尔·达林（Alistair Darling）在英国财政部吃三明治。虽然我能感觉得到财政部长和他的顾问们在听到收购的消息时长长地舒了一口气（因为这避免了英国政府立即动用纳税人的钱直接接手陷于困境的苏格兰哈利法克斯银行的难题），但同时，我知道我面前的这些人都清楚，刚刚宣布的收购协议，只能暂时解决英国金融市场面临的困难。他们清楚，虽然苏格兰哈利法克斯银行的危机被迅速解决，但要恢复信心和稳定市场，重建银行体系是必须的。一个高级官员说：如果不采取强有力的、全面的行动来强力支撑整个金融体系以及恢复其活力，他非常担心英镑在外汇市场上的价格。

　　默文·金决心在下次危机到来之前使英格兰银行有更加充分的准备。2008 年夏天，金和他的团队在唐宁街 10 号首相官邸单独跟首相布朗讨论了他们应对危机的计划和这些计划可能的后果。跟金一样，布朗已经意识到银行和其他金融机构所持有的次贷和信用产品的价值，还不如他们面前桌上记事本的价值。但布朗只想在概念层次上跟这些央行官员讨论可能的政策选项。

　　金相信目前银行面临的最大问题是偿付能力问题，要解决这个问题，银行就必须要有充分的资金。英格兰银行的金融稳定团队因此正在努力计算整个英国银行系统到底缺少多少资金。但这需要金融稳定团队成员查看每家银行的资产负债表，特别是房屋贷款项下的总账和明细账，以及因房屋价格下跌导致的损失。

　　实际上，英格兰银行这时正在对一些目标银行进行第一轮压力测试。在压力测试结束后，金和英格兰银行的高级官员向唐宁街 10 号提交了一份备忘录及其支持性文件，并告诉首相布朗英国银行系统的危机规模以及应对危机需要的资金数量。资金数量大得惊人：1 000 亿英镑！这个数字几乎是财政部长达林在 2008 年 10 月 8 日所宣布数字的两倍，大大超过了英格兰银行在跟财政部的初步讨论过程中所提交的数字。英格兰银行还提出，在此基础上，通过特别清算计划（Special Liquidity Scheme，该计划的核心内容是英格兰银行按照一定比例接受危机银行以其已经发放的房屋抵押贷款作为借款抵押品，向出现资金危机的英国银行提供资金支持）再为出现资金危机的银行准备 2 000 亿英镑的短期信贷。同时，英格兰银行还为英国银行相互之间的信贷安排了 2 500 亿英镑的信贷保证支持。这个信贷保证支持的目的就是在资本市场上重启银行相互之间的短期借贷关系。按照影子大臣乔治·奥斯本的说法："英格兰银行的上述方案是其不负责任历史的最后一章。"财政部长达林也对英国下议院说，英国应对危机的方式，为其他国家"树立了榜样。"

几天后，达林、金和其他高级官员到达华盛顿参加国际货币基金组织年会。会议期间，这些英国官员向他们的美国同行介绍了他们应对危机的方式。美国人对此表现出极大的兴趣。金还在美国财政部和美联储没有保留地向美国官员介绍了英国中央银行应对危机的计划。

在华盛顿的一次私下跟英国财金记者的闲聊中，金不经意地表露出对英国央行应对银行危机方式的一些担心。他暗示英国央行的应对方式可能还不能完全有效地解决这次危机。如果真是这样，英国政府可能不得不将几家主要银行收归国有（最终，根据达林—布朗营救方案，英国政府收购了 43.3% 劳埃德银行的股权和 84% 面临倒闭危机的苏格兰皇家银行股权）。听到这个暗示后，《时代周刊》（The Times）的记者非常兴奋，他马上在《时代周刊》网站上将这个信息泄露了出去。这条消息立即在已经是惊恐万状的金融市场上引起轩然大波。直到《时代周刊》在英格兰银行的强烈要求下，将这条消息从其网站上撤下，市场波动才逐渐平复了下来。

虽然有了这次意外，但美国政府认为英国政府的救援方式可行。他们像他们的英国同行一样，也正在经历着危机的折磨（而且程度更高）。开始，美联储主席本·伯南克（Ben Bernanke）指望通过向一些特定银行提供资金的方式使动荡的金融市场稳定下来。但几天后，他就在市场压力面前屈服了。10月中旬，他果断采取了降低贴现利率①的方式，将贴现利率降至5.75%。这种方式被伯南克的批评者认为是政策急转。这是美联储在"9·11"之后，首次在其行长会议之间降低贴现利率。

一年后，在金融危机还是没有出现任何停止迹象的背景下，曾在高盛集团担任过董事会主席，直截了当的美国财政部长汉克·保尔森（Hank Paulson）采取了行动。他在9月19日宣布，美国政府将安排7 000亿美元以营救出现危机的美国银行体系。美国总统乔治·布什也在白宫说："现在是美国的关键时刻，美国经济出现了前所未有的挑战，我们正在用前所未有的方式予以应对。"

根据布什—保尔森的问题资产救援计划（TARP–Troubled Asset Relief Program），美联储可以向遇到危机，需要资金支持的美国银行注入救援资金，但前提是，这些银行需要将其资产负债表上有问题的次贷抵押贷款转入一个新的独立机构。美国政府希望通过这种方式，使信贷市场迅速恢复正常。实际上，这个计划是以老布什（George H. Bush）总统任内金融机构营救计划为蓝本发展起来的。老布什总统的营救计划是为挽救20世纪80年代末发生在美国的因超贷导致的信贷行业危机而设计的。

同时，美国政府也向类似英国集体信托和个人储蓄账户②市场（此市

---

① 贴现利率（Discount rate），是美联储通过其放贷窗口直接向商业银行提供贷款的利率——译者注。

② 集体信托和个人储蓄账户（Unit Trust and Indivisual Saving Accounts），是将大量个人储蓄投资账户内的钱放在一起，由基金经理代替所有参加这种储蓄投资服务的存款户投资。基金经理经常向其客户介绍：由于由大量存储资金联合形成的投资资金数量庞大、投资领域分散，相对的投资收益会提高，投资风险也会降低——译者注。

场在金融危机期间资金损失非常严重）的美国互助基金市场提供 500 亿美元的信贷保证支持。美国的问题资产救援计划（TARP）和为救援房利美（Fannie Mae）、房地美（Freddie Mac）而设立的 2 000 亿美元救援基金一起，成为美国政府主要的营救平台。在这之前，美国政府已经向保险商，美国国际集团（AIG），注入了 800 亿美元的救援资金。

公布问题资产救援计划（TARP），要比让议会通过这项计划和说服面临危机的银行使用这项计划简单得多。美国众议院对保尔森代表布什政府向它提交的这个救援计划概要没多大兴趣。2008 年 9 月 29 日，美国众议院在金融市场惨不忍睹的背景下，投票否决了布什政府向它提交的救援计划。否决消息一经公布，道琼斯股价随之应声下跌，收盘价比上一个交易日下跌了 7%，致使纽约股市 1.2 万亿美元的市值一夜蒸发，由此创下美国股市历史上最大的单日损失记录。在几个小时之内，好像资本主义制度，起码是西方人熟悉的那种资本主义制度，马上就要崩溃了似的。

市场以股价大幅度下跌的方式说话了。在保尔森和美联储主席本·伯南克再次向国会提交了一份更加详细的救援计划和如果不马上行动，营救将会耗费更多资金的恐怖警告下，国会终于让了步。几天后的 2008 年 10 月 3 日，美国国会通过了让问题资产救援计划得以实施的《紧急经济稳定法案》（Emergency Economic Stabilization Bill）。但华尔街好像并不买账。股民们认为这个救援方式既不充分也不可行。这天，道琼斯股指又重挫了 1.5%。信贷市场的情况也非常危险。当花旗银行在 2008 年 10 月 9 日发现它根本没有足够的资金来挽救总部在北卡罗来纳州的瓦乔维亚银行（Wachovia Bank），道琼斯股指再次下跌 7.8%。美国官员这时相信要真正挽救美国银行系统，他们必须采取更多的断然措施。

以上就是当保尔森和伯南克在国际货币基金组织年会上，听到英国财政部长达林和英国中央银行行长金介绍英国政府救援银行的方式时，美国市场的情况。美国政府高级官员被英国人的方式（包括使用政府救援资金换取出现危机银行的股权的方式）所吸引，并于 2008 年 10 月 13 日，即美国国会通过采用问题资产救援计划（TARP）后 10 天，宣布：他们将修改他们原来的救援计划。稍后，布什总统和财政部长保尔森宣布，美国政府将考虑以收购优先股权（Preferred stock）及股权认购保证（Warrants，持有此证，有权购买公司的普通股）的形式，收购所有华尔街主要银行的股权。

美国政府采取的这个坚定和不可更改的救援方式，简单地说，就是使用政府资金给银行强行"进食"。这样做，一方面，从市场的角度看，美国联邦政府保证了银行安全，另一方面，它在努力使信贷市场在创纪录的房屋抵押贷款人宣布不能还本付息的情况下恢复正常。共有 9 家银行在美国联邦政府的威逼利诱下，用出让银行优先股权换取了山姆大叔的救援资金。美国银行（Bank of America）、美林证券（Merrill Lynch）、摩根大通银行（JPMorgan Chase）、花旗银行（Citigroup）和总部在旧金山的富国银行（Wells Fargo Bank，富国银行当时并没有出现太大的资金短缺问题）不管愿意与否，每家必须接受美国联邦政府 250 亿美元救援资金。

虽然已经从传奇投资人沃伦·巴菲特（Warren Buffett）那儿借到 100 亿美元，但联邦政府还是要求高盛（Goldman Sachs）接受联邦政府成为其股东并接受另外 100 亿美元政府救援资金。它在纽约市的对手，摩根斯坦利（Morgan Stanley）同样收到 100 亿美元的救援资金。纽约梅隆银行（Bank of New York Mellon）被注入 30 亿美元政府救援资金，道富银行（State Street Bank）被注入 20 亿美元。在看到这些大的商业和投资银行的情况趋于稳定后，保尔森宣布：联邦政府的救援基金还有富余，如果较小的银行需要资金支持，联邦政府可以立即提供。

意识到一些出现资金短缺的美国金融机构正在全球范围内寻找救援

资金，比如，为了生存，摩根斯坦利就在中东和亚洲到处寻找资金。它先后跟日本东京—三菱银行（Tokyo – Mitsubishi Bank）和一个中国的主权财富基金——中国投资有限公司接触并讨论借钱的可能。所以，在坚持美国的银行必须接受美国联邦政府救援资金的同时，美国政府还确保美国的银行跟外国政府或银行之间的协议将被严格限制。与此同时，美国政府也规范了银行的商业行为。有意思的是，美国这个资本主义政府总是时候一到，就张开它的血盆大口、露出它的利爪，随时准备将私营企业部分股权收归己有。

这时的美国政府，已经收购了房利美、房地美和美国国际集团（AIG）大部分的股权、通过问题资产救援计划（TARP）支持了9家华尔街主要银行并为数百亿美元的信贷提供了信贷担保。

最重要的是，美联储直接向美国最大企业之一的通用电气（General Electric），这个拥有一个庞大金融分支机构的美国企业，提供了财务援助。伴随衰退情况的恶化，在2009年春季，新的奥巴马政府还将标志着美国力量的通用汽车公司（General Motors）① 收归国有。在2008年"大恐慌"以及随后的经济衰退过程中，美国政府将私人企业国有化或部分国有化的做法比作医生们在医院加护病房内的操作。就像一位中央银行高级官员说的："美国人在向困难企业提供救援资金方面领先于世界各国。"在向企业提供资金援助的同时，美国政府也对银行进行着压力测试，其目的就是想了解银行是否已经有了保证其可以正常运行的充足资金，或它们是否还有可能回来再向政府借钱或去市场上筹钱。

布什—保尔森的救援方式达到了使市场重新稳定的政策目标，同时也鼓励了美国的银行在很短的时间内全面了解它们坏账的真实情况、重

---

① 通用汽车公司前首席执行官，后来成为美国国防部长的查理·威尔森（Charlie Wilson），曾在1953年对国会说：对国家有利的，对通用汽车就有利，反过来也是一样。

建它们的资产负债表和重新开始信贷业务以尽快偿还政府救援资金的本金和利息。在整个救援过程中，美国企业也得益于"政治其实非常简单"这样一个事实。不论是首先主张向银行提供救援资金的美国共和党还是新近入主白宫的美国民主党都不认为政府管理华尔街是个好主意。华尔街不希望在不需要联邦政府帮助的时候看到它，联邦政府也不愿意在华尔街运行正常时，掺和华尔街上的事。这种情况从经济学的角度讲会更加清楚，特别是在审视完英国的情况之后。英国金融服务业的价值是英国国民生产总值的 4 倍，非常惊人。而美国的情况则比较健康，它的金融产业的价值占其国民生产总值的 80%。所以，以私人资金将政府资金逐渐置换出去，对美国人来说（跟英国人相比）相对容易一些。

尽快付清政府救援资金成了银行荣誉的象征，这也可以让他们在没有政府监督的情况下开展它们的商业活动和重新开始在资本市场上筹措资金。高盛是第一家这样的企业。它在 2009 年 4 月，在世界依然处在衰退期的时候，就偿还了 100 亿美元的美国联邦政府救援资金并收回了作为抵押品的公司股权。摩根大通银行在 2009 年 11 月归还了 130 亿美元的联邦政府救援资金。被因次贷危机产生的坏账折磨得最厉害的花旗银行，也在 2009 年 12 月全部归还了联邦政府 200 亿美元的救援资金。

更加引人注意的是，美国联邦政府在 2011 年 5 月开始了将在"大恐慌"期间国有化了的美国国际集团（AIG）重新还给私人投资人的过程。为表明美国联邦政府恢复市场正常运行的决心，美国财政部把它持有的美国国际集团股权从 92% 降至 77%，并且承担了所有因低价销售股权产生的损失。美国政府将使美国国际集团，这个处在金融危机中心的最大信贷违约互换产品设计者，重新在保险市场上正常经营其保险业务，视作比成功的政府公关更加重要的事情。到 2012 年 3 月，美国国际集团的股价已经超过了政府将其国有化之前的股价。这之后，美国联邦政府又进一步将其所持有的股权从 77% 降至 70%。

美国联邦政府以低价出售美国国际集团股权，并承担低价销售亏损的决定，几年后为美国纳税人带来巨大收益。2012 年 12 月，也就是联邦政府用纳税人的钱挽救了美国国际集团 4 年后，美国国际集团财务状况恢复了健康，其股票价格也随之上涨。美国联邦政府遂将其持有的所有23 400 万股，在股票市场上以每股 32.50 美元的价格卖出，从而为纳税人带回 70 亿美元的收益。美国联邦政府在其营救美国国际集团过程中，不但没有使纳税人的钱受到损失，相反，为纳税人获得总计 220.7 亿美元的收益。它先亏后赚的美国国际集团股权销售策略是金融危机过程中和之后政府救援资金管理的成功典范。它所实现的美国国际集团的股权销售收益比美国农业部（Department of Agriculture）当年的财政预算总额还多，是美国食品和药品管理局（Food & Drug Administration，FDA）预算的 10 倍。

美国政府对通用汽车的营救，也使这家世界著名汽车生产商在 2010年 11 月有能力开始了它重回公开市场的过程。当通用汽车的股价刚能为美国联邦政府带来收益时，决定将通用汽车国有化的奥巴马政府立刻宣布美国纳税人现在可以从政府对通用汽车的救援投入中获得收益。至于房利美和房地美，这两家处在次贷危机中心并在 2008 年 9 月被布什政府以 1 875 亿美元保护了的房屋抵押贷款中介，在 2014 年 3 月一文不差地归还了美国联邦政府的全部借款。现在这两家公司已实现经营利润，它们的股票价格上涨了 24 倍。这对在其股价仅为 2 美分一股时买进其股票，由泰德·维斯奥斯（Todd Westhaus）领导的佩里资本（Perry Capital）意味着几十亿美元的收益。

布隆伯格新闻（Bloomberg）认为上述盈利方式同乔治·索罗斯（George Soros）在 1972 年做空英镑以及对冲基金约翰·保尔森（John Paulson）在金融危机期间的次贷市场上大赚 150 亿美元的方式如出一辙。特别是，房利美和房地美这两个被从悬崖边上拉了回来，其优先股权曾

经是一文不值的公司，目前不但又重回私人所有，其优先股价在 2013 年
2 月至 2014 年 3 月间，上升了 1 800%。所以，对重组房利美和房地美的
立法以及是否让这两个半政府机构的房屋抵押中介继续待在私人领域的
决定，可能不太会在 2017 年前发生。

毋庸置疑，具有活力的美国经济使美国联邦政府营救金融领域的努
力更加容易。对绝大多数美国人来说，这次的衰退，其严重程度可能非
常高，但时间相对比较短。大规模美联储救援资金向金融领域的注入，
使第一缕复苏的曙光在 2010 年就开始出现。

而英国人要到 2013 年才能等来经济增长以此来证明英国政府当初的
营救方式是正确的（但即使人们已经看见经济增长，英国 2013 年的产出
值也比其危机前的产出高峰值要低）。英国经济过分依赖其金融领域，以
及 2011 ~ 2012 年欧元区危机对英国跟它最大贸易伙伴的影响，都给英国
经济复苏蒙上了一道长长的阴影。

美国人一根儿筋似的"我们能"（Can Do）的执着，反映在其政府救
援方式的各个方面。这种执着也直接帮助美国经济重新回到相对健康的
状态。当其他国家还在犹豫不决，或者像英国似地老在没完没了地掂量
其政策选项时，美国人已经挽起袖子干了起来。他们知道，恢复金融体
系和制造业的健康是国家的头等大事，如果这意味着让联邦政府的资产
负债表变得很难看，那也没办法。

美国政府直到 2012 年，即在被救援的银行重回公开市场之后，才开
始惩罚那些在危机前进行过违规操作的银行。比如，2013 年 1 月，美银
美林（Bank of America Merrill Lynch）同意因其同房利美的违规交易，向
联邦政府支付 116 亿美元的罚款。监管者在经历了危机的银行恢复元气
之后再对它们过去的过失进行处罚，是个非常聪敏的做法。虽然对这一
做法的批评者来说，惩罚可能来得晚了，但不管怎么说，它还是来了，
并且来的时候，被罚者已经有能力支付罚款了。

虽然美国人应对危机的方式在一定程度上是受英国人危机处理方式的启发，但这两个国家在危机中并不总是肩并肩地一起工作。比如在那段时间里，它们因为雷曼兄弟公司的命运有过一次非常激烈的争吵。2008年9月，在一个充满阳光的下午，美国财政部长保尔森拨通了英国财政部长达林的电话，要求英国允许那家希望成为世界顶级投资银行领导者的巴克莱银行挽救雷曼兄弟公司。达林跟他财政部的同事讨论后得出结论：在没有任何一家纽约的银行愿意营救这家位于美国的雷曼兄弟公司的时候，要求英国银行出手相救这家公司的想法简直是异想天开。英格兰银行也同意英国财政部的这个意见。虽然保尔森好像一直认为悲观情绪是英国政府的常态，但当被告知英国政府的决定时，他还是忍不住对他的同事说，他被英国人误导了。在他的回忆录"在悬崖边上"（On the Brink）里，保尔森说："我们被英国人耍了。"

但更重要的是，从今后英国银行体系的健康角度来说，英国政府并没有像他们的美国同行那样理解并抓住了问题的要害。美国的大资本家们也随时准备支持政府直接和全面的干预，如果他们认定这种干预是必须的。但是对政治敏感的英国人则更愿意采取临时性的干预方式。一方面，英国政府准备向金融体系提供1万亿英镑的救援资金以复苏信贷市场，另一方面，它又不太愿意看到某个银行在接受政府救援资金后，变得更加强大。戈登·布朗发现政府收购北岩银行太困难了，他也特别害怕这种收购会让人们把他的政党跟国有化联系在一起。面对接二连三出现的危机，英国政府只是尽量寻找权宜和一对一的解决方式。它没有像美国人一样，设计出一个包括解决具体危机银行问题的金融体系问题总体解决办法。默文·金认为这种政策是误导性政策。他认为是英国财政部长达林和财政部金融商务局局长保罗·梅纳斯同意英国政府跟问题银行进行一对一的谈判以解决具体银行面临的具体财务困境，而不是通过立法解决导致金融危机的根本原因。

其结果就是，在美国联邦政府正在积极实施整体金融救援计划的时候，英国政府只是以很小规模的政府干预来应对危机。默文·金在英格兰银行曾经提出采用瑞典在 20 世纪 90 年代用过的方式，即成立一个对银行有绝对控制力的独立专家团队，然后要求他们解决出现危机的银行资产负债表上的问题并在最短的时间里使这些银行重回公开市场。为了不让戈登·布朗过分依赖来自投资银行的建议，金甚至从瑞典请来一位银行专家向布朗介绍上述方式。虽然布朗听了这位瑞典专家的介绍，但听完之后就没下文了。

以苏格兰皇家银行为例，布朗政府不愿在这家银行陷得更深的原因，也是因为担心选民将他的政党同国有化等同起来。英国政府内的一部分人宁愿相信苏格兰皇家银行新的首席执行官史蒂芬·哈斯特对这家银行所做的初步评估，即苏格兰皇家银行会依靠自己的力量自己走出困境，也不愿立即采取果断行动。但英国政府内的另一部分人则认为哈斯特的评估同实际情况完全不符。所以，哈斯特面临的困境是：他在努力驾驶一辆有故障汽车的同时，又要顾及坐在后座的那些紧张的英国政府官员的想法。

哈斯特是个有意思的人物。表面上，他看起来像是一个精神百倍、热忱的乡下地主，很有主见，散发着公立学校学生的气质。他是在北约克郡的一所综合学校①——伊辛沃尔德学校读的中学，然后以优异成绩进入牛津大学。虽然显得很有自信，但对批评非常敏感。在被人喊成"大肥猫"后（因为在 2011 年冬天，他曾在瑞士滑雪胜地韦尔比耶他豪华的家里，就他的奖金数量跟英国政府讨价还价。在这个事情上，他可能不太聪明），他觉得很受伤。他也很不喜欢媒体不停地刊登他带着全套打猎

---

① 综合学校（Comprehesive School），英国中学学校类型，目前英国大部分中学生在这种学校读书，类似美国的公立学校（Publich School）——译者注。

装备骑在马上的照片。

哈斯特在苏格兰皇家银行的目标很简单：将银行带回独立的、AA① 风险和资产负债表等级。他在去苏格兰皇家银行上班的第一天，就把这个目标写在了他的私人记事本上（他把这本记事本送给了本书的作者）。哈斯特相信，要达到此目标，必须在建立能产生效益部门的同时，逐渐裁撤那些不能带来效益的"非核心业务部门。"这种裁撤使银行能完全围绕着其核心业务开展工作。在这个过程中，一个重要的因素就是英国政府的"资产保护计划"，即英国政府第 2 轮银行救援行动计划。这个计划能让银行在今后几年感到安全。它能保证银行能有合适的资本比率和充足的资金以支持银行正常运行。他在记事本上还说：如果他能成功达到以上目标，就能使英国政府从卖掉它所持的苏格兰皇家银行的股票中盈利。

引人注意的是，哈斯特在 2009 年认识到的问题，英国政府要等到 4 年之后的 2013 年 11 月才认识到，即它同意在苏格兰皇家银行内建立处理信贷坏账的"坏银行"（Bad Bank）部门。可在此之前，哈斯特已经在苏格兰皇家银行建立了由全球重建集团主管德里克·萨克（Derek Sach）领导的"非核心业务部门"。这个部门毫不留情地处理着信贷坏账并努力为银行争取任何可能的坏账残值。这就意味着，为了尽可能多地争取残值和保护银行的利益，苏格兰皇家银行有时会逼使借款公司被托管或是破产。也有一些数量巨大、未到期的贷款以超低价被卖给任何愿意接受这些贷款的人。这些买主相信，只要经济回暖，这个由纳税人的钱支持的银行发放的贷款，肯定会有一部分从呆、坏账变成正常账。

苏格兰皇家银行内部的全球重建集团让借款人很害怕，很多被全球

---

① AA 表明银行的资产负债表状况良好，已经可以使银行重回公开市场向投资者（而不是政府）寻求投资。只有最好的银行才能得到 AAA 级别，AAA 级别的银行在世界上没有几家。

重建集团逼着破产的人觉得它的做法很可疑。最终，2013 年 11 月，英国检查机关的欺诈重案办公室（SFO – Serious Fraud Office）和英国财政部开始对其处理贷款坏账的做法进行立案调查。

哈斯特一开始就意识到，对技术部门投资不足可能会使他让苏格兰皇家银行重新吸引传统客户即小客户及公司客户的努力白费。苏格兰皇家银行落后的 IT 系统，最终在 2012 年 6 月因为支付数量大增，让苏格兰皇家银行、国民西敏寺银行以及厄斯特银行（Ulster Bank）的支付系统严重堵塞，致使 1 200 万客户不能从银行取出现金。

哈斯特刚到苏格兰皇家银行时，这家银行的资产负债表 7 年的虚高增长幅度在世界银行界首屈一指，2001～2008 年，其资产负债表的规模从 4 000 亿英镑上升至 2.2 万亿英镑。对这个水分很大的资产负债表，哈斯特开始了大刀阔斧的调整。在他 2013 年离开时，整个资产负债表的规模被削减了 9 000 亿英镑，其结果就是 3 600 位银行员工为此丢了工作。同时，他还卖掉了很多银行旗下企业，包括全球支付业务（WorldPay），飞机租赁业务（RBS Aviation 苏格兰皇家银行航空公司），银行的全球期货交易平台（Sempra）；银行控股的英国传统股票经销商（Hoare Govette）和旗下的一家保险公司（Direct Line）。虽然他精力极其旺盛，但问题总是不停地出现，从伦敦银行同业拆借利率（Libor – London Inter-bank Offered Rate）到支付保证保险（PPI – Payment Protection Insurance），从外汇交易到利率互换再到小微企业，几乎所有银行重要业务领域都在不断地出状况。但其中最严重的就是苏格兰皇家银行在爱尔兰的分支机构，厄斯特银行，在 2013 年出现了高达 15 亿英镑的亏损。哈斯特在很短的时间内取得的经营状况的些许改善，对因过去的错误导致的目前巨大困难简直是杯水车薪。这时的苏格兰皇家银行仍然在泥潭中苦苦挣扎。在这种情况下，英国政府要想卖掉其收购的 84% 苏格兰皇家银行的股权并让纳税人蒙受可能的损失，需要极大的政治勇气和毅力。最终，英国政府退出苏格兰皇家银行被证明是一个非常缓慢的过程。

如果苏格兰皇家银行是以政府救援资金支持其业务运营，那其他银行，比如汇丰银行（HSBC）和渣打银行（Standard Chartered Bank）则在尽力保持其独立性。巴克莱银行也是尽其所能避免被政府接管或控制。在 2007 年 10 月幸运地躲过了以 400 亿欧元收购荷兰银行的灾难后，巴克莱银行的首席执行官约翰·瓦莱和他的投行部主管鲍勃·戴尔蒙德马上开始了为保证银行的独立性和财务健康四处寻找资金支持的活动。

促使瓦莱这么干的部分原因是家庭的荣誉。这个牛津大学培养出来的律师因为娶了巴克莱银行发起人的直系后裔卡洛琳·皮斯（Carolyn Pease），觉得挽救银行和保证其传承下去是他的责任。但戴尔蒙德则有另外的想法。在巴克莱银行投行业务部门的努力工作，已经让他的部门成为世界著名的投资机构。他决心不让英国政府从他这儿把他的部门抢走。

其结果就是，巴克莱银行宁愿跟中东的投资人在卡塔尔和阿布达比谈判 120 亿英镑的资金协议，也不愿向英国政府出让它的股权以换取英国政府对它进行资金支持。同中东投资人的协议是由前巴克莱银行投行和税务专家罗杰·詹金斯（Roger Jenkins）从中撮合的。另外一个中间人是曾经陪约克公爵安德鲁亲王参加社交活动，从模特变成金融家的阿曼达·斯达弗莱（Amanda Staveley）。

斯达弗莱的公司 PCP 资本代表巴克莱银行跟阿布达比的统治者商谈 35 亿英镑的投资协议。她因此赚了 4 000 万英镑。詹金斯主要负责打开卡塔尔人的钱袋子，他为巴克莱银行找来 45 亿英镑的资金，同时又安排了 40 亿英镑用以购买巴克莱银行的股票。为此，巴克莱银行在 2010～2011 年，总共支付了 3 亿英镑的佣金。但巴克莱银行在 2008 年秋季的第一轮融资活动，引起巴克莱银行的机构投资人（主要是基金经理和保险商）的极大不满。他们觉得巴克莱银行不应该绕过他们在中东地区找钱，也不应剥夺他们的优先购股权（Pre - emption rights），使他们不能以同样价格购买巴克莱银行的股票。更糟的是，2012 年 7 月，英国检查机关的欺诈重案办公室和英国财政部开始调查卡塔尔对巴克莱银行的投资。美国司法部和证券交易委员会也对巴克莱银行雇佣第三方获取投资的做法是否违反美国《海外反腐败法》（*Foreign Corruption Practices Act*）展开了调查。

最终，巴克莱银行费了好大气力才避免了英国政府的处罚。没被处罚使巴克莱银行有了更大行动空间。它可以去买雷曼兄弟公司的投行业务，这使它可以在全球范围内同高盛和摩根斯坦利进行竞争。但时间会证明，不是花园中所有的东西都像巴克莱银行高管们希望的或描绘的那样绚丽多彩。同时，巴克莱银行在金融危机期间的行为轨迹，证明了英国政府是多么的不愿和不能使用任何坚决手段来规范英国的银行。

虽然英国政府在 2009 年 11 月推出了复杂的资产保护计划以期帮助出现危机的英国银行渡过难关，但是在整个危机过程中，只有一家银行，即苏格兰皇家银行，因为这个计划得以生存下来。虽然有争议，但苏格兰皇家银行通过使用这个计划在 2012 年 10 月将其不良资产从 2 820 亿英镑降至不那么惊人的 1 000 亿英镑。就像英国中央银行行长金指出的："我们设计了这么个非凡的银行救援工具，但到头来只让一家银行使用，这简直让人不可思议。"

英国政府另外一个有争议的决定是它为政府代持国有化或半国有化了的银行股权建立的英国金融投资公司（UKFI – UK Financial Investments）。建立这个机构的初衷是希望避免英国政府官员替国有化或半国有化了的银行做决策。但如果避免政客为银行做困难的决策（比如在银行高管的工资和奖金这样敏感的事情上代替银行做决定）是建立这个机构的初衷，那它根本就没有达到目的。因为那些困难的决策最终不可避免的还得由财政和财政部长来做。从这点上说，它是一个失败的项目。

这期间，维京资本（Virgin Money）在 2011 年 9 月以 7.47 亿英镑收购了那个有 75 家分行、140 亿英镑抵押贷款的北岩银行。2013 年 9 月，纳税人终于等来了英国政府出售其所持有的劳埃德银行6%股权的消息。2014年3月，英国政府又再次以总价4.2亿英镑的价格出售了它持有的另外7.8%劳埃德银行的股权（但这次的买家是英国财政部下属的几家机构）。两次出售，使英国政府持有的劳埃德银行的股权比例降至25%。英国政府准备在2014年秋季将余下的这些股权（估值在140亿英镑）通过公开销售的方式全部卖出。

英国新工党①及其以后的联合政府在2010年之后所采取的松散、小心翼翼应对金融危机的方式，对英国的经济复苏产生了深远的影响。受了重伤、还处在惊恐状态中的银行不愿意放贷。这种情况要求英国政府必须尽快作出规范银行资本和银行结构的决定，虽然这个决定会很困难。金融业对经济复苏的制约，使英国直到2013年第二季度才看到衰退结束、经济进入复苏期的希望。

西方国家不同的文化导致它们采取了不同的方式应对本国的银行危机。在美国，在最初的踉跄后，美国联邦政府沿用了"我们能"的精神，采取了坚决的救援行动。它的邻居，加拿大，这个不那么具有侵略性文化的国家，是唯一一个没发生银行危机的国家。加拿大在危机过程中的稳定记录，是其中央银行行长马克·卡尼（Mark Carney）在2013年成为英国中央银行行长的重要原因。而在英国，那些负责稳定金融市场不同的政府机构和不同的人的做法则是：坚决的行动、大量廉价的妥协、猜测、和一点儿用没有的束手无策交叉使用的混合体。在这个背景下，英国政府想要实施坚决、统一的银行救援方案实属不易。

与此同时，欧洲大陆则选择走一条他们自己的路，一条非常崎岖不平的路。

---

① 英国新工党（New Labour），指20世纪90年代中期至2000年末的英国工党。这个叫法源于托尼·布莱尔（Tony Blair）的竞选口号：New Labour, New Life For Britain（新工党，英国人的新生活）——译者注。

= 4 =

国际救援：欧盟的方式

　　2007 年银行危机到来的时候，风云人物不是美国的本·伯南克或英国的默文·金，而是担任欧洲中央银行行长的让—克洛德·特里谢（Jean-Claude Tricket）。这年的 8 月 8 日，在法国最大银行法国巴黎银行（BNP Paribas）终止了由一些房屋抵押贷款支持的证券基金，从而引起市场的极大震动后，他快速和坚决地使用了干预市场的手段，欧洲中央银行一夜之间向市场注入了 950 亿欧元。《金融时报》（The Financial Times）就他的表现称赞道："特里谢是为数不多的几个名誉得到很大提升的从风暴中走出来的人。"

　　大约 5 年后的 2012 年 7 月，特里谢的接替者，意大利人马里奥·德拉吉（Mario Draghi）在伦敦的一次关于应对银行危机的演说中，包含了一些美国人常说的"我们能"的成分。但他在伦敦说这些话，好像不太合适。

　　由约克大公爵于 1825 年修建的兰卡斯特酒店（Lancaster House），以其豪华的路易十四时代的内部装饰，昭示着大英帝国辉煌的过去。这个距伯明翰宫很近的酒店，时时刻刻都在提醒着到访者：不列颠岛屿是独立的。德拉吉是在为期两周的"奥林匹克之夜全球投资大会"的第一项议程上发表演讲的，这项议程由英国外贸部长史蒂芬·格林（Stephen Green）这个唐宁街 10 号的"点子王"主持。

过去的一段时间对英国来说比较困难。它的经济正在艰难地从 2009 年严重的衰退中慢慢地走出来。但英国经济的复苏在七国集团①中是最慢的（意大利的情况可能跟英国差不多）。召开"奥林匹克之夜全球投资大会"的目的，就是要让世界知道英国的"伟大"以及相信英国是投资者绝好的选择。在伦敦夏季奥林匹克运动会前召开这次会议再好不过了。英国奥组委不但按时使奥运会顺利召开，而且通过大规模地修改预算内容，将伦敦奥运会的整体支出控制在了预算范围之内。就在离经济和商业精英开会不远的地方，在英国财政部外面的皇家骑兵卫队阅兵场上，奥运会最吸引人的项目之一，沙滩排球比赛，马上就要开始。

在 7 月 27 日的引导讲话中，英格兰银行行长默文·金在指出缺少国际合作和收支不平衡是导致金融业问题的重要原因前，猛烈抨击了银行的坏行为。金的角色是通过其引导讲话介绍欧洲中央银行行长：马里奥·德拉吉。

这个狡猾的、手中握有麻省理工学院博士学位、经常能提出经济学理论的意大利人，同样对金融市场有着深刻的认识。在 2002~2005 年担任高盛国际投资部总裁的经历，使德拉吉清楚对冲基金和投资银行在希腊出现几近崩盘经济危机后的 2010 年对有 17 个成员国的欧盟的共同货币进行"伏击"的操作方式。前段时间的危机已经要求欧盟采取果断的措施营救几个欧洲周边国家，比如葡萄牙和爱尔兰，近期又加上了经济规模更大的西班牙和意大利。欧洲的情况引起了投机者的注意。其结果

---

① 七国集团（Group of Seven），包括美国、日本、德国、法国、英国、意大利和加拿大。

就是，市场上这些国家的主权债券①收益已经临近危险水平。人们一直在问：由有这么多不同声音和政治利益相互冲突的国家组成的欧盟，是否可以渡过这道难关。

德拉吉是要向世人证明欧洲中央银行对合理的货币政策的专注度可以跟德国中央银行那些知识分子经理相媲美。2011年11月，在欧洲中央银行上班的第一天，他就展现了雷厉风行的作风：下调欧元利率并建立欧洲中央银行从出现问题的银行购买政府债券或其他资产的机制（这些出售政府债券或资产的银行可以在3年内获得欧洲央行的资金支持）。现在，他想走得更远。他在兰卡斯特酒店的讲话后来证明是个分水岭。他选择伦敦这个一直对欧盟持怀疑态度、不再被人相信的自由市场发源地和被人指责是引起欧洲大陆欧元一系列"疾病"的投机活动中心发表他的讲话，本身就很引人注目。

德拉吉以平和的、带有神秘色彩的语调读着他事先准备好的稿子，他说：

"欧元就像是个大黄蜂。按说它不能飞，但是它飞起来了②。所以，像大黄蜂一样，欧元顺利飞了好几年。现在大家要问：'怎么会?'可能空气里有什么东西让大黄蜂飞了吧。但这些空气里的东西现在变了。在金融危机后我们知道了那些东西是什么。大黄蜂现在变成了蜜蜂。"

这位欧洲中央银行行长直到问答阶段才让市场大吃一惊。他说："按照我们的授权，欧洲中央银行会尽其所能保卫欧元。请相信我，仅此而已。"

---

① 主权债券（Sovereign bonds），政府债券的一种。是政府为筹集资金卖出的债券。政府的信誉越好，其债券收益越低，价格也越高。

② 这句话源于大黄蜂争论（bumblebee argument），据说一个物理学家曾断言，根据空气动力学原理计算，大黄蜂的翅膀跟空气的相互作用所产生的向上升力，不足以让它飞起来。但这个物理学家忽略了一个事实，即大黄蜂的翅膀不是固定的，它们是会活动的。人们有时用大黄蜂争论暗示可能在计算或考虑问题时，忽略了一些要素——译者注。

德拉吉的话像野火一样立即横扫了各地市场。这位欧洲人做了清晰和毫不含糊的保证。不用说，德拉吉的话刚一落地，出现经济问题的欧洲国家的债券收益随之从危险水平开始下降，价格也随之上升。

但德拉吉上述这番话更让人惊奇的地方是，他根本没有相关政策来支持他说的这番话。就像那位撰写欧元编年史机灵的大卫·马斯（David Marsh）所写的："他（德拉吉）在使用巧妙的虚声恫吓。"但市场却认为德拉吉已经让在欧洲中央银行中地位重要的德国中央银行和德国政府同意，欧洲中央银行可以在欧元区收购收益高、由经济出现问题的国家发行的政府债券。但事实上，德国人，特别是德拉吉在欧洲央行的同事，几乎跟市场一样对德拉吉的话感到吃惊。

欧洲中央银行的专家于是马上开始着手设计跟德拉吉的话相符合的方案。但兑现承诺比承诺本身难得多。欧洲中央银行，跟美联储或英格兰银行不同，根本没有通过干预来挽救任何一个成员国的政治授权。那些大胆的干预方式，如果没有德国的参与，随时有可能破坏欧元体系的基础。

但不管怎么说，3个月后，欧洲中央银行公布了旨在让欧元市场放心的直接货币交易计划（OMT，Outright Monetary Transactions）。

德拉吉宣称："欧洲中央银行已经准备好了以不限量的方式，购买欧元区内任何国家的主权债券。"换句话说，欧洲中央银行准备通过购买经济出现问题的成员国政府债券的方式，在更高的程度上同这些国家共同承担财政负担。这实际上是让德国，这个欧盟内最大经济体成员国，在这个单一货币区域内站在所有出现经济问题的成员国背后（意思是让德国成为所有出现经济危机成员国的救援者）。这的确是一个大胆的设想。

但残酷的现实是，这个计划缺少一个至关重要的支持者：德国中央银行。这家中央银行虽然没有直接公开反对此项计划，但它却用故意泄露一份关于此项计划可能违法的19页的文件表明了自己的态度。而最愤怒的莫过于欧洲中央银行德国籍首席经济学家，尤尔根·斯塔克（Jürgen Stark）。在这个计划公布后的 2011 年 11 月，斯塔克以辞职表达了他对这项计划的愤怒。看起来，如果欧洲中央银行实施了直接货币交易计划，它可能就会被德国政府告上德国法庭。皇帝（这里指德拉吉）可能通过欺骗的方式让市场赞赏了他的新衣服，但德国人并不那么好糊弄。

缺少支持的德拉吉计划反映出欧元区内的一个基本问题：发行欧元的欧洲中央银行是由有着不同政治和经济目标的欧盟成员国组成。这个事实使各成员国在任何关键议题上达成一致非常困难。再者，任何经济问题都会被政治化，对此，一个典型的例子发生在 2011 年。

那年欧元正面临危机。位于伦敦的欧洲银行管理局（EBA，European Banking Authority）受欧盟的委托，准备对各成员国的主要银行进行英格兰银行和美联储正在进行的那种压力测试。欧盟希望了解，这些银行是否有足够的能力来应对房屋价格的下降和经济衰退。2011 年 7 月公布的测试结果还不坏：在被测试的 90 家银行中，只有 8 家没有通过测试，另外有 16 家的测试结果非常接近危险值。

但使人诧异的是，一个重要的测试指标，即主权债券价格的崩盘对银行生存的影响，没有被包括在测试内容之内。这可是一个最重要的测试指标啊！每个人都知道，欧洲的银行都在其资产负债表上囤着大量欧洲周边国家发行的主权债券。因为是主权债券，所以这种债券面值跟欧元相同（即 1 000 欧元的主权债券等于 1 000 欧元），各银行也没有考虑影响这些主权债券价格致命的市场波动因素。可是市场的实际情况是，有些主权债券的市场价格这时已经远远偏离了银行在其资产负债表上标注的价格，即市场价格已远低于银行资产负债表上的价格。换句话说，银行资产负债表上的主权债券价格只是其真实市场价格很小的一部分。以希腊为例，当时的市场价格只是其账面价格的一半。银行资产负债表上的主权债券价值数据已经变成一种幻觉。这种幻觉不但弥漫着整个欧元区，同时也使欧元区内的银行非常脆弱。但可能是出于政治因素的考虑，欧盟没有坚持将其成员国银行资产负债表上的主权债券打折计算。

虽然有争议，但欧元区一直比较脆弱却是一个不争的事实。奠定欧元基础的1992年《马斯垂克条约》（*Maastricht Treaty*）明确提出了希望加入欧元体系国家必须具备的经济条件。这其中包括了两个重要财政指标：首先，年度财政预算赤字，即这个国家通过税收能收上来的钱和它当年开销之间的差额，必须小于国民生产总值（GDP）的3%；其次，当年累积的国家债务不能超过当年国民生产总值的60%。但实际情况是，由于法国和德国太想将尽可能多的欧盟国家包括在统一的欧洲货币体系之内，所以在使用上述衡量标准时不是那么严格，往往网开一面。比如，1992年意大利的债务水平已经是其当年国民生产总值的105%。但德、法两国并没有按照规定拒绝意大利加入欧元体系，而只是要求意大利提出它如何将其国债水平降至其国民生产总值的60%水平以下的计划。

所以，在过去的10年期间，长期、固有的弱点被遮盖起来。当欧元于1999年1月1日在一片欢呼声中诞生，其纸币和辅币在2002年进入流通领域时，世界正享受着持续30年的经济增长。但债务也越积越多。德国，这个新的欧洲统一货币的基石，那时正在经历着一段困难时期：因为对前民主德国地区的投资在2009年已达1.3万亿欧元，德国政府不得不采取削减社会福利和冻结工资的政策，以支持对前民主德国地区的投资（2006年，德国的经济增长速度再次超过了欧元区内平均经济增长速度）。但跟德国不同，一些欧洲周边国家不但没采取紧缩的货币政策，相反这些国家采取了宽松的货币政策。同时，资本市场一直以为欧盟作为一个整体，会支持其成员国发行的主权债券。这种想法直接导致了欧洲主权债券收益的下降。

意大利政府在1995年以13%的主权债券收益条件借入了10年期的借款。但在欧元诞生的1999年，其收益率已经降至4%。同一时期，德国的主权债券收益率也从7%降到4%以下。相似的情况是，希腊、爱尔兰、西班牙以及欧元区其他一些国家的借贷成本也在下降。廉价的信贷和投机者对欧元坚挺的信心，导致欧元区各国政府和私人企业的支出大幅度增长。同时，从有财政结余国家，比如德国，流入欧洲周边国家的信贷使这些国家逐步形成了信贷和房地产泡沫。

德国人在财政问题上是非常谨慎的。他们即使在好年景里也对工资增长幅度进行严格控制。事实上，1999~2008年10年间，德国单位劳动成本下降了3%。但其他国家就没这么谨慎了。同一时期，爱尔兰单位劳动成本上涨了50%；西班牙单位劳动成本上涨了35%；葡萄牙、意大利、希腊和法国的单位劳动成本上涨的幅度都在20%~30%。

欧元区内各国虽然使用着同一种货币，但很显然，德国是这个货币的主宰者。作为世界上第四大制造业国家和第三大出口国，德国在欧元区以更便宜的价格销售其产品方面占有极大的优势。2012年，英国将其产品和服务总量的31%用于出口。同一时间，法国的数字是25%，而德国的数字则是45%。法国人本来设想使用单一货币可以限制一下德国人的力量。而德国人则希望通过欧元区证明它没在寻求新的霸权地位，或像政治评论家西蒙·哈飞（Simon Heffer）所说的第四帝国（Fourth Reich）。德国人只不过是想增加其经济影响力。但事实跟德国人希望的恰好相反，它成了欧元区的领袖，虽然它非常不情愿担任这个角色。

欧盟使经济良性发展的努力效果不彰。欧盟各成员国在2003年共同签署的、明确规定的对不遵守《马斯垂克条约》核心财政规则的成员国进行制裁的"成长和稳定协议"（Growth and Stability Pact），也因欧元区两个最大的经济体——德国和法国的财政赤字超出各自国民生产总值总量的3%而成为一张废纸。前欧洲中央银行行长，法国人让－克洛德·特里谢在多年后金融危机最危险的时刻曾对此有过下面的反思：

"这是一个关键时刻（指"成长和稳定协议"被漠视），如果主要国家继续坚持这个协议，我们的情况在危机到来的时候会好很多。"

当泡沫在 2007 年在英国和美国破裂，欧元区好像不太会受到什么影响。大家关注的焦点是类似英国北岩银行、苏格兰皇家银行、劳埃德银行、苏格兰哈利法克斯银行等英国金融机构，以及像贝尔斯登（Bear Stearn）、美林证券、花旗银行、高盛及摩根斯坦利这些美国金融机构。但如果有人因此宣布这是相对严格的欧洲金融监管对英、美自由竞争模式的胜利，这些人恐怕会失望了。

在德国，人们很快发现它的银行体系中也囤有大量危险的次贷资产。总行位于杜塞尔多夫的 IKB 德国工业银行（IKB Deutsche Industrie Bank）是第一家受到次贷危机冲击的德国银行。德国政府不得不拿出 100 亿欧元来挽救这家银行。萨克森银行（Sachsen Bank）受次贷影响，也在被逼无奈下，同意以 3 000 亿欧元价格并入其竞争对手巴登—符腾堡银行（Baden – Württemberg Bank），而德国政府也为这次兼并向巴登 – 符腾堡银行注入了 2 500 亿欧元的资金。其他地区性的银行，像巴伐利亚银行（Bayerische Landes Bank）和西德意志银行（WestLB），都在第一波金融危机中损失惨重。

导致损失的部分原因是美国的次贷危机，这也反映出世界经济相互关联的特点。但另外一些原因是德国人自己造成的。欧洲宽松的信贷环境造成爱尔兰和西班牙的房地产泡沫，这些泡沫的危险程度，如果不比美国或英国的泡沫危险程度高，也起码跟它们的一样。在爱尔兰，政客、银行家和商界相互交织在一起的情况是在房地产泡沫破裂后才被人们发现的。在西班牙，地区性储蓄银行向没有房屋买主的房地产建筑商放贷。当信贷危机在 2007 年突然到来，这个国家到处是没人住、没人租的"鬼城"。

事实上，第一个崩盘的国家是希腊。2009 年 12 月，希腊不得不承认其国家债务总额已达 3 000 亿欧元。这个数字相当于它当年国民生产总值

的 1.13 倍，几乎是《马斯垂克条约》最高限值的 2 倍。评级机构在美国
次贷危机后看到希腊的情况，立即下调了希腊政府和银行的信用等级。

几个星期之后，一份有由欧盟起草的、关于希腊困境根本原因的报
告，特别指出了其政府财政领域内的"严重违规操作"问题。一些批评
者说，希腊政府在美国高盛投资银行的帮助下，通过使用衍生品转嫁债
务责任的方式，将债务从它的资产负债表上移走，并且将其非常糟糕的
财政状况隐藏了起来。前英国财政部长劳森（Lord Lawsen）也在英国广
播公司（BBC）制作的纪录片"欧元崩塌"（The Great Euro Crash）里，
在接受 BBC 商业编辑罗伯特·派斯通（Robert Peston）的采访中说："在
高盛的帮助下，希腊政府对其财务报表进行了彻底的篡改。"

不久，雅典发现它已经没有其他选择，只能请求欧盟对其施以援手。
面对希腊危险的财政状况，欧盟委员会（European Commission）和欧洲
中央银行请求国际货币基金组织（IMF – International Monetary Fund）参
加对希腊的营救行动。这是国际货币基金组织在 1976 年英镑危机后第一
次受邀重返欧洲大陆。2010 年 3 月，希腊政府获得 220 亿欧元的紧急贷
款，两个月后，国际货币基金组织和欧盟同意向希腊提供另外 1 100 亿欧
元的营救资金。但是，事情远没有结束，希腊危机可怕的社会和政治后
果马上就将到来。

在爱尔兰，这个欧洲多米诺骨牌效应的下一个牺牲者，虽然危机并
没有引起像希腊那样激烈的抗议游行，也没有导致极端主义政党的出现，
但经济危机却让人们知道了银行之间的联系是多么紧密。具有讽刺意味
的是，爱尔兰，这只凯尔特之虎（Celtic Tiger），在危机前经常被誉为是
欧元区内的经济奇迹。伦敦的股票销售商整天没完没了地向人们兜售着
去爱尔兰投资的优势。受益于欧元区内盛行的低利率、高效和超低的企
业税率，爱尔兰经济起飞之快让人瞠目。爱尔兰的住宅区类似纽约的曼
哈顿，到处是高楼大厦。以前的洪泛区和耕地变成了快速壮大的爱尔兰

有抱负阶层漂亮的住宅区。仅 2006 年一年，开发商共建成 93 419 套住宅，比 10 年前的数字增加了 3 倍。面对前景极好的房地产市场，金融机构也开始了其野心勃勃、没有节制、有时带有欺骗元素的房地产信贷业务。但事实证明，大多数贷款最后都没能收回来。

爱尔兰的银行，比如盎格鲁爱尔兰银行（Anglo Irish Bank）和爱尔兰银行（Bank of Ireland），都参与了这个疯狂的信贷扩张过程。德里克·坤兰（Derek Quinlan），这个前都柏林的税务官员，居然能从银行借到足够多的钱，并且通过竞标，从世界上最富的人之一，一位沙特阿拉伯王子手中抢到 3 个伦敦最贵的酒店。

当雷曼兄弟公司在 2008 年 9 月坍塌后，欧盟决策机构决策过程的真正弱点才被人们逐渐了解。在比利时的欧盟委员会或在法兰克福的欧洲中央银行根本没有统一的应对危机的机制。爱尔兰政府必须自己想辙救自己。而爱尔兰政府应对危机的方式就是不计后果地冲向另一个极端。很简单，爱尔兰政府宣布向所有银行体系内的存款提供保证。这是一个危险的信号：它表明，不管银行表现得多么样的差劲，也不管它账上有多少"有毒"的信贷资产，为了国家的稳定，爱尔兰政府一定会救它。在英国和美国，政府有可以强迫银行高管"坦白"他们的银行危机到底有多严重的方法，并且有现成的机制来应对这些危机。但爱尔兰的监管部门根本没有应对银行危机的经验。爱尔兰中央银行根本无权，而爱尔兰政府面对突然降临的危机，显得不知所措。

在接下来的两年，人们发现爱尔兰整个国家的信用等级因其银行放出的大量灾难性的贷款处于非常危险的范围内。面对正处在衰退中的世界经济，疲惫不堪的爱尔兰财政部长没有立即强制实施规范银行行为的政策。他解决不了银行面临的问题，也不敢让面临危机的银行直接倒闭。他的应对方式是继续沿用点滴注入资金的方式以期银行能自己脱离困境。但他马上就发现，他是将纳税人的钱注入了一个无底的黑洞。

坏 银 行

2008 年 12 月，都柏林（爱尔兰首都）政府以 15 亿欧元收购了 75%
盎格鲁爱尔兰银行的股权。但这家银行的情况并没有因为政府的资金注
入而有任何好转，爱尔兰政府不得不在 2009 年 6 ~ 9 月，再次向这家银
行提供另外一笔 40 亿欧元的救援资金。这之后，盎格鲁爱尔兰银行为了
应付不断出现的危机，还是不停地以各种理由要求都柏林提供资金支持，
都柏林也不得不多次、以不同形式向这家银行提供了总数高达 200 亿欧
元的救援资金。2010 年，盎格鲁爱尔兰银行，这个在爱尔兰国内向几乎
所有借款人包括可疑的借款人放款、甚至以信贷支持那个带有投机性质
的建设项目——芝加哥螺旋塔（Chicago Spire，是美国最高建筑物）的银
行，为避免倒闭，又不得不向都柏林要求 100 亿欧元的资金支持。

为应对危机并终止银行没完没了的救助申请，现在已经过世了的爱
尔兰前财政部长布莱恩·莱尼汉（Brian Lenihan）提出成立国家资产管理
局（National Asset Management Agency），并通过这个资产管理局，用尽可
能低的价格购买银行信贷呆、坏账的计划。这个计划预计政府以约 70%
的作价，使用约 540 亿欧元购入约 770 亿欧元未到期的银行信贷。

莱尼汉声称，他设计出了世界上最便宜的营救计划。但实际情况并
非如此。当国家资产管理局审计完爱尔兰银行的账本后，发现有 50% 以
上的未到期的信贷可能永远不能收回。换句话说，这些信贷的账面价值
起码已经损失了 50%。这是在爱尔兰金融界流行的误导文化的结果。盎
格鲁爱尔兰银行也误导了监管者，它没有向监管部门披露银行在 2009
年，曾秘密地向它的董事和其他跟银行有交情的人提供了 2 550 亿欧元的
秘密贷款。最要命的是，银行假装这些贷款有良好的抵押保护。但其实，
大量的所谓抵押品一文不值。看到被政府揭开了的银行违规操作黑幕的
市场，立即出现了恐慌。

马上，爱尔兰政府希望在具有荒唐扩张特点的、有银行参与的公共
领域控制支出的努力，完全失去了公信力。爱尔兰政府国债，这个显示

着外界对爱尔兰经济信心的晴雨表，在市场上几乎无人问津。虽然欧洲大陆都感觉到了爱尔兰银行危机的震荡，但其程度远不及伦敦。官方数字显示，英国银行对爱尔兰有 1 400 亿欧元的信贷敞口！

直到这时，无能的政府、混乱的银行体系和公务员们还在不停地在危机程度上误导纳税人。但当警钟终于敲响，那些已经拿到高额养老金并拒绝减薪的公共部门的高官，又开始虚情假意地慰问处在食物链下方的居民。最后，充当世界金融警察的国际货币基金组织、欧洲中央银行和欧盟这三个国际机构被请到爱尔兰来帮助处理那里的烂摊子。

2010 年 11 月，国际货币基金组织、欧洲中央银行和欧盟三方同意向爱尔兰政府提供 850 欧元的资金救助。因为和爱尔兰紧密的经济关系（爱尔兰吸收了 5% 的英国出口、两国的银行密不可分、爱尔兰人拥有北爱尔兰两家最大银行，同时，爱尔兰银行也发行英镑），英国政府决定单独向爱尔兰政府提供 70 亿欧元的资金援助。

接下来的两年，爱尔兰政府将大量爱尔兰银行收归国有。盎格鲁爱尔兰银行在 2009 年 1 月以 340 亿欧元被收归国有。投资人对这家银行信心的丧失反映在其股票价格上：盎格鲁爱尔兰银行的股票价格从 2007 年 5 月的每股 17 欧元跌至 2009 年 12 月的 12 欧分。爱尔兰政府之后又将联合爱尔兰银行、EBS 建设银行和爱尔兰人寿国有化，并收购了大量爱尔兰银行（Bank of Ireland）的股权。为防止这些银行倒闭（虽然这时盎格鲁爱尔兰银行和爱尔兰全国建设银行的状况已经平稳），爱尔兰中央银行和欧洲中央银行在之前已经注入资金的基础上，又向这些银行另外注入了 1 880 亿欧元。

这个药方实在太猛了，使爱尔兰人难以下咽。公务员必须接受 40% 的减薪。养老金和其他福利也被削减。单位劳动报酬也开始大幅下降。但到了 2013 年，这服药的疗效开始显现。因为有了新的、具有竞争性的劳动成本和公司低税率，爱尔兰作为制造业和服务业中心的地位得到加强。它看起来会成为欧元区第一个脱离国际货币基金组织、欧洲中央银行和欧盟的监管和不再需要外部机构救助的国家。以改革支持的爱尔兰经济开始反弹。人们预计 2014 年爱尔兰的经济增长率为 2%。这看上去的确很美好，但政府债务负担占国民生产总值的比例，已从 2007 年的25% 猛增至 2013 年的 123%。

失控的银行并不是导致所有国家经济问题的根本原因。比如葡萄牙，这个继希腊和爱尔兰之后，于 2011 年 5 月成为欧元区内第三个请求救援的国家，其政府也因没有竞争性的葡萄牙经济垮台。那时的葡萄牙，工资上涨幅度奇快并且政府正在修建多个大型公共设施，包括交通基础设施。同时，亚洲和欧洲产品的进口关税被调低，这导致通过贷款购入的外国产品大量涌入葡萄牙国内市场。当金融危机在 2008 年爆发时，葡萄牙已积累了大量债务。政府突然发现解决这些债务的代价是它不能承受的。

2009 年初，信用评级机构调低了多个葡萄牙主权债务的等级，有些在 2011 年 11 月被定为高风险的"垃圾"债券。信用等级的降低使葡萄牙主权债券的价格上升至难以持久的水平。随之，在葡萄牙政府的要求下，欧洲中央银行、国际货币基金组织和欧盟委员会同意向其提供 780亿欧元的救援资金。但条件是，葡萄牙政府必须要对其医疗系统进行改革，大量实施行业私有化和将政府财政预算赤字占国民生产总值的比例从 2010 年的 9.1% 降至 2013 年的 3%（根据位于里斯本的国家统计研究院的数字，2013 年 3 月，葡萄牙政府财政赤字为葡萄牙国民生产总值的6.4%，失业率大幅度上升至 17.6%）。

葡萄牙的案例比较特殊：不像欧元区内其他国家的银行直接引发了那些国家的金融危机和经济衰退（这些银行很多在危机后已经不复存在），葡萄牙国内的银行并不是导致其经济危机的主要原因。同时，"所有欧元区内问题银行均位于欧洲周边国家"的假设也被葡萄牙的案例否定。

在金融危机后的2007~2008年，整个荷兰银行系统基本瘫痪了，欧洲几家最古老的意大利和瑞士银行出现巨大困难，西班牙的银行体系更糟，它体系内的恣意妄为、贪婪、奖金本位文化跟英国和美国金融界没有任何差别。

荷兰银行遭受的打击尤其巨大。这个从1580年就开始经营复杂银行业务以为贸易和同西班牙的战争提供信贷的欧洲大陆国家，伴随着西班牙帝国的衰落和大英帝国的崛起，逐渐成为世界上重要的商业和贸易国家。到了近代，荷兰已经建立起完整的金融体系。虽然国家不大，但其顶级银行和保险商在世界享有盛誉。可是在2008年国际金融危机后，荷兰政府不得不向其银行系统注入650亿欧元，向其保险商——荷兰国际集团（ING）和全球保险集团（Aegon），提供紧急资金援助，将荷兰银行（在其同苏格兰皇家银行灾难性的合并后）和SNS Reaal国有化。荷兰的银行体系经过一系列震荡后，已经变得弱不禁风了。

在荷兰、比利时合资的富通银行（Fortis Bank）从苏格兰皇家银行手上买下荷兰银行（ABN Amro Bank）位于荷兰境内的资产后，荷兰政府必须向它提供168亿欧元的资金支持。但这仅是开始。随着欧元区金融危机的加剧和扩散，富通银行，这个曾被誉为合资银行的典范（也是劳埃德银行的合作银行），消耗了大约300亿欧元的荷兰政府资金。

但是荷兰人的痛苦远没有结束。2013年2月，SNS Reaal银行发现因为房地产放贷业务的失误，它一只脚已经踩在了悬崖边上。荷兰政府不得不再次向其施以援手。为营救这家银行，荷兰政府牵头成立了一个拥有140亿欧元的救援集团。SNS Reaal这个荷兰第四大银行，自从2006年收购了部分荷兰银行的房地产贷款业务以后，这些年一直在不停地亏损直至银行在2013年3月宣布被荷兰政府全部收归国有（这之后，SNS Reaal银行过去的信贷操作成为荷兰政府金融调查的主要内容）。虽然有争议，但荷兰的金融危机比任何欧元区内国家的金融危机都严重。

虽然荷兰的银行遭受了金融危机的重创，但荷兰经济因其本身的活力还是从危机中顺利地走了出来。的确，在金融危机到来时，荷兰的情况要比欧元区内另外几个国家好得多：荷兰在 2007~2008 年几乎没有财政预算赤字，政府债占国内 GDP 的 64.8%，比《马斯垂克条约》要求的 60% 标准稍高些，同时，荷兰政府健康的财政情况使它更有能力消化其银行体系内的损失。

再说西班牙，像爱尔兰一样，银行危机给西班牙人的生活带来巨大的冲击。同时也像爱尔兰一样，银行业的危机在很大程度上也源于房地产行业的大肆扩张。

2007 年的前 10 年，西班牙共建了 500 万套居民住宅房，其房地产开发商的股票价格也上涨了 25%。这是一个由裙带关系、低利率和不负责任的信贷操作支持的没有约束的扩张。但当信贷成本上升，疯狂扩张的潮水退去，留下的便是大量未完工、地处大城市郊外的"鬼城"。更糟的是，西班牙金融机构向大量追逐廉价信贷和低税率的西班牙投资人提供了收购外国企业所需的信贷支持。法罗里奥集团（Ferrovial）收购了拥有英国若干主要机场的英国机场管理局[1]；西班牙电话公司（Telefonica）收购了英国的移动连锁供应商 O2；伊维尔德罗拉公司（Iberdrola）收购了苏格兰能源公司（Scottish Power）；桑坦德银行在收购了阿比国民银行（Abbey National Bank）以及布拉德福德滨雷等一些提供信贷服务的公司后，成为英国金融界举足轻重的力量。所以，当西班牙金融危机波及英国，就像欧元区其他国家的金融危机会波及到英国一样，人们应该不会太吃惊。

---

[1] 英国机场管理局（BAA – British Airport Authority）私有化后成为英国机场管理局有限公司，简称 BAA plc。2006 年被由法罗里奥集团领导的收购集团收购。2012 年被重新命名为希斯罗机场控股有限公司（Heathrow Airport Holding Ltd.）——译者注。

　　面对一个接一个的坏消息，西班牙，这个欧元区内第四大经济体，开始时觉得它能依靠自己的力量渡过难关。但它自己设计、实施的缩减计划，使成年西班牙人的失业率在 2013 年初期猛增到 27.2%（16～18岁年龄段的失业率更高，达到 55%）。2012 年末，西班牙的银行在清理过一次信贷坏账后，依然还有 1 820 亿欧元的坏账留存在其资产负债表上。

　　处在西班牙银行危机漩涡中心的是马德里储蓄银行（Bankia）。这家在 2010 年由 7 家地区性银行合并而成的银行，虽然将其总部设在瓦伦西亚（Valencia），但在马德里有巨大的影响力。这个庞大的银行吹嘘它有1 200 万客户和 3 280 亿欧元的资产。它的第一任董事会主席也不含糊，是前国际货币基金组织执行董事罗德里·拉托（Rodrigo Rato）。

　　但不幸的是时间不对。7 家银行合并时，正值欧元区金融危机向四周扩散。而几家成为马德里储蓄银行主要组成部分的地区银行的信贷业务，合并后成为了新银行的核心业务。这些核心业务在很大程度上等同于狂热的、对房地产的投机性放贷。这些贷款后来证明根本收不回来。

　　超过 10% 的马德里储蓄银行的贷款对象是正在死亡的房地产项目。拉托，这个有些神秘并在 2007 年不知因为什么原因离开了国际货币基金组织的新银行第一任董事会主席，马上意识到没有政府约 190 亿欧元的资金支持，新银行不可能生存下去。但随着马德里储蓄银行危机加重，西班牙政府主权债券在国际债券市场上的收益率开始上升到 8% 以上。在这个水平上，西班牙政府完全有可能为其国债找来充足的资金。

　　2012 年 5 月，拉托在马德里储蓄银行宣布出现 30 多亿欧元亏损后离开了这家银行。拉托替代者，经验丰富的何塞·伊格纳西奥·格里哥萨里［José Ignacio Goirigolzarri，他是西班牙最大银行之一——毕尔巴鄂比斯开银行（BBVA）的前总经理］被空降到马德里储蓄银行。2013 年 3月公布的独立审计报告显示了银行可怕的财务状况：亏损持续上升，目前已达 190 亿欧元。这是到目前为止西班牙银行的亏损纪录！跟这个数字相比，欧洲其他面临危机的银行，比如苏格兰皇家银行的情况就显得不那么严重了。

最终，西班牙政府也没有其他选择，只能要求国际货币基金组织、欧盟和欧洲中央银行出手相救。这是第一个欧洲国家为重建本国银行向这三个国际机构申请所需资金。西班牙政府估计它需要从欧洲稳定机制（ESM，European Stability Mechanism，是欧盟在 2012 年 7 月金融危机最严重的时期建立的营救机制）提取大约 1 000 亿欧元，才有可能应对它所面临的银行危机。

不可避免的，西班牙需要为此付出代价。马德里储蓄银行必须在此后 5 年内，将其债务责任降低 60%、关闭分行并解雇几千名员工。马德里储蓄银行遵守了这些要求：6 000 名马德里储蓄银行的员工被解雇（这个数字占整个银行员工数量的 28%）；39% 的分行被关闭；银行规模也因其将 500 亿欧元的资产卖给 Sareb（西班牙政府成立的，专门处理银行呆、坏账的资产管理公司）而大规模缩小。除此之外，马德里储蓄银行也被要求将它在西班牙的投资卖掉，包括卖掉其所持有的 12% 的国际航空集团（International Airlines Group，此公司拥有英国航空 British Airway 和西班牙国家航空 Iberia）的股权。

马德里储蓄银行并不是唯一出现危机的西班牙银行。但其他一些银行没有马德里储蓄银行那么幸运，可以从西班牙政府那儿获得资金支持。因为资产负债表太难看和没有救援意义，瓦伦西亚银行（Banco de Valencia）被迫将自己卖给实力雄厚的巴西联邦储蓄银行（Caixa Bank）。

西班牙的这种危机处理方式立竿见影。2014 年 2 月，西班牙政府已经可以信心十足地将它持有的 68% 马德里储蓄银行股权当中的 7.5% 以 13 亿欧元卖掉，从而开始了为纳税人逐渐收回注入到这家银行资金的过程。虽然西班牙政府没有从销售股权中得到太多的收益，但西班牙经济部长路易斯·金多斯（Luis de Guindos）还是兴奋地欢呼："一个实实在在的迹象表明，人们逐渐开始改变对西班牙银行和金融体系的看法。"

伴随着资金注入，西班牙政府也公布了一系列限制银行业务操作的法令。比如，禁止出现危机的银行继续向房地产开发商提供贷款。西班牙政府要求这些银行将其业务重点转向西班牙家庭和中小企业。

在西班牙银行危机过程中，有一个非常有争议的话题，那就是银行要求其债券持有人以及那些被它说服，买了银行优先股的人（他们大部分是上了年纪的或普通的西班牙人），拿出 100 亿欧元以作为救援计划的一部分。这种做法跟英国互助银行在面临危机时要求其债权人和股东作出牺牲和塞浦路斯在面临危机时，要求其存款客户作出牺牲的方式如出一辙。

西班牙两家最重要的银行，桑坦德银行和毕尔巴鄂比斯开银行，在银行危机的过程中没有受到太多影响。桑坦德银行还因为收购了荷兰银行在拉丁美洲地区的资产成为荷兰银行解体过程中的大赢家。这笔收购交易很有价值，因为后来桑坦德银行以高价卖掉了这些资产，为银行带进了一大笔收益。虽然这两家银行没有像其他西班牙银行那样出现倒闭关门的危机，但以防万一，欧洲银行监管局还是在 2011 年 12 月要求这两家银行再筹集约 220 亿欧元的资金，以进一步保证它们能够正常运营。

英格兰银行密切注视着发生在桑坦德银行的一切。虽然英国银行和桑坦德银行之间隔着一堵厚厚的瓷砖墙，但前英格兰银行副行长保罗·塔克（Paul Tucker）担心，一旦桑坦德银行陷入地狱，没人能救得了它在英国的分支机构。因为巴克莱银行在 2003 年花了 11.4 亿欧元收购了西班牙的萨拉戈萨银行（Banco Zaragozano），巴克莱银行在西班牙的风险敞口也让人非常担心。跟爱尔兰一样，如果西班牙银行系统崩塌了，对英国纳税人的损失将会是巨大的。

2012 年年末，发生在欧元区内的银行危机，如果还没过去，最起码也被适当地应对了。爱尔兰接受了以国际货币基金组织主导的营救计划内的苛刻条件，并且休克疗法（Shock Treatment）开始起作用。西班牙政府对银行的重组开始有了成功的迹象。但没过几个月，2013 年 3 月，另一轮新的风暴就又出现在地平线上。这次出现危机的国家过去根本没在金融评论员的雷达上出现过：塞浦路斯，这个地中海岛国突然陷进了危机的漩涡。

塞浦路斯在国际银行界的位置很不寻常。这个小国的国民生产总值只稍微超过整个欧盟国民生产总值的 1%。但它的银行业却很发达。当塞浦路斯在 2008 年加入欧元区时，其由房地产业、旅游业和金融服务业支撑的国家经济以非常健康的 4% 的年增长速度成长。在外来资金大量进入塞浦路斯银行的背景下，塞浦路斯国内的银行也开始大规模地对外放贷，特别是向跟它有相似文化的邻国希腊放贷。截至 2011 年，在两家最大的塞浦路斯银行——塞浦路斯大众银行（Laiki Bank）和塞浦路斯银行（Bank of Syprus）的带领下，塞浦路斯银行业的价值已是整个塞浦路斯总体经济的 8 倍，这比在银行危机中被自己的银行业击倒的爱尔兰和冰岛的数字还高。塞浦路斯的金融服务业每年创造的价值占塞浦路斯当年国民生产总值的 50%，而英国的数字为 10%。

但当希腊在 2010 年成为欧元区第一个陷进银行危机漩涡的国家后，塞浦路斯也马上被拖了进去。这个岛国在此之前已经买了 40 亿欧元的希腊债券，它的银行也向希腊的公司提供了 220 亿欧元的贷款，这个数字远远超过了塞浦路斯自己的 180 亿欧元的国民生产总值（虽然国际货币基金组织、欧盟和欧洲中央银行 2010 年的营救计划保证了希腊债券持有者的利益，但希腊政府在此之后还是几次三番地请求更多的援助，并且要求希腊债券持有者对他们投资的希腊债券作出高达 60% 的牺牲）。

2013 年 6 月 16 日，塞浦路斯总统尼科斯·阿纳斯塔夏季斯（Nicos Anastasiades）宣布跟上述三个国际组织达成一项包含 100 亿欧元的对塞浦路斯的救援协议。但救援协议明确说明，阿纳斯塔夏季斯同意塞浦路斯将再自己筹集另外 58 亿欧元。为筹集这笔钱，塞浦路斯政府立即向在塞浦路斯银行存款额达到 10 万欧元的存款人征收 9.9% 的税赋，并向低于这个数字的存款人征收 6.75% 的税赋。塞浦路斯政府的这种随时可以将手伸进银行客户存款账户，并向这些存款户征收税赋的行为非常让人吃惊，因为到目前为止，还没有一个处在金融危机泥潭里的国家强行要求银行存款客户为银行的错误作出牺牲。但塞浦路斯人觉得政府对他们的存款征税是被国际组织逼的。在他们看来这有点儿像双重标准：大一点儿的国家，像西班牙，并没有被要求让其国民为营救作出牺牲，就因为塞浦路斯国小，所以它的国民就可以被欺负。

"我希望我不是那个非得做这件事的部长。"塞浦路斯财政部长迈克尔·萨里斯（Micheal Sarris）说。但这位部长并没有反对对银行存款客户征税。他说："如果银行体系崩塌，我们和国家会损失更多的钱。"

从塞浦路斯政府于 2013 年 3 月 23 日宣布了救援计划之后，塞浦路斯境内所有银行被命令暂时停业，等待通知。塞浦路斯人震惊了。欧洲震惊了。这种事在过去从来没有发生过。当英国人于 2007 年 9 月在北岩银行外面排队等待取款后，英国政府立即宣布将根据情况，把银行存款客户的存款保护金额从 35 000 英镑提高至 85 000 英镑。欧盟也照方抓药，宣布将保证所有在欧元区内、10 万欧元之内的银行客户存款（这个决定保护了绝大多数普通小额存款户）。这之前没有任何迹象表明，跟导致银行危机毫无关系的银行存款客户，会被要求为别人的过失埋单。这种做法的影响实在太坏了。人们会问：如果塞浦路斯的银行存款客户可以被惩罚，别的国家的银行存款客户会不会是下一个被惩罚的？这时是不是应该把在塞浦路斯的存款转存到更加安全的地方，比如德国或奥地利？很快，几十亿欧元存款开始从南部欧洲向北部欧洲转移。这种欧元存款的转移让已经非常脆弱的欧元区内的银行又面临另外一个新的威胁。

　　在塞浦路斯，政府宣布新的政策后几小时之内，塞浦路斯经济立即变成了现金经济（cash economy）。商店拒绝接受支票或信用卡。如果你能找到现金，你就是大爷。英国政府不得不安排一架飞机，将100万欧元的现金从皇家空军在布雷斯诺顿的空军基地空运到它在亚克罗提里的空军基地，以防止那里的皇家空军军官和士兵出现兜里没钱的尴尬。

　　塞浦路斯人这时也开始上街游行，抗议总统跟国际货币基金组织、欧盟和欧洲中央银行签署的那份协议。全欧洲有24小时滚动新闻播报媒体的记者全都涌进了塞浦路斯。但英国在当地的记者在新闻报道方面抢到了头筹。塞浦路斯议会，这时实际上就有一位议员在坚守，投票否决了总统签署的那份协议。

　　对阿纳斯塔夏季斯政府来说，这是可怕和危险的时刻。它马上开始不顾一切地寻找另外的解决方式，因为距离国家宣布财政破产只有几天的时间了。国家已经没钱给公务员、教师和护士开工资了，更没钱支付养老保险。这个岛国面临着分崩离析的可能。

　　绝望之中，塞浦路斯政府请求外国政府的援助。大卫·卡梅伦派了两年前曾参与营救英国银行，有经验的财政部官员汤姆·舒勒爵士（Sir Tom Scholar）前去帮忙。但欧盟、欧洲中央银行和国际货币基金组织在德国的支持下，对塞浦路斯的请求非常强硬。塞浦路斯虽然在2004年就加入了欧盟（一年后又加入了欧元区），但它在1998年跟俄罗斯签署了一份税收协定。协定允许俄罗斯公民只需对在塞浦路斯国内的资本投资收益支付很少或甚至不用支付任何税赋。信用评级机构穆迪估计，俄罗斯人利用塞浦路斯比欧洲其他国家高出2个百分点的银行存款利率，从塞浦路斯赚了大约300亿欧元。德国政府认为俄罗斯人在利用塞浦路斯从事洗钱或逃避税赋的活动。德国人觉得俄罗斯人在塞浦路斯面临如此困难时，应该出手帮助一下这个曾向他们提供赚钱平台的国家。

　　也是出于这种考虑，塞浦路斯财政部长萨里斯没有去布鲁塞尔或柏林，而是捧着要饭碗来到了俄罗斯。但这次旅行不太成功。普京政府对塞浦路斯的请求不为所动，即使塞浦路斯保证将一个位于塞浦路斯南方外海的一个有价值的天然气油田的开采权于 2020 年到期时卖给俄罗斯。

现在，国际货币基金组织、欧盟和欧洲中央银行是塞浦路斯唯一的指望。塞浦路斯准备接受这三个国际组织开出的药方。根据 3 月 25 日公布的修改了的协议，塞浦路斯政府只对超过 10 万欧元以上的塞浦路斯境内银行存款征收 20% 的税赋。塞浦路斯政府同意卖掉大量政府资产，包括价值约 4 亿欧元的黄金储备。塞浦路斯大众银行宣布倒闭，并将其所有信贷呆、坏账以及超过 10 万欧元的存款客户，全部扔进一个由塞浦路斯中央银行任命的特别总裁管理的"坏银行"里，而它的其他资产和 10 万欧元以下的存款客户则被转至塞浦路斯银行（Bank of Cyprus）。在牺牲了大量存款客户（这其中很多是外国人）的利益之后，塞浦路斯大众银行终于解脱了！但在塞浦路斯国内发生的事情，会一直在欧元区内不停地来回震荡。

但拖着装满现金拉杆箱想尽快离开塞浦路斯的俄罗斯人和想把钱转移到安全地方的塞浦路斯人，却发现他们在新规定面前没那么幸运。虽然有些人已经在塞浦路斯境内银行办完汇款手续，但塞浦路斯银行突然（暂时）关门和新的资金管制规定，让这些人在接受汇款的其他国家境内的银行取不出钱来。新规定不允许定期和活期存款客户将存款汇出塞浦路斯。这让人们想起 20 世纪在西方国家流行的资金管制政策。

恐惧使人们在银行一重新开门就蜂拥而入，争相将自己的存款取出来，然后将钱拿到瑞士、英国或德国后，再存入那里的银行（虽然 1986 年被写进欧盟法，Single European Act,① 第 63 款的资本管制条款，体现了资本和人员在欧元区内可以自由移动的精神，但当冰岛在 2008 年发生

---

① 在欧盟法的基础上，欧洲于 1993 年开始实施共同市场（Single Market）。

金融危机时，为冻结冰岛人在伦敦银行的存款，布朗政府不惜借助法律方式，宣布冰岛是英国国家安全的威胁。布朗政府的这个宣布现在依然有效。但如果冰岛例子有任何示范性，则塞浦路斯的资金管制政策还会持续一段时间）。

塞浦路斯银行体系内让人震惊的乱象细节，只有在 2013 年 7 月受塞浦路斯中央银行委托，由银行专家，伦敦国际金融创新研究中心（CSFI，Centre for the Study of Financial Innovation）副主任大卫·拉斯塞斯（David Lascelles）主持完成的调查报告公布之后，人们才了解一些。报告的结论直截了当："因为在经济繁荣时期国家没有统一管理塞浦路斯银行体系的政策和在塞浦路斯银行盈利时没有约束它们的机制，所以塞浦路斯遭受到严重的银行危机。"调查报告建议塞浦路斯制定一项完整的银行管理办法。这项管理办法应该兼顾银行盈利期和风险期，并制定相应有效的管理机制。调查报告还提到："虽然塞浦路斯的银行规模在危机后大大缩小，但塞浦路斯对银行的依赖依然很严重，因为它没有可替代的金融服务选择。"调查报告提请政府注意在塞浦路斯银行界盛行的"政治影响"和裙带关系影响，并敦促塞浦路斯政府引进新的管理人才和新的管理思维。

塞浦路斯的银行危机，跟发生在希腊、葡萄牙和爱尔兰的银行危机一样，说明欧盟政策制定者对欧元区内国家并不都是一视同仁。资金管制的必要性说明在欧元区内存在两个等级的经济，一种是其银行可以被信任的，而另一种则不是。在第一次希腊危机期间，有人甚至建议，如果希腊离开欧元区并且它的货币出现贬值，则带有希腊编码①的欧元应该比带有欧元区内其他国家编码、相同面值的欧元面值要小一些。这导致有些希腊人将带有希腊编码的欧元带至其他欧元区国家，然后在那里换

---

① 每张欧元都印有说明此张欧元是出自哪个国家的编码。

成带有其他国家编码的欧元的情况。

但这种"两个等级经济"的想法并不表明欧洲银行的问题过去和现在只属于欧洲周边国家。在欧元区内，国家和银行像醉汉拥抱一样紧紧地交织在一起（经济学家管这种现象叫"厄运循环"，doom loop）。希腊、爱尔兰、葡萄牙和最有分量的西班牙和意大利，这5个国家的银行就握有近3万亿欧元它们国家的主权债券。这就是一幢纸牌屋，一阵小风就能将它吹倒。

所以，2013年春季市场因德拉吉关于欧元诸多花言巧语出现的平静，其实是人们的幻觉。的确，没完没了的欧盟峰会使欧洲稳定机制（ESM，European Stability Mechanism）得以诞生，虽然因为它严苛的条件，没几个国家敢用这个东西。的确，由德拉吉领导的欧洲中央银行也降低了利率并且设计、实施了一个旨在稳定欧元区内1 300多个债务缠身银行为期3年、总金额为1万亿欧元的贷款计划。的确，长期贷款重组①工作（LTRO，Long Term Refinace Operation）为银行和出现金融危机的国家重新调整过去30年积累的债务结构赢得了一些时间，但这都是治标不治本的做法。脆弱的银行体系不能向任何经济复苏提供支持。而欧盟在解决产生这个脆弱银行体系的根本原因方面和在解决导致欧洲北部国家和南部地中海沿岸国家之间不平衡的根本原因方面乏善可陈。

欧洲主要银行的财务"黑洞"让这个地区以外的投资人望而却步。根据惠誉（Fitch）的统计数字，委托给美国投资基金的钱只有大约一半

---

① 长期贷款重组（LTRO – long – term refinance operation）的期限可达36个月，利率为1%。欧元区内银行可以通过跟欧洲中央银行置换周边国家主权债券（这些主权债券也可以被认为是借贷凭证）的方式来获得资金。被置换的债券价格由欧洲中央银行根据债券发行国的信用等级决定。贷款重组（Refinance）指借贷方跟放贷方就还款条件重新达成协议。一般是以条件更好的贷款置换原来的贷款——译者注。

被以短期、机构存款支持①的方式转存在欧洲银行。但这些钱对欧洲银行来说并不是一个稳定的资金来源，因为提供这些资金的美国基金在银行危机后全都成了惊弓之鸟，任何的风吹草动随时可以让他们把钱提走。欧洲银行体系当前一个巨大的危险是：这个体系内很多银行不但不承认它们资产负债表上有不能收回的贷款和不能清偿的债务，也没有开始认真解决它们面临的资金短缺问题。

国际货币基金组织估计，欧洲银行的坏账规模已达 3 000 亿欧元。更糟的是，它们持有的政府债券的市场价格一直在直线下跌。没能力从市场上筹钱的欧洲银行，最后只能向它们各自的中央银行借钱。而借钱的条件又是这些银行必须要购买它们国家的政府债券。欧元区严重的衰退又一直在加快经济的螺旋式下降，在这个背景下，银行肯定不愿意也没能力向更加广泛的经济领域提供信贷支持。面对严峻的经济现实，指望重新启动欧元区经济发展的想法现在恐怕不太实际。

如果有一个国家在面对欧洲出现的巨大经济问题时还有一些不切实际的想法，这个国家非意大利莫属。作为欧元区第三大经济实体，意大利被认为是维持目前欧洲单一货币体系至关重要的国家。但意大利政府发行的国债已达 2 万亿欧元，占其国民生产总值的120%，加之它问题不断的银行体系，意大利看起来好像是被一根游丝悬在空中。人们不应该忘记，在欧元诞生前的汇率机制（ERM，Exchange Rate Mechanism）时期，意大利人，跟英国人一样，很难使其货币跟德国马克保持一致。当1992 年 8～9 月，对英镑和意大利里拉的投机压力异常巨大时，这两种货币同时被逐出了欧洲汇率机制。这个事件为人们理解意大利跟德国不同的经济表现提供了一个很好的注脚。

---

① 机构存款支持（Wholesale Funding），指作为银行客户存款（Demand Deposits）的补充，银行从其他途径筹到的支持其经营活动的资金——译者注。

　　意大利的债务不是一下子就膨胀起来的。它是过去几十年不断积累的产物（意大利的欧洲伙伴在实施单一货币时，对此视而不见）。表面上，这是些可控的债务。像日本（也是七国集团成员）一样，依靠对其债券具有强烈兴趣、规模巨大的国内市场和活跃的二级市场，意大利政府总能找到资金支持其债券发行。同时，意大利的制造业规模在欧洲也名列前茅。但在过去15年的时间里，这个国家的经济增长率一直徘徊在0.83%，并且，从2011年中期开始的衰退一直不见有任何好转的迹象。

　　需要偿还债务的规模很大。根据国际货币基金组织的数字，2012年，意大利政府不得不借入4 500亿欧元（这个数字占意大利国民生产总值的29%）来维持其债务水平。对意大利政府（债务）违约、拖欠的担心，使2011年意大利政府10年债券市场收益从5%上升至7%。如果债券收益持续上升，意大利政府可能就会出现偿付困难，以致不能按时还本付息。但幸运的是，欧元危机在2014年逐渐消退，意大利政府10年债券收益也回落至4%的水平。意大利政府违约的风险暂时消除了。但即使如此，持有大量意大利政府债券的意大利银行发现它被紧紧地跟意大利政府债券拴在了一起，从而深深地陷在"厄运循环"的怪圈里不能自拔。

　　像欧元区内其他银行一样，意大利的银行也承受着巨大压力。因为欧洲银行管理局和布鲁塞尔解决不了欧洲银行体系内的根本问题，意大利银行还得在泥潭中继续挣扎。根据意大利银行协会的统计数据，截至2012年底，意大利银行的坏账已达1 250亿欧元，比前一年上升了16.6%。而前两年，当欧洲开始出现明显的金融危机时，意大利的坏账规模为780亿欧元。

　　意大利最大的银行（根据资产规模计算），意大利联合信贷银行（Unicredit Banca），这时也不得不多次紧急筹集资金以缓解市场对它严重的资不抵债的担心。在继2008年和2009年筹集了总计70亿欧元的资金后，2012年1月，这家银行又筹集了75亿欧元。但最让意大利人心酸的，是他们看到成立于 1472 年的西雅那银行（Banca Monte dei Paschi di Siena）这时也在为生存努力挣扎着。这家位于托斯卡纳的银行被认为是世界上最古老的银行。如果这家银行倒闭了，那对意大利的国家荣誉的打击将是巨大的。但虽然历史悠久，这家银行也因腐败文化的侵蚀而显出逐渐凋零的迹象。这家银行曾因可能的掩盖危险投资亏损行为被调查过。这个调查集中在西雅那银行为对冲其购买的意大利政府长期债券风险签署的一些商业协议。这些操作最终导致这家银行损失将近 7.2 亿欧元。

2012～2014 年的筹资行为，也使西雅那银行传统的隐秘家族股东结构受到冲击。2014 年春季，随着银行股权的不断出售，银行的控制权最终转到外人，包括买入 5.7% 银行股权的美国黑石基金（Black Rock）手中。

意大利第四大银行，带有互助性质的意大利大众银行（Banco Popolare），2013 年 3 月的财务报表显示，其营业亏损比上年增加了一倍，达到 6.27 亿欧元。面对资产负债表上的劣质资产，它不得不额外安排资金以防万一。这一年，多家银行没有按时公布其年终财务报表，这使很多人相信这些银行已经出现了致命的危机。

分裂的意大利政府应该为意大利银行体系断断续续的改革承担部分责任。2010 年 11 月，意大利总理西尔维奥·贝卢斯科尼（Silvio Berlusconi）在欧元区国家领导们的强烈要求下，在没有选举的情况下被欧盟委员会专员马里奥·蒙蒂（Mario Monti）取代。蒙蒂强行推动了旨在削减开支的改革，包括降低养老金、征收房地产税、追缴税款和取消一些限制性的行业规定。但意大利选民并不喜欢这些让他们节衣缩食的政策，2013 年 2 月，蒙蒂就被赶出了总理府。意大利选民对意大利政客的厌恶和对布鲁塞尔的不信任，使前喜剧演员毕普·格里罗（Beppe Grillo）所领导的以反对当权者为诉求的五星运动（Five Star Movement）迅速成为意大利第二大党。他向选民保证，如果他当选总理，他会进行关于是否离开欧元区的全民公投，并且购回意大利政府债券和重新就债券收益展开谈判。他大声疾呼："意大利早就完蛋了！一年之内，政府将无钱支付养老金和公务员的工资。什么还值得'营救'？"

蒙蒂曾经警告过他的欧盟同事，意大利人开始觉得欧盟应对欧元区银行体系的坍塌以及随之而来经济危机的政策是失败的。他于2013年3月在布鲁塞尔欧盟峰会上说："意大利公众对欧盟改革，甚至更糟的是，对欧盟本身的支持，正在迅速下降。这种情况在其他欧元区国家已经出现了。传递'我们将使经济重新增长和同长期的年轻人失业现象做坚决的斗争'的信息，让人们知道我们在倾听他们的声音，这可能是我们应对普遍民意和'不屑欧盟'情绪的最好办法。"

2013年底，虽然欧盟看起来似乎扛过了最严重的风暴。但让它担心的事情依然存在。很多问题实际上是被"挂"起来了。就经济政策来说，欧盟能通过自己的贸易能力，自动走出经济困境，与其说是一种战略思维，还不如说是一种大众期望。人们觉得，这时的政客、官员和银行家们正在等待重现20世纪80年代拉丁美洲的债务局面，即那里的违约债务问题被"挂"了10年，以便西方国家的银行筹集到足够多的资金来应对债务违约危机的爆发给它们带来的损失。换句话说，欧元区在把自己的头埋在土里的同时幻想着奇迹的发生。

但问题是，一些欧洲国家的银行没有意愿使其资产负债表恢复健康和直面资金短缺的情况，已经成为这些国家甚至整个欧洲经济复苏的一个极大的障碍（在法国、荷兰和其他一些欧洲国家，修复它们各自银行体系的工作在2014年才刚刚开始。荷兰政府宣称，它预计能在2014年底前，将提供给荷兰银行（ABM Amro Bank）的300亿欧元的救援资金收回）。但在另外一些被灾难性的坍塌逼迫着马上进行了改革的国家，情况反而好一些。比如西班牙，那个在危机前由多个储蓄银行组成的，危机过程中处在银行危机漩涡中心的马德里储蓄银行，2014 年春季已经踏上了重返公开市场的大道。

2014 年 4 月，总部设在巴黎，追踪全球重要经济体健康状况的世界经济合作与发展组织（OECD，Organisation for Economic Cooperation and Development）警告说，侵蚀着欧元区银行资产负债表的坏账，依然是经济复苏的主要威胁。人们要求欧洲中央银行立即采取坚决行动，检查银行资产负债表并向需要改进的银行提出建议。欧洲中央银行应该立即承认一个事实：不是所有在银行资产负债表上的政府主权债券都具有相同的价值，比如说希腊的主权债券的等级的评定方式就不能跟德国的相同。

现在，另一个新的威胁又出现了：通货紧缩。紧缩压低比较虚弱国家（从塞浦路斯到希腊再到西班牙）的国内劳动成本，致使全欧洲的物价在 2014 年鲜有增长，从而导致也是具有破坏作用的物价、工资和资产螺旋式向下运动，同时使债务成本提高（通货膨胀使债务表面价值降低，通货紧缩的作用相反）。人们不应忘记，日本用了近 10 年的时间加上激进的财政金融政策，包括大肆印钞，才从通货紧缩中走出来。

这段时间，欧元区尽管还在没完没了地开峰会和讨论各种形式的改革（我们会在第 9 章涉及这个话题），但欧元区的居民依然面临一大堆问题。作为支撑欧元的主要国家，德国人有发自内心的恐惧，他们担心多印钞票和通过欧元债券分担欧元区其他国家的风险。德国人对 20 世纪 20 ~ 30 年代魏玛共和国时期恶性通货膨胀的情景仍然记忆犹新[1]。面对欧元区内的问题，世界经济合作与发展组织以及国际货币基金组织也担

---

① 此处指发生在第一次世界大战和第二次世界大战之间的恶性通货膨胀。通货膨胀严重时，1 美元可兑换 4.2 万亿马克——译者注。

心，降低利率会引出量化宽松的货币政策；而发行欧元债券又有可能让欧元区更深地陷入通货紧缩从而引起另一次危机。在脆弱的欧元区，任何微小的涟漪都有可能掀起滔天巨浪，任何微小的震动都有可能引起改变地质结构的大地震。2014 年乌克兰危机①正好说明了这点。

---

① 乌克兰危机不但是地缘政治危机也是经济危机。在危机过程中，虽然德国支持乌克兰倒向西方，但坚持与俄罗斯对话的立场。因为不管怎么说，德国一半的能源要从俄罗斯进口，它基本不可能承受因经济问题跟俄罗斯彻底翻脸的后果，即使是在德国经济强力增长的时期，情况也是如此。

5

没有改变的文化：
危机后的银行

世界经济状况在2007～2008年银行危机后的任何改进，得益于世界银行业自有的、令人瞩目的复苏和适应能力。银行危机使有些银行不复存在，使另一些银行开始大规模削减开支和裁员。有些银行在危机过程中不得不接受外来户的介入，特别是政府这个外来户的介入。有些银行的高管要么被炒，要么被换。虽然危机后的银行变化巨大，但唯有银行文化跟危机前一样，没有任何改变。

人们只要看看那些被请来接掌受到危机冲击银行的人，就可以看出这种情况。不用说，他们都是些有经验的银行家，这不让人吃惊。但这些人有一个共同的特点：他们全都出自投资银行！比如在英国，戈登·布朗的工党政府如果想找一个人来收拾苏格兰皇家银行的烂摊子，这个人必须得是史蒂芬·哈斯特。哈斯特的经验让他确信，他可以使用苏格兰皇家银行的投行分支机构让苏格兰皇家银行脱离险境。哈斯特在2009年跟一群新闻记者在位于伦敦毕晓普盖特大街上的苏格兰皇家银行总部顶层喝酒聊天时，兴奋地向记者描绘了危机后的市场情况：雷曼兄弟公司的完蛋和其他独立投行内部的问题使市场变得更简单、方便了，苏格兰皇家银行的市场部业务也因此会做得越来越好。

巴克莱银行也是一样，董事会决定在首席执行官约翰·瓦莱在2010年9月离职后，首席执行官一职由银行投资银行部主管鲍勃·戴尔蒙德接任。在2012年计划辞职但力劝戴尔蒙德留任的董事长马库斯·阿吉尔斯也是投行出身，曾经在伦敦的拉扎德公司（Lazard）担任过高级职务。当英国政府在2012年7月最终说服戴尔蒙德离开巴克莱银行时，阿吉尔斯同意为保证巴克莱银行这条大船的稳定，继续担任银行的董事长。

在劳埃德银行，起码人们在2008年9月还相信在把苏格兰哈利法克斯银行带进危机旋涡中起着主要作用的安迪·洪比，应该可以以副首席执行官的身份继续待在银行。而劳埃德银行首席执行官、美国人埃里克·丹尼尔斯成功地说服了银行董事会，让他在首席执行官的职位上待到了2011年2月。虽然劳埃德董事会在银行出现严重危机后，把温·比朝夫爵士（Sir Win Bichoff）请来替换了主导跟苏格兰哈利法克斯银行灾难性合并的维克多·布兰科，但曾担任过花旗银行董事会主席的比朝夫爵士也是投行出身，他的全部职业生涯前期是在施罗德公司（Schroder），后期则是在花旗银行。

在银行业内，投行业务部跟零售业务部的关系不融洽早已不是什么秘密，而投行业务和银行危机的紧密关系这些年也在一直困扰着世界银行业。但人们也坚信应由那些使世界银行业蒙受巨大损失的投行部门的主管们负责解决由他们造成的问题。一位英格兰银行的高级官员曾告诉我（作者）英国财政部在危机期间是多么地依赖投行经理。"他们觉得投行应主导政府的政策。"这位高官还解释了这种情况带来的危险："这简直是疯了，因为一旦知道你想要什么样的交易，这些干投行的人会告诉你怎么完成交易，在这方面他们很在行。但涉及思考政府政策问题，他们不成也没有任何优势。他们干不了这个。"

对其他很多人来说，干投行的人不单是没有制定政策能力的问题。这部分人有非常不同的思考问题的方式。这种思维模式需要赌徒元素：即永远愿意为获大利去冒大险。这也导致了这个行业的掠夺性冒险文化。这种愿意冒险的投行特点跟力求稳健的银行零售业信条，即在接受客户存款后，只对通过了认真的风险评估、符合标准的贷款申请人谨慎放款的原则，格格不入。这两部分银行员工如果坐在一起，彼此会感到很不舒服。这也是为什么约翰·威克斯爵士（Sir John Vickers）在 2011 年 9 月公布的由他主导起草的英国独立银行委员会（IBC – Independent Banking Commission）报告中建议：应由银行零售业务的人来约束银行投行业务。

2007～2008 年银行危机后，另外一个引起巨大争议涉及投行的话题，就是投行主要经理们从银行获得巨额奖金的问题。即使在金融危机和衰退最严重的时候，在大量银行职员和政府员工被解雇的 2008～2010 年，银行的奖金机器也没有停止向这些投行经理发放奖金的工作。当世界各国的政府银行监管人员正在想方设法地限制在银行家圈内流行的理所应当的权益意识时，银行还是能找到政府规定和指导上的漏洞继续给它们的经理发奖金。这种银行经理给自己发放的巨额奖金和大量因失掉工作必须过紧衣缩食生活的普通人的反差，是导致 2011 年 9 月纽约市祖科蒂公园①占领华尔街（Occupy Wall Street）运动发生的直接原因。占领华尔街运动通过社交媒体的帮助传遍世界。英国人也在伦敦圣保罗大教堂外面的台阶上开始了他们自己的占领运动。

虽然示威游行相对和平，但对引起那么多人生活窘困的银行高管在危机前的所作所为和银行高层奖金文化的愤怒，此时已经变成人们对银行高管的敌视。游行人们喊出的口号是："我们是 99％。"这源于美国国

---

① 祖科蒂公园（Zuccotti Park），纽约金融街区的公园——译者注。

会预算办公室（US Congressional Budget Office）一项报告中的数据：近几年，占美国社会顶端 1% 的富人收入增长幅度比他们下面 99% 的人的收入增长幅度高了 3 倍。

示威过程中，当高盛的银行家们穿过祖科蒂公园去他们位于曼哈顿南区水边的写字楼上班的时候，会被示威人群来回推搡。马特·泰比①在《滚石杂志》（Rolling Stone Magazine）上发表的抨击高盛的长篇文章里，将高盛描绘成一条缠绕在金融世界上面巨大的吸血鬼乌贼鱼。通过它历史悠久的可疑交易，吸食着金融世界体内的鲜血以维持这个怪物的生存。②

在伦敦，示威者在圣保罗大教堂外面搭建的帐篷城市（tent city）已经迫使位于伦敦金融中心的这个教堂停止了祈祷活动。同时，示威者和他们的运动也将教堂内的牧师分成了两个阵营。分属这两个阵营牧师的激烈交锋最终导致了反对清场的牧师盖尔斯·弗雷泽博士（Rev. Dr. Giles Fraser）的辞职。英格兰银行的执行董事安迪·霍丹（Andy Haldane）这时也加入到辩论当中。他说，示威者对那些银行家的批评是正确的。他敦促银行家们以更高的道德标准来规范自己的行为。

为平息这次因奖金问题引发的公关危机，工党请出了前英格兰银行副行长，在英国金融界享有盛誉的大卫·沃克爵士（Sir David Walker），来帮助调查银行高管的收入问题。2009 年 11 月，沃克爵士公布了调查结果：在危机后，仍有超过 1 000 位银行高管的年收入超过 100 万英镑。他在报告中建议：银行高管们的收入应该按照 100 万～250 万英镑、250

----

① 马特·泰比（Matt Taibbi），美国新闻记者和作家，以发表抨击华尔街的文章著称——译者注。

② 泰比的这篇文章模仿了 1894 年由臭名昭著的反犹太主义者哈维写的一本小册子。在这本小册子里，哈维用漫画形式将罗斯柴尔德的银行描述成一个缠绕着地球的章鱼。漫画旁边的文字是："它只吃金子。"

万～500万英镑以及500万英镑以上几个等级详细地在银行年度财务报表中反映出来。沃克爵士说，只有这样，银行股权所有者才能有针对性地质询为什么这些人的收入会这么高。沃克爵士原来还建议：公开董事会级别以下获得奖金的人员姓名。但经过公开的咨询，这一条被从他的建议中拿掉了。

根据沃克爵士的建议，强化银行监管的责任应该由银行股东负责。董事会主席和每位董事应每年选举，并且要受新的管理工作守则的约束。其目的就是要加强银行的所有者，即股东和银行董事会之间的互动关系。跟沃克爵士的建议相似，加拿大中央银行在马克·卡尼的领导下，通过金融稳定委员会（Financial Stability Board）制定了使银行高管的收入跟银行股东的收入更加合拍的规定。这个规定包括：不应以现金的方式，而应以股票的方式发放奖金。而且，这些奖金股票三年后才能变现。但所有这些是说起来容易，做起来太难。

只要看看银行家们都对经济干了些什么，你就会知道为什么公众对他们是那样地憎恶。你也不会吃惊在银行危机后，政府会开始对他们的违规进行调查。显然，道德的底线被触碰了。但人们还是有一个非常实际的问题要问：那些被作为奖金发出去的钱是否占用了太多的银行利润？是不是正是这种对奖金的贪婪和赌徒文化一开始就让银行注定要遭受如此巨大的损失？

只要看看巴克莱银行的历史，我们就知道对第一个问题的回答是肯定的。2012年8月，在巴克莱银行操纵伦敦银行同业拆借利率的行径被披露后，鲍勃·戴尔蒙德和董事会主席马库斯·阿吉斯双双离开了巴克莱银行。72岁的大卫·沃克爵士被强力推举出任了巴克莱银行董事会主席。他上任后，马上委托罗斯柴尔德公司董事会副主席，知名律师安东尼·撒尔斯（Anthony Salz）调查巴克莱银行的商业行为。

调查的结果显示：在巴克莱银行拿到奖金实在太容易了。调查报告建议：今后巴克莱银行的奖金应该在所有部门都有出色业绩表现时才能发放，并且奖金的发放应该是简单的、透明的和长期的。但在 2014 年初，巴克莱银行年度报表显示，上年度的利润为 52 亿英镑，比前一年减少了 18 亿英镑。但银行依然从 52 亿英镑中拿出 24 亿英镑用于奖金发放。这个奖金数比 2012 年上涨了 10%，并且远远超过 8.6 亿英镑的股票利息支付。没错，首席执行官安东尼·詹金森（Antony Jenkins）没要他的那份奖金，但他依然从巴克莱银行挣了 380 万英镑（2012 年，巴克莱银行高管的现金奖金总额为 3 200 万英镑）。奖金发放时的一瞬间，巴克莱银行又生产出 431 位百万富翁。

巴克莱银行在道歉信里说，他们 24 亿英镑的奖金总额相对于有 10 多倍这个数的银行营业收入（2013 年，巴克莱银行的营业收入为 284 亿英镑），根本不算什么。但这个 24 亿英镑的奖金数应该同 2013 年的纯利润即 29 亿英镑比较，而不应跟营业收入比较。在银行经营状况不好的时候，将纯利润的绝大部分拿来发放奖金怎么看都觉得不太合适。而就在发奖金前 7 个月，英格兰银行还要求巴克莱银行必须筹集更多资金以加强其资产负债表和使银行更加有活力。而巴克莱银行的银行家们在拿到了 24 亿英镑奖金的同时，竟要求普通的股票持有人拿出 58 亿英镑"赞助"银行，以完成英国中央银行对巴克莱银行增加资本的要求。

巴克莱银行并不是唯一发放巨额奖金的银行。在苏格兰皇家银行，史蒂芬·哈斯特的奖金数量让联合政府极其难堪。哈斯特的奖金问题最终在 2013 年成了逼使其离开苏格兰皇家银行政治压力的部分原因。在劳埃德银行，新的首席执行官安东尼奥·胡塔—奥索尼奥也获得了 170 万英镑的奖金，即使劳埃德银行必须为其糟糕的销售方式和向被其误导的、购买了支付保证保险（PPI – payment protection insurance）的客户支付数十亿英镑的赔偿。

银行高管巨额奖金的问题不仅限于英国。在德国，其最大金融集团德意志银行（Deutsche Bank）共同首席执行官（co - chief executive）尤尔根·费思辰（Jürgen Fitschen）和安舒·基安（Anshu Jain）的薪水和奖金总额在 2013 年同时上涨了 38%。基安的收入和养老金加在一起共900 万英镑。这让他比收入最高的英国银行高管挣得都多。但德意志银行在支付其首席执行官巨额奖金前，刚因违规操作银行业务向德国政府支付了 25 亿英镑的罚款。而这家银行 2013 年的盈利从 2012 年的 11 亿英镑直线下降到 2013 年的 6.81 亿英镑。同时，德意志银行也在世界各地面临着银行监管机构对它操纵汇率行为的调查。

在巴克莱银行，除了奖金规模之外，安东尼·撒尔斯还想了解是不是高额奖金文化鼓励了银行高管更愿意冒没有必要的险的问题。撒尔斯律师的调查让他得出了肯定的结论。但他走得更远。他说："银行奖金导致了金融危机。"为了佐证这个结论，撒尔斯律师出示了一份调查统计结果。结果显示：80% 的金融市场从业人员相信奖金文化和危险的银行业务操作有直接联系。没错，人们很难用具体事实来证明这种联系，但几乎所有风险极高的银行赌博式的业务操作背后都有"如果业务操作（'赌博'）成功，其操作（下注）人员就会得到巨额奖金"的协议。虽然因果关系有时很难直接得到证明，但常识告诉我们，当赌徒不是用自己的钱去赌博，输钱对他不会有任何损失的时候，赌徒一般都会感到更加"轻松"，更加愿意冒更大的风险。因为他知道，赌输了，那是因为钱的主人（银行股东和存款户）倒霉，但一旦赌赢了，他就可以得到巨额奖金收入。

为银行巨额奖金辩护的人指出，银行是个国际性行业，要想找来最有经验的员工必须要用高薪和大奖做"诱饵"。对独立的投资银行来说，要想使其银行有竞争性，不被对手打败，就必须使用高薪大奖来吸引那些有经验的银行业务操盘手，以避免他们成立属于他们自己的对冲基金或阻止他们去竞争对手那里工作。高级银行经理和交易员的工作在哪儿都一样，他们可以快速地从伦敦飞到纽约去找工作，或从瑞士飞到新加坡去找工作。巴克莱银行的安东尼·詹金森在2014年也试图为奖金辩解，他说："如果不把交易员喂好、照顾好，你就死定了。"这也许在一定程度上对目前的这种奖金文化做了一点儿解释。但这种奖金文化是否合理，那就是另外一个问题了。

投资银行的奖金文化和危险的风险业务操作之间的不健康关系，只是人们议论的一个话题，目前还没有完整的统计数据予以证明。虽然披露出的信息已经很有说服力了，但没有一个被披露的信息比后来被称之为"伦敦鲸"（London Whale）的大通曼哈顿银行业务操作丑闻更有说服力。"伦敦鲸"事件让人们开始直接质疑愿意冒大风险的银行高收入员工的动机，以及一个更加深层次的问题：银行体系在泡沫破裂需要重建的日子里，其文化到底改变了多少？

大通曼哈顿银行是个有着让人羡慕历史的美国"贵族"银行。同时，没有几个银行家能像这家银行的首席执行官杰米·戴蒙（Jamie Dimon）那样受到人们的尊敬。这家银行能相对顺利地度过银行危机，这位满头白发的银行高管被认为是功不可没。在银行危机的过程中，戴蒙用难以想象的超低价格收购了两家公司，贝尔斯登和华盛顿互惠银行。当其他银行在银行危机过程中正在为生存挣扎的时候，大通曼哈顿银行却连续3年取得了破纪录的盈利业绩。

在奥巴马总统的第一个任期里，戴蒙被称为是总统最喜欢的银行家。他在那段时间去了16次白宫，其中3次是在椭圆形办公室跟总统的私人聚会。每次他去华尔街喜欢的美国全国电视有限频道（CNBC – Cable National Broadcasting Corporation）录制访谈节目，那里的人对他的接待就像接待皇室成员一样。CNBC最著名的主持人，"金钱蜂蜜"（Money Honey）玛利亚·巴蒂罗姆（Maria Bartiromo），经常被推出去采访戴蒙，但她总是提一些合适的，不具挑战意味的问题。在公众面前，戴蒙永远是魅力四射。但跟他一起工作的人却看到另外一个戴蒙，一个对削减成本冷酷无情，对他认为是浪费的事异常严厉的银行高管。

戴蒙的职业生涯非常成功。这个希腊移民的孙子在纽约皇后区长大，从一个银行小职员逐渐干到股票交易员。他的父亲也是股票交易员，在华尔街的所罗门兄弟公司（Salomen Brothers）工作。年轻的戴蒙是在纽约读的预科，在塔夫特大学（Tufts University）取得心理学和经济学学位后，又在哈佛商学院拿到了 MBA 学位。1982 年，26 岁的戴蒙虽然收到了高盛和摩根斯坦利的工作邀请，但他都没接受，他去了他父亲的朋友桑迪·威尔（Sandy Weill）的公司，美国运通公司（American Express），成为威尔的助理。从此在美国金融服务领域，又开启了一个著名的合伙关系。那时，威尔是美国运通公司（American Express）一颗冉冉升起的非常有侵略性的金融新星。在威尔被美国运通炒了鱿鱼后，戴蒙决定追随他。

这两个人在 1986 年收购了一家不死不活的商业信贷公司，商业信用公司（Commercial Credit Company）。之后，他们通过这家公司开始了一系列让人印象深刻的收购活动，其中包括他们在 20 世纪 90 年代对旅行保险公司（Travellers Insurance）的收购。但他们在 1998 年使用旅行保险公司对有 100 年历史的花旗银行进行强势收购的做法，在世界金融界引起极大的担心。

那个时期的威尔和戴蒙的关系形同父子，在外人看来两人的关系好像会永远牢不可破。他们的组合也很合适。威尔出去收购公司，然后由戴蒙将收购的公司变成能赚钱的机器。但时间一长，他们之间的关系出现了裂痕。1995 年，他们两人因威尔在花旗银行工作的女儿杰西卡·比普鲁维茨（Jessica Bibliowicz）的问题发生了争执。其结果就是在 1999 年底，戴蒙突然离开花旗银行，从而结束了他跟威尔 16 年的美好合作关系。在之后的一段时间里，戴蒙从人们的视线中彻底消失了。他在等待时间，打算东山再起。

到了 2000 年，戴蒙接受邀请，出任位于芝加哥的第一银行（Bank One）的首席执行官。这是一家在合并盛行的 20 世纪 90 年代，由多家中西部银行拼凑而成的银行。

初到第一银行，戴蒙就显示出他在花旗银行果断和自信的特点。他迅速把很多他自己带来的人安插在银行的关键管理岗位上。他大力削减成本。他让银行的信贷更具活力，让零售业务对客户更具亲近感。到 2003 年，戴蒙将第一银行的经营状况从他刚接手时亏损 5.11 亿美元变成盈利 35 亿美元。这个业绩使摩根银行在 3 年后瞄上这家银行、想收购它就变得不那么奇怪了。

跟戴蒙不同，他的前合伙人威尔的状况就不太好。互联网泡沫破裂、安然集团①和世界通讯集团②的丑闻对花旗银行冲击太大。威尔最终不得不在他 69 岁时，辞掉花旗银行首席执行官的职务。

而戴蒙却越来越强势。2004 年，他主导了第一银行和摩根银行的合并。两年后，他出任合并后的银行首席执行官。再过一年，他又成为银

----

① 安然（Enron），曾经是世界主要电力、天然气、造纸和纸浆公司之一。公司总部在美国得克萨斯州的休斯顿。安然的员工曾达 2 万人，营业额曾达 1 110 亿美元。2001 年底，被揭露出公司通过隐蔽方式掩盖巨额财务亏损。不久，公司宣布倒闭。主导财务欺诈行为的首席财务官（Andrew Fastow）因多种欺诈罪被判 6 年徒刑。安然事件直接导致原世界 5 大会计师事务所之一的安达信会计师事务所（Arther Anderson）的倒闭，使 5 大会计师事务所变成了 4 大会计师事务所。在安然事件后的 2002 年，美国参议院通过了由参议院民主党参议员保罗·萨班斯（Paul Sarbanes）提出的"上市公司会计改革和投资者保护法案"（Public Company Accounting Reform and Investor Protection Act），众议院也通过了由共和党众议员迈克尔·奥克斯利（Micheal Oxley）提出的"公司、审计职责和责任法案"（Corporate and Auditing Accountability and Responsibility Act）。两个法案合称《萨班斯—奥克斯利法案》（Sarbanes‑Oxley Act，SOX）——译者注。
② 世界通讯集团（WorldCom），曾是美国第二大长途电话营运商。2002 年因大规模假账丑闻，不得不申请破产保护。之后，世界通讯集团被拆分、拍卖。其长途电话服务成为目前威瑞森公司（Verizon）的一个分支机构。拍卖给世界通讯集团股东带来巨大损失后，世界通讯集团首席财务官 Scott Sullivan，因财务欺诈被判 5 年徒刑。而公司创建者、首席执行官（Bernard Ebbers）因财务欺诈等罪名被判 25 年徒刑——译者注。

行董事会主席。面对老摩根银行傲慢的、过时的和封闭的做派，他鼓励合并后的银行员工向从大通曼哈顿银行（大通曼哈顿银行在 2000 年跟摩根银行合并，成为摩根大通银行 JP Morgen Chase Bank）过来的不那么呆板的员工学习。他也为他们树立了这方面的榜样，比如，他经常在过道上跟银行中级职员聊聊天。周末，他也会穿着运动服装去银行工作，并且在银行的高级餐厅吃从外面叫来的汉堡和薯条。财富杂志称他为"从皇后街来的神童"。

在这种轻松、不拘礼节的背后，是戴蒙敏锐的头脑和对银行营运所有细节的关注。他把管理这个庞大银行比喻成管理街边小铺。他说：关键的是存货控制和准确的会计记录。

"你必须要有一个非常好的会计记录。你不能有几套账。你必须清楚你的库存情况。我一直说，在摩根大通银行，我们就有一本准确和全面的会计账册。"

摩根大通银行基本没有受到 2007~2008 年银行危机的影响。虽然它是在 20 世纪 80 年代最早开始经营信贷衍生品（credit derivatives）的几家银行之一，但它一直非常谨慎，并没有像它的竞争对手似的在其资产负债表上大量囤积这种产品。当这种产品的价格随次贷危机的加重直线下跌时，摩根银行并没有因此蒙受多大的损失。所以，当别的银行在收缩、合并甚至倒闭时（比如雷曼兄弟公司），摩根银行则还在继续发展。

摩根大通银行在 2007~2008 年的活力和它六年之后突然倒栽空似地从高处摔下让人不胜唏嘘，因为正是那个摩根银行在银行危机前极力小心回避的衍生品在 2012 年过来狠狠地咬了它一口。

摩根银行第一投资部（CIO – Chief Investment Office）需要为 2012 和 2013 年的业务灾难负责。第一投资部在摩根银行算是一个重要的部门，它雇了大约 425 人，包括 140 位交易员，并且在世界各地，包括纽约和伦敦都有办公室。这个部门管理着 3 500 亿美元的银行客户存款。仅这部分存款就可以使摩根投资部成为美国第七大银行。

　　担任第一投资部主管的是 54 岁，有着 30 年银行经验的伊那·德鲁（Ina Drew）。她有危机幸存者的声誉，清楚所有市场信息，她也是华尔街最有权势的女人。其他部门的交易员们会在上午或下午的讨论中引用她早上说过的话，以便让自己的市场战略更有说服力。这个纽瓦克（Newalk）律师的女儿毕业于约翰霍普金斯大学（John Hopkins University）。她跟她的家人住在不是那么显眼的新泽西州矮山（Short Hills）富人区。德鲁一直在银行工作。她的第一份工作是 1980 年在东京银行（Bank of Tokyo Trust）做交易员，之后，经过不同的升迁和银行合并，她最终来到摩根银行。当戴蒙掌管了摩根银行，他把德鲁提拔到高级主管营运委员会，并让她直接向自己汇报。2015 年，当第一投资部从银行资金部独立出来时，德鲁被任命为摩根银行第一投资部的主管。交易员常说，管理风险就像控制你的情绪。而德鲁被认为是一个冷静和自信的人。

　　在市场前景被看好时，银行会从长计议。它们会觉得经济会持续发展，客户会按时归还贷款。但银行也会未雨绸缪，计划着一旦经济出现问题，企业不能按时归还贷款银行该怎么办。德鲁就是计划坏情况一旦出现，银行该如何应对的专家。她买进保险产品，比如政府债券和高质量的房地产抵押产品，然后计划好在经济增长出现变化、利率上升或利率下降时银行的应对方式。从 2000 年开始，量化分析和以计算机驱动的数学应用模型开始统治交易市场。那段时间里，德鲁大多数时间是在家里分析基本经济趋势。

　　2000 年中期，摩根银行投资部为对冲其持有的不断增大和复杂的金融资产，开始在市场上寻找更加复杂的保护性产品。为扩大投资部的国际触角，德鲁开始通过招聘熟悉外国和公司债券交易的人来扩大其国际投资团队规模。德鲁要求这些被招聘的人必须具备量化分析能力并熟悉风险很大的信贷衍生产品的交易。2006 年，她从英国投资银行德累斯登佳华（Dresdner Kleinwort Wasserstein）找来了自有资本投资交易员①阿奇利斯·马奎斯（Achilles Macris）。马奎斯在摩根银行升迁很快，不久，他就成为摩根银行国际投资部的首席投资官（Chief International Investment Officer），并以德鲁副手的身份兼管伦敦地区的投资业务。

后来，马奎斯又请他在德累斯登佳华的前同事哈维·马丁—阿塔乔（Javier Martin – Artajo）做信贷和股权交易部的主管。马丁—阿塔乔随即成为布鲁诺·伊克希尔（Bruno Iksil）的直接领导。伊克希尔是综合信贷违约掉期投资组合（SCP – Synthetic Credit Default Swap Portfolio）业务的主管，也是后来全球闻名的"伦敦鲸"。

伊克希尔仅仅是几千个法国交易员中的一个。但法国交易员天生的数学能力和法国非常严格的教育训练，使法国的交易员一直对伦敦金融界有强大的吸引力。伊克希尔在 2005 年加入摩根银行之前，曾先后在法国大众银行（Banque Populaire）和法国对外贸易银行（Natixis）做过自有资本的投资工作。他很顾家，有 4 个孩子。伊克希尔周一在巴黎郊外乘坐欧洲之星（Eurostar）来伦敦工作，但周五他大多是在家里工作。一般情况下，伊克希尔上身穿件衬衫下配一条名牌仔裤。他很少见银行客户并且对领带过敏。虽然他因"伦敦鲸"闻名于世，但在丑闻被披露后很长一段时间里，人们从来没有在报上见过他的照片。

伊克希尔在摩根银行负责的综合信贷违约掉期投资组合业务也包括有抵押保证的债务责任产品②的交易。有抵押保证的债务责任产品是第一投资部使用的最复杂产品中的一种。在 2008 年，当德意志银行英国区高

---

① 自有资本投资（proprietary trading），是指投资银行不是用客户存款而是用自有资本进行投资。操作这种投资的银行职员被称作自营资本投资交易员（proprietary trader）——译者注。

② 有抵押保证的债务责任产品（CDO – collateralized debt obligation），是一种以不同来源或种类的资产（structured asset – backed security）组成的有价证券。目前这种产品的资产也将房屋抵押产品或以房屋抵押支持的有价证券包括进来——译者注。

管查尔斯·奥登顿爵士（Sir Charles Aldington）在英国议院被问到什么是"有抵押保证的债务责任产品"时，奥登顿爵士回答道："我不是以有抵押保证的债务责任产品专家的身份来这里回答质询的。"

人们应该记住这个时刻。这个"有抵押保证的债务责任产品"实在太复杂了，以致一个高级银行家都回答不了它究竟是个什么东西。但是，正是这个"东西"的复杂性导致了美国次贷危机丑闻。现在，摩根银行用3 500亿美元的客户存款买进了这个非常复杂、后来导致摩根银行金融衍生品交易丑闻的"东西"。

开始，摩根银行综合信贷违约掉期投资组合收益虽然不稳定，但一直还是一个盈利的产品项目。2008年，这个产品为摩根银行带进1.7亿美元的利润。2009年的情况更好。因为交易员正确预计到美国通用汽车会申请破产保护，所以他们完成了一系列前景很好的、可以赚钱的投资。2009年，这种产品的收益增加了5倍多，为摩根银行带进10亿美元的利润。但当金融危机在2010年开始消退时，人们对信贷有了不同的看法时，这种产品为摩根银行产生的利润也随之降到1.5亿美元。美国参议院特别调查委员会在其关于"伦敦鲸"丑闻的调查报告中，在提到银行对其投资保护的态度时说：

"总的策略是，跟保险一样，在人们担心时，你增加保护措施，在人们不那么担心时，你的保护措施可以减少一些。当人们在金融危机过去后，不再那么担心了的时候，银行对他们客户（利益）的保护也随之减少了。"

2011年6月，德鲁和马奎斯觉得持续的欧元区危机会使市场疲软，所以第一投资部应该增加对信贷产品的保护。随后，综合信贷违约掉期投资组合部门在购入了大量长期和短期信贷保护产品以防备出现跟原来预计相反的市场走势的同时，还购入了价格大跌的不良资产（distressed assets）有价证券（以期在今后这些有价证券价格上涨时获得的盈利可以对冲在其他投资产品上可能的损失）。当综合信贷违约掉期投资组合部门在 2011 年完成以上全部操作后，它所持有的购入产品总价从原来的 40 亿美元猛增到 510 亿美元。

伊克希尔在 2011 年 9 月也开始了他自己的行动。但他瞄准的是交易成本相对较低的指数衍生产品，信贷违约掉期指数（CDX）①。他的上述操作非常成功，为他在 2011 年带来丰厚的奖金收入。这个法国人被他的同事捧为第一投资部的明星。伊克希尔这时是在美国经济是否会继续转好上下注。而欧洲经济在 2012 年出现复苏的可能性基本不存在。

信贷违约掉期产品的作用类似保险，它经常被金融机构或非金融机构购入以防备今后可能的损失。伊克希尔从 2012 年 1 月开始非常积极地向他的对手交易行和客户卖出这种产品。购买伊克希尔出售的信贷违约掉期产品的客户包括那些为富有的投资人和为投资基金服务的，希望通过市场价格波动赢得高回报的对冲基金（hedge fund）②。他们之所以买入这种产品，是因为担心美国经济会朝坏的方向发展。伊克希尔卖出的产品对他们来说就是保险产品，如果这个保险产品覆盖的公司出现大量信贷违约（credit event），则摩根银行需要向这些产品的买家，即对冲基金、投资者或其他交易商，支付巨额赔偿。

伊克希尔实际上是在同一时间实施两种操作（这在交易大厅很常见）。他在向担心出现信贷违约的买家卖出信贷违约掉期产品或信贷违约保险的同时，又在赌大规模的信贷违约必将发生。他的想法是，如果他

---

① 信贷违约掉期指数（CDX – Credit Default Swap Index）是信贷衍生品的一种，专注于北美和新兴市场公司信贷违约情况，被用来对冲信贷风险，相对信用违约掉期产品，这种指数衍生产品更具流动性。伊克希尔大量购入的是由 100 家高风险公司组成的信贷违约掉期指数高收益 11（CDX High Yield 11）产品。CDX 由 CDS Index Company 制作，由 Markit Group Ltd. 推销的指数衍生产品——译者注。

② 对冲基金（Hedge Fund），是有选择地将个人和机构投资者的资金聚在一起，然后对不同的资产进行投资。对冲基金的投资组合通常比较复杂，流动性强，需要比较高的风险管理技术。过去对冲基金基本不受政府监管，但 2007～2008 年金融危机后，美国和欧洲已经通过立法加强对对冲基金的管理。截至 2013 年 6 月，全球对冲基金总量已达 2.4 万亿美元——译者注 。

操作的大规模购入信贷违约掉期指数的赌注成功，则从这个产品上获得的巨额收益完全可以抵消他在信贷违约掉期产品上的失误给摩根银行带来的损失（同时，他自己又能大赚一笔）。2012 年初，伊克希尔已经为他的上述操作花掉摩根银行 10 亿美元。

其他交易员这时已经注意到伊克希尔这种危险的做法，好多人相信他正在走向深渊。但伊克希尔拒绝停止下注，为此他的同事还给他起了一个外号：洞穴人（Caveman，意思是伊克希尔深居洞穴，不听外面人的劝告）。但幸运在 2011 年眷顾了伊克希尔。2011 年 11 月，两家在信贷违约掉期指数上的美国企业，能源企业戴纳基（Dynegy）和美国航空公司（American Airline），出现信贷违约（credit event），宣布破产保护。伊克希尔的赌注立即给综合信贷违约掉期投资组合部门带进了 4 亿美元的收益。这是个明显的胜利，但这个胜利也更加鼓励了鲁莽的行为。

伊克希尔可能曾经非常幸运，但就像美国参议院特别委员会的报告指出的，他的成功让他更愿意冒险。

"从美国航空公司交易中获得的收益，让第一投资部对通过使用相对较低成本的方式，为银行带来巨大利润的综合信贷违约掉期投资组合业务另眼相看。同时，也让第一投资部开始喜欢上将投资级别的产品和非投资级别的指数联系起来、通过积累大量头寸和先输后赢的战术为银行获得大量利润的交易方式。"

2011 年底前，摩根银行的高管们曾要求第一投资部将它所持的危险资产总量减少 250 亿美元以增加现金储备。这个战略是摩根银行在国际银行监管者们在瑞士巴塞尔制定出新的规定（要求各国银行必须持有足够多的现金准备）之前就已经在整个摩根银行开始实施了的。但还是那句话，说起来容易做起来难。银行最简单和最快速的增加现金的方式就是削减银行所持投资头寸，而对第一投资部来说，这就意味着需要改变投资和投资保护战略。德鲁曾问过马丁—阿塔乔，改变目前投资资产结构（即减少那些被认为是危险的资产数量）会使摩根银行蒙受多大的损失。马丁—阿塔乔几天后告诉她：损失会非常巨大。

像任何其他大宗期货一样，不管是熟透了的桃子还是金条，仓促出售从来不可能卖出最好的价钱。如果第一投资部想立即卖掉它持有的资产，它就得接受市场上的任何价格。据估计，卖掉资产或改变35%的所持头寸，会使摩根银行损失 5.16 亿美元。这有点像 2011 年的那部叫《商海通牒（Margin Call）》的电影，在那部电影里杰瑞米·艾恩斯（Jeremy Irons）和凯文·史派西（Kevin Spacey）不得不在 24 小时内，在市场明白出了什么事之前，卖掉手上的不良资产。

德鲁清楚可能的亏损会大大超过第一投资部在 2011 年为银行带进的 4.53 亿美元的收益。她因此决定再等等，对此人们不会感到吃惊。但她依然面临着非常棘手的问题。怎么样减少所持的危险资产？如何让银行所有相关部门继续持有违约保护（因为她的部门相信欧元区的危机会导致违约）？是否新的综合信贷违约掉期投资组合可以帮助银行在此后 12 个月内增加利润？

摩根银行的专项工作小组在它关于 2012~2013 年事件的调查报告中总结了德鲁面临的难题："（德鲁）要解决的问题是彼此相互排斥的。逼着交易员必须同时达到以上所有目标看起来是刺激了一些最终导致银行巨大损失复杂的交易操作。"众议院特别调查委员会也说："（对德鲁来说）管控风险跟她创造收益的兴趣相矛盾。"

2012 年初，伦敦的交易员开始重新调整为危险资产建立的头寸。1 月 10 日，马丁—阿塔乔在给德鲁的电子邮件中写道："（调整）会是个成本极高的操作。"同一天，德鲁在她的回复中写道："让我们再看一遍调整计划，看看如何能使利润最大化。我们可能在风险加权后的资产上找到一些机会。"

但是，跟要求降低风险的指示相反，当一些交易员看到市场上出现公司信贷违约的迹象后，立即竞相开始扩大其仓位。而他们的经理也告诉这些交易员还有增持的空间。不用说，这在摩根银行引起了极大的困惑。当伊克希尔开始按照前一个指示减少头寸，让信贷保护自动过期时，1月19日，他就听到有着133年历史的柯达公司（Eastman Kadak）宣布倒闭的消息。这使伊克希尔管理的资产立即损失了250万美元。伊克希尔的经理警告他：不许让这种情况再次发生。

更糟的是，为了让摩根财务高管认为伦敦持有的资产是"健康的"，伊克希尔和马丁—阿塔乔开始使用一种看似可以使损失最小化的计算方式。为了会计计算方便，第一投资部一直使用即时价格计算所持衍生品的价值，这也符合使用交易当天的中间价标注衍生品价值的原则。人们管这种方法叫"市场识别"。这种方法可以让摩根银行的财务高管每天了解银行所持资产真实的健康状况。

但从1月开始，伊克希尔和马丁—阿塔乔开始使用对他们更有利的价格（不是每天的市场中间价），其目的就是使他们所持的资产看起来健康良好，即损失很小，增值很大。以此来掩盖损失和人为地制造价值增高的假象。

但纸最终包不住火，2012年1月22日，残酷的市场现实让伊克希尔终于承认他管理的资产又出现损失，并且这次的损失高达1亿美元，并说更坏的消息还在后面：他可能损失3亿美元。1月26日，马丁—阿塔乔、马奎斯、伊克希尔以及其他一些主要职员在伦敦开会，讨论在2012年余下时间里的对策。

伊克希尔提议，不从目前所持的综合信贷违约掉期投资组合上退却，相反还要通过联合使用信贷市场上的卖空手段增持这种产品。他说这么做，他们最起码可以利用一下他们有信心年内一定会发生的一种情况：即因为欧元区危机，2012年对企业来说会是个坏年景。参加会议的人同意他的建议。当天，伊克希尔给他的交易员发了份电子邮件，要求他们

"交易那些值得交易的产品"。

"做多远期展期，同时一点点儿地买保险。使用指数来增加目前的头寸。为膨胀的仓位卖多风险，特别是那些可能的违约。大量为高回报和包含垃圾债券的指数买保护，同时将头寸波动货币化。"

不但金融新手看不懂伊克希尔上面这段话的含义，就是专家也不懂他在讲什么。2013 年 3 月，当众议院特别调查委员会问德鲁上面这段话是什么意思时，德鲁显得不知所措。她说："这段话说的不是很清楚，我不知道他讲的是什么意思。"不光是德鲁，就连第一投资部的首席风控官厄文·高德曼（Irvin Goldman）也好像对上面那段话很糊涂。他对参议院说，上面的那段话"没有提供足够的信息来让人理解它的意思。"这正是监管者希望金融危机可以消除的那种隐晦的市场表达方式。这同时也显示出那些成心、故意不让人搞懂他们在干什么的交易员的危害本质。

也许摩根银行第一投资部的风险管理职员彼得·威兰德（Peter Wei-land）能知道一点儿伊克希尔到底想说什么，他说："伊克希尔先生可能在描述一个低价买进和高价卖出的操作。"换句话说，他在做世界各地街边小摊贩每天都在他们摊位上努力做的事。但他通过在不同时期一系列不同的操作让事情变得非常复杂。在某个时间点上，他可能跟来自各个方向的交易员进行交易。但银行高管根本不清楚他在干什么，或不清楚他的交易风险敞口有多大的事实，有点儿让人担心。

这段时间，在摩根银行还发生了一件后来引起人们极大兴趣的事情。在"伦敦鲸"危机正在逐渐显露的同时，整个一月，第一投资部都在计划以另外一个能降低投资资产风险几率的计算模型替换他们认为是经常"误导"银行高层目前正在使用的计算模型。第一投资部这么做的目的也是让银行上层知道它正在寻找一个新的、更加安全的投资方式。

1 月 12 日，威兰德、马丁—阿塔乔和第一投资部的量化分析师，从加州理工大学（California Institute of Technology）拿到应用数学博士学位的帕特里克·哈甘（Patrick Hagan）通过电子邮件讨论了哈甘设计的计算业务价值风险敞口（VaR：Value – at – Risk）的模型。哈甘这时正在研究这个模型。

业务价值风险敞口模型是第一投资部使用的 5 个管控风险模型中的一个。它衡量银行每天因交易失败导致的最大损失量。"希望银行上层在我给你发这封电子邮件时已经同意使用这个模型了。"马丁—阿塔乔在当天给威兰德的邮件里说。

1 月 23 日，杰米·戴蒙亲自批准摩根银行在今后 4 天里全行提高可允许的业务风险额度上限。他作出这个决定不但是因为第一投资部的业务风险敞口额度上限已经被超越，实际上全摩根银行的业务风险敞口额度上限也已经被超越。当看到哈甘设计的计算模型显示的第一投资部目前的风险敞口仅为原计算模型的一半，且远远低于第一投资部 9 500 万美元的风险敞口额度上限时，摩根银行随于 2012 年 1 月 30 日开始使用哈甘的模型（这个模型后来被摩根银行的人说成是个错误百出的模型）。

2012 年 2 月，欧洲的经济形势不但没有继续恶化，而是出现逐渐好转的迹象。伴随着逐渐好转的经济前景，市场继续向第一投资部市场预测的反方向运动。这段时间，交易员们又将他们所持资产增加了 340 亿美元。伊克希尔通过电子邮件告诉他的同事，他在"尽力为在流血的所持资产"缩小风险敞口。

2 月中旬，另外一个预测长期交易限度，被称为综合风险评估（CRM – Comprehesive Risk Measure）的模型显示，摩根银行所持资产可能会在今后 12 个月内出现 63 亿美元的损失。威兰德对此预测嗤之以鼻。他在 3 月 2 日给马丁—阿塔乔和其他经理写了封邮件，他在邮件中说："综合风险评估给了我们一些数据，在我看来那些数据简直就是垃圾。"

但事实是，这些数据最后证明在预测摩根银行 2012 年所持资产损失方面，其准确的程度让人吃惊。2 月底，第一投资部所持资产又损失了

6 900万美元，这是连续第二个月的损失。

与此同时，伊克希尔在指数衍生品上的操作引起了人们的注意。萨巴资本管理公司（Saba Capital Management）的创建者和执行合伙人①在2月于纽约召开的一次投资大会上吹嘘说：他的战略就是在那个让人难懂的CDX（指数衍生品）上买进伊克希尔卖的。实际上，萨巴资本管理公司的人是以挑逗的口吻建议投资者做跟伊克希尔反向的投资（即伊克希尔卖，投资者就该买）。

4月，曾经当过交易员的美国银行（Bank of America）执行董事凯威·古普塔（Kavi Gupta），在给他客户的电子邮件里说：大量对冲基金涌进市场，进行跟"伦敦鲸"反向的交易操作，显示着"热钱已经闻到了血腥味。"② 同一个月，伊克希尔也抱怨说，他在交易性和流动性都不强的市场上的头寸太大了，其他交易员"已经知道了"他的头寸情况并且开始企图利用这种情况牟利。

此时，摩根银行每天的损失还在快速、持续地增加，已到无法控制的程度。市场显示伊克希尔对企业债券市场的预测完全错了。他原来为他可能的错误安排的保护性措施根本应付不了飞快增长的损失。同时，马丁—阿塔乔还是不断地命令伊克希尔使用高位定价来标注所持资产价值，以便让银行高层能看到资产价值在不断升值的假象。

根据2012年3月16日的通话记录，在讨论马丁—阿塔乔要求使用高位定价的月底资产价格调整的电话会议上，伊克希尔对另外一个中等级别的交易员朱利安·格劳特（Julien Grout）说："我不能这么继续下去。

---

① 这里指 Boaz Weinstein——译者注。

② 在此之前，在相对狭小的投资圈内，其他银行和对冲基金已经意识到囤积了像鲸鱼体积（whale - sized，这也是"伦敦鲸"的由来）那么大 CDS 头寸的伊克希尔已经犯了一个致命的错误。几家对冲基金（甚至有传言，摩根银行内部其他部门的交易员）已经开始对伊克希尔进行反向操作，以期利用他的错误大赚一笔——译者注。

我不知道能在哪儿停下了，但这事正在变得非常愚蠢。"还是在那次电话会议上，伊克希尔还说："现在什么也干不了，绝对是什么都干不了，没希望了……所持资产量增加得越来越多，像个大怪物。"

2013 年 3 月 16 日，伊克希尔报告他本年度截至 3 月 16 日的损失为1.611 亿美元。但格劳特记录在另外一张纸上的伊克希尔的损失数字已达6 亿美元。

从 3 月中旬开始，摩根银行每隔一天就开一次会讨论已经失控的第一投资部所持资产。现在，这个部门的团队打算改变策略。先前，他们在指数衍生品市场以持有空头的方式赌市场会出现波动，现在，随着逐渐好转了的市场形势，他们打算改持长期多头。第一投资部的这个策略改变，让它立即不可能再履行今后对冲因企业客户违约导致的银行资产风险的职责。现在它的投资方向跟它应该提供对冲保护的银行资产投资方向相同了，两种投资都建立在全球市场状况能够继续好转的预测上。这就让第一投资部完全丧失了保护银行投资资产的职能。

3 月底前，第一投资部在指数衍生品市场上已经持有 820 亿美元 IG9指数衍生品的多头头寸，占这种指数衍生品市场总量的一半数量。第一投资部焦急地注视着市场形势，指望着市场形势能像他们预计的那样继续好转。

决定"伦敦鲸"命运的时刻发生在 3 月 23 日的视频电话会议上。德鲁、伊克希尔、马奎斯、马丁—阿塔乔和其他一些人参加了这次会议。马奎斯告诉德鲁：损失越来越多，但他们必须按照现在的策略继续保护他们的头寸。

德鲁则不太确定。像她稍后对参议院特别调查委员会说的："我们买什么或卖什么是基于东西的价值，而不是因为要保护这个东西。"德鲁最后命令伦敦办公室的人马上挂上电话，停止任何交易。

第一投资部的首席风控官厄文·高德曼也在当天通过电子邮件告诉

伦敦办公室："德鲁决定在我们再次讨论之前，停止一切交易。"这些字是用带下划线的粗体字写的。但不幸的是，这些资产已经被太多的正在输钱的赌注锁定，错误的赌注给摩根银行带来的损失不是德鲁的决定能够停止的。没几天，三月的损失就达到 5.5 亿美元，而第一投资部整个第一季度的损失则高达 7.19 亿美元。

3 月 30 日，摩根银行自己内部的审计部门发布了批评第一投资部风险管理缺失的报告。同一天，第一投资部伦敦办公室，这个所有失败投资的操作部门的主管马奎斯在他的一封内部电子邮件里承认：他对他的团队已经"失去了信心"，伦敦办公室正"面临危机。"

4 月底，德鲁被解职，摩根银行向伦敦派了由银行副首席风控官阿什利·贝肯（Ashley Bacon）领导的小组。小组的一个任务就是努力减少所持的一系列"赌注"投资。但损失还在增加。截至 4 月底，损失总量已达 21 亿美元。在看到这个数字后，摩根银行立即将第一投资部的投资资产移入银行的其他投资部门，并且停止单独公布第一投资部的损失数据。

摩根银行的巨大亏损被媒体逐渐泄露出来。2012 年 4 月 6 日，华尔街日报和布隆伯格新闻的报道称，一个虽然没被确认，但一个绰号叫"伦敦鲸"的交易员在不同的信贷市场上积累了大量投机性质的头寸，市场正在开始对此作出反应。不用说，华尔街日报的报道一下子让摩根银行被来自银行内外的问题包围了，摩根银行的投资人也开始表达他们的担心。

但摩根银行对问题的答复很坚定。它说媒体错误地解读了第一投资部的目的。第一投资部的职责是为银行的其他操作安排对冲保护，而不是参与带有侵略性的交易。摩根银行还说它的第一投资部主要"关注银行长期的结构性资产和负债，而不是短期的盈利"。

2012 年 4 月 13 日，在跟摩根银行首席财务官道格拉斯·博奥斯坦（Douglas Braunstein）一起出席为分析师举行的第一季度收益报告会时，戴蒙本人再次确认了摩根银行先前所做的银行业务一切正常的声明。当戴蒙被直接问到是不是有理由担心媒体上所做的关于"伦敦鲸"的报道时，他显得不屑一顾。他说：

"这就是茶壶里的风暴。每个银行都有它主要的投资资产。对这些资产，你相信你的投资是明智的可以应对可能的（风险）敞口。显然，那是个数量巨大的投资资产。但我们也是一个大公司。我们在努力管理它。这比较深奥，显然的，是复杂。但最终，做长期、明智的投资以盈利，同时管控我们可能的风险敞口是我们的工作。"

博奥斯坦也被问到综合信贷违约掉期投资组合（SCP）的目的。他回答说：

"我们持有那个头寸已经好多年了。这种已经在我们报告中报告过的操作是我们预防压力损失机制的一部分。我们一直根据我们对信贷市场和信贷风险情况的观察随时对这部分头寸进行调整。我们对到今天为止所持的头寸很满意。我要再补充一句：所有这些头寸对监管机构都是公开和透明的。他们审查过它们，并且随时都可以按照我们正常的报备程序拿到头寸方面的信息。这些头寸的操作也符合在全行内部实施的风险管理原则。"

面对来自不能批评的戴蒙和他的左膀右臂财务主管这么自信的否认，分析师们决定放他们一马。不管怎么说，这时的戴蒙和摩根银行，还没被认为是没有信誉的人和不太自律的银行买卖。戴蒙没有告诉这些分析师任何损失数字（按照法律，如果他知道银行出现任何损失，他应该披露）。因为知道摩根银行建有"资产负债表的堡垒"（意思是摩根银行永远会为可能的损失保持足够大的应急资金），分析师们选择接受戴蒙给的定心丸。

戴蒙自己曾说："每隔5年，你就会碰到一次坏事情。""伦敦鲸"事件正好应验了他说的这句话。

戴蒙和博奥斯坦的表演可以足够让市场放心了。这个华尔街银行的股票价格在经历了因新闻报道引起的价格下跌波动后，又恢复到"茶壶里的风暴"发生之前的水平。但是很快人们就明白了，不管是谁向媒体泄露了"伦敦鲸"的不正常的操作，这个（些）人的确知道很多内幕。并且，当然了，在戴蒙发表完他的看法后，损失还在继续堆积。所以当戴蒙在 2013 年 5 月在佛罗里达的坦帕市（Tampa）被棕榈树环绕的摩根银行宽敞的会议大厅出席股东年会时，会场气氛马上变得非常紧张。

戴蒙在会上承受着来自股东们强大的压力。股东们要求他不能再继续同时担任摩根银行首席执行官和董事会主席。在获得银行高级独董，美孚石油公司（Exxon Mobil）前首席执行官李·雷蒙德（Lee. Raymond）在 5 月 10 日通过信函表示了对他的支持后，戴蒙开始暗示如果股东胆敢削弱他的权威，他就将辞职。雷蒙德则告诫股东现在拆分戴蒙的权力可能会是破坏性的，并且同他们的根本利益相悖。

他说："灵活解决一个人是否可以同时身兼董事会主席和首席执行官不是一个正确答案。"当看到只有 32% 的股东支持拆分时，媒体大亨巴里·迪勒（Barry Diller）[①] 评论道："这跟统治方式无关。这是让一个忙乱的机构不知道它在忙什么，它正在干愚蠢的事，无缘无故地伤害和羞辱它出色的首席执行官。"戴蒙在给他助手的电子邮件里表示了对结果的满意。他说："我喜欢每天来这儿上班，也希望以后很多年一直如此。"

但戴蒙的一些高层同事就没那么走运了。他们有些人被 50% 的股东投了反对票。公司董事，美国自然历史博物馆总裁埃莲·法特（Ellen Futter）获得 53.1% 的支持票。公司董事，芝加哥投资公司亨利克朗公司（Henry Crown and Company）总裁詹姆斯·克朗（James Crown）获得

---

① 巴里·迪勒（Barry Diller），前派拉蒙电影公司董事长，电视连续剧和电视电影的发明者——译者注。

57.4% 的支持票。公司董事，霍尼韦尔（Honeywell）首席执行官大卫·科特（David Cote）获得 59.3% 的支持票。这三个人均是董事会风险委员会的成员。看到投票结果，加利福尼亚州养老基金（Calpers）高管安·辛普森（Anne Simpson）说："这几乎就是反对他们（指上述董事）再当董事。太玄了，他们没什么可高兴的。但我还是建议他们这些人自动辞职。"雷蒙德看到投票结果后，让大约 200 位投资人继续对董事会的组成和结构可能的变化"保持关注"。

2013 年 8 月，在媒体曝光"伦敦鲸"事件 18 个月后，美国政府起诉了摩根银行的两名当事人。一个是伊克希尔的头儿，住在伦敦郊外科茨沃尔德的哈维·马丁—阿塔乔。另一个是伊克希尔的下属朱利安·格劳特。由于伊克希尔同意跟美国检查机关合作，告诉他们银行的其他违规操作行为，所以他没有出现在由美国监管机构——证券交易委员会起草的被起诉人的名单上。

戴蒙对 60 亿美元的损失丑闻的反应是剔除第一投资部的所有高管。2012 年 5 月中旬，他接受了已经在华尔街工作了 30 多年的德鲁提前退休的请求。两个月后，摩根银行开除了马奎斯、马丁—阿塔乔和伊克希尔。摩根银行还接受了第一投资部其他一些人的辞职请求，包括威兰德，部门首席财务官约翰·威尔茅特（John Wilmot）以及部门风控官厄文·高德曼。因为不清楚格劳特在多大程度上受到了其他高级交易员的胁迫，摩根银行在 2012 年 7 月暂时停止了他的工作。2012 年 12 月，格劳特提交了辞呈。

在高层，博奥斯坦被从首席财务官的职位上降职，改任银行的副董事长。摩根银行同时取消了 1 亿美元高管奖金和认股权。这是后危机时代第一个由董事会取消有过错高管奖金的例子。德鲁因此损失了 2 150 万美元。但人们应该想想她这么多年从摩根银行赚了多少。

之后，戴蒙将负责摩根银行抵押贷款业务的银行经理委员会成员克雷格·德兰尼（Craig Delany）调至第一投资部，担任那里的主管。德兰尼的任务就是将第一投资部的业务注意力，按照银行要求，放到对高质量债券，比如政府债券、公司债券和由房地产抵押担保的有价证券的合适的投资上。因为第一投资部风险管理部门过去没能有效地阻止以前那些交易员的违规操作，摩根银行的项目小组建议第一投资部应加强对这个部门的管理。同时，为加强对投资决策的管理，摩根银行还实施了超过 200 个重新调整了的风险敞口额度上限。

戴蒙还将他自己的年薪降到 1 150 万美元。由于 2012 年摩根银行的营业收入达到 999 亿美元，净利润达到 213 亿美元，戴蒙的支持者说，即使在金融丑闻发生的年份，公司照样可以盈利的事实，证明戴蒙具备强有力的领导能力。但也有一些团体，包括由工会支持的 CtW 和英国赫尔摩斯股权服务公司（Hermes Equity Ownership Service），一直在游说让戴蒙只担任董事会主席或首席执行官一个职务。他们说一个强有力的董事会主席能让戴蒙今后的行为受到更多的监督。

当参议院特别调查委员会公布了摩根银行令人遗憾的商业操作后，人们才发现错误和违规存在于银行的各个层级，包括那些理应是监管银行业务操作的部门。也可以这么说，摩根银行存在的系统缺陷让人联想起 2007 ~ 2008 年银行危机最严重的那些日子。

显然，摩根银行的监管人员在整个"伦敦鲸"事件过程中的表现也不怎么样。根据参议院特别调查委员会的报告：对伊克希尔管理的投资资产指令 2012 年 1 月 27 日才被公开提及，但那时他已经积累了 1 亿美元的损失。货币监管办公室①也没能及时发现和跟进调查可能的危险操作，这些都大大增加了第一投资部的投资风险。

---

① 货币监管办公室（Office of the Comptroller of Currency）是根据 1863 年国家货币法（National Currency Act of 1863）建立的美国财政部内的一个独立机构，负责监管美国国内银行和外国银行在美国的分支机构——译者注。

监管缺失，并不是因为人手不够。在美国，货币监管办公室就有大约 65 位监管人员常驻摩根银行，他们每年要对银行不同部门进行大约 60 次监管调查。货币监管办公室在伦敦也有办事处。但参议院特别调查委员会说："货币监管办公室并没有派人去第一投资部伦敦办公室查看那里人们的工作情况。"更严重的是，货币监管办公室没有在提交给他们的报告中注意到，德鲁领导的部门在 2011～2012 年已经 8 次超越了他们的风险敞口额度上限，有时超越的时间有好几个星期。

政府监管人员知道综合信贷违约掉期投资组合部门在 2011 年为银行带来了 4 亿美元的收益，但他们既没有询问这部分收益的来源也没有调查这部分收益背后的操作，他们更不知道第一投资部交易信贷衍生品的程度。如果监管人员能深入了解这些交易背景，他们就会发现这些交易是跟美国航空公司宣布破产联系在一起的，其本质就是通过赌博以期产生收益然后使自己获益。第一投资部根本没有为对冲银行可能的信贷风险提供服务（而这正是第一投资部的职责所在）。

货币监管办公室是在 2012 年 4 月 6 日从报纸上第一次知道"伦敦鲸"囤积了大量头寸。它承认当"他们看到这个消息的时候很吃惊"。他们也询问过摩根银行，希望了解伦敦的操作是否会给银行带来损失。但当听到类似戴蒙和博奥斯坦给投资人的保证时，他们觉得很满意，认为这个案子在月底前就"结案了。"不可否认，在询问过程中货币监管办公室的人有时也很坚持，但这些"坚持"每次都会遇到更坚持的银行经理的抵触。比如德鲁在跟货币监管办公室的一次讨论中就抱怨说："政府监管人员在毁掉摩根银行的生意。"在另外一些场合，货币监管办公室的职员被银行高管骂成是"愚蠢的"，这些高管对货币监管办公室工作人员使用的说话方式非常"好斗。"但不管怎么说，货币监管办公室的工作人员像摩根银行职员一样，一直对完美无瑕的戴蒙和摩根银行心存敬畏。

直到 2012 年 5 月，摩根银行才承认第一投资部当年所持投资资产截至 5 月的损失已达 20 亿美元。这时政府监管部门开始不断地要求摩根银行披露更多的细节。2012 年 1 月，第一投资部开始每月公布自己的业务报告，这是一个关于业务操作细节的报告。但第一投资部并没有在接下来的 4 个月中向货币监管办公室提交每个月的报告。而正是在这 4 个月的时间里，第一投资部所持的投资资产开始出现巨大亏损。

参议院特别调查委员会的结论是："我们很难理解为什么摩根银行第一投资部不向货币监管办公室提交每月报告，我们也很难理解为什么货币监管办公室连续 4 个月不向他们索要这个包含第一投资部重要经营信息的报告。"虽然货币监管办公室收到了 5 个计算综合信贷违约掉期投资组合风险敞口额度模型的计算结果报告，但他们根本没仔细看。如果他们仔细看了这些报告数据，他们就会发现第一投资部在 2012 年 1～4 月，已经 330 次超越了他们的风险敞口额度上限。

同时，货币监管办公室知道摩根银行计划用能生成更低数值的风险敞口数据计算模型替换目前的模型，但他们却什么也没说。参议院特别调查委员会很容易地发现："货币监管办公室根本没有将审核信用风险敞口额度列为它日常的监管内容。"

参议院特别调查委员会说：

"摩根大通银行（职员）在巨额交易和巨额损失在媒体曝光前，可以躲避货币监管办公室对价值数十亿美元综合信贷违约掉期投资组合的审查，表明监管者需要利用目前的手段强化他们的监管力度，并设计出更加有效的方式来发现和制止不安全和不合理的衍生品交易。同时，摩根银行的不透明和对监管要求的抵触表明，货币监管办公室没有在这家银行建立有效的监管机制，它必须重新定位它和银行之间监管和被监管的关系，并保证银行确实对货币监管办公室对其的监管给予配合。"

参议院特别调查委员会接着说：

"目前的问题是货币监管办公室是否能够为有效的监管重新定位它和

银行监管与被监管关系，这不单包括跟摩根大通银行的关系，也包括跟其他大银行的关系。"

新的货币监管办公室主人，托马斯·库里（Thomas Curry），是在媒体 2012 年 4 月披露"伦敦鲸"之前 3 天上任的。他承受住了对他的指责，并且开始加强监管队伍，包括增加监管人员人数，招聘精通衍生品的技术人员和加大监管力度。这些措施能否收到实效，我们还得拭目以待。

"伦敦鲸"事件正好发生在美国正在迅速和彻底地改革其银行体系的时候。规范金融机构的《多德—弗兰克法案》①光页数就有 1 000 多页。它是美国人对 2007～2008 年银行危机所做的反应。

回到摩根银行，参议院特别调查委员会还对它为掩饰损失规模，使用能将信贷风险敞口数值降低的计算模型的做法进行了严厉批评。参议院特别调查委员会指出，摩根银行更换计算信贷风险敞口模型的目的就是要让潜在的损失看起来不那么大。这个模型不能准确地告诉人们第一投资部可能面临的风险。这个模型的发明者哈甘告诉参议院特别调查委员会，他是"仓促地"并且是在很大压力下设计出这个价值风险敞口计算模型的。他承认，他"从来没完全搞懂先前的那个模型，也的确不明白为什么他的这个模型算出的数值会这么低"。

这两个模型算出的风险数值到底有多大差别？在摩根银行同意使用哈甘模型的当天（2012 年 1 月 30 日），被替换模型算出的第一投资部潜在投资损失数值为 1.32 亿美元。而哈甘模型给出的数值则为 6 600 万美元。第一投资部得感谢哈甘的这个新模型，因为在有了它之后，第一投资部没有一天超越它 9 500 万美元的风险敞口（损失）额度上限。

---

① 《多德—弗兰克法案》，全称叫《多德—弗兰克华尔街（金融）改革和消费者保护法案》（Dodd–Frank Wall Street Reform and Comsumer Protection Act）。美国联邦法，此法将规范金融机构的权利赋予美国联邦政府，以迫使金融机构更加透明、职责更加清楚——译者注。

2012 年 5 月，摩根银行计划重新使用原来的风险敞口计算模型，理由是哈甘的模型中存在数学计算错误并且这个模型允许太多的手动输入——这也是一个潜在的产生错误的原因。但使用哈甘模型的那几个月对摩根银行至关重要。参议院特别调查委员会说：信息被错误输入的情况"在 1 月出现，在 2 月猛增，在 3 月达到高峰"。换句话说，当银行业务风险控制人员特别需要真实、准确的数值时，他们得到的却是被人工输入的、误导性的数值。

所以，当人们看到参议院特别调查委员会对摩根银行第一投资部的调查结论，即"本来第一投资部的职责是对冲银行资产风险，但它看起来更像是一个制造风险的部门"时，就不会吃惊了。当摩根银行看好经济时，第一投资部却在空头和多头头寸之间进行操作企图寻找利润机会。面对非常吸引人的交易，比如 2011 年的美国航空公司的交易，第一投资部的操作没有跟摩根银行对美国经济回暖的乐观估计保持一致。

具体到管理者，根据向参议院特别调查委员会和摩根银行自己的调查小组提交的具有相关联系的证据（摩根银行丑闻的报告共有 129 页）显示，第一投资部的高级经理们是多么被他们的主管信任。报告中说：比如德鲁，"她被银行上层认为是非常有经验的，对业务细节掌握得非常全面的经理，她是个非常值得信任的人。"美国参议院常设调查委员会在它自己 300 页的独立报告中也说："德鲁基本上可以算是一个随心所欲的经理。"

比德鲁级别高的人到底对第一投资部的事知道多少和在什么时候知道的一直是人们猜测的话题。

而对戴蒙来说，根据参议院特别调查委员会的报告，他在 4 月 13 日跟投资者说第一投资部的问题是"茶壶里的风暴"时，其实"证据显示，当他这么说时，戴蒙先生已经得到了复杂和巨大的综合信贷违约掉期投资组合投资资产的信息以及连续几个月大规模损失的报告。特别是 3 月规模更大的损失以及让出综合信贷违约掉期投资组合头寸的困难。"但戴蒙却说，他是在摩根银行5月10日向市场宣布综合信贷违约掉期投资组合投资资产让摩根银行损失20亿美元的前几天，才知道第一投资部问题的严重程度。

人们现在知道了整个混乱的"伦敦鲸"事件的核心问题，就是银行允许它的一个业务部门可以不受监管地进行这个部门的业务操作，直到有一天，情况失控到不得不求助于外部支持。但问题是，为什么在第一投资部（这个定位是为减少银行风险服务的部门）工作的那些人，甘冒那么高的风险去干同他们工作内容不相干的事情。

对此，参议院特别调查委员会说："马奎斯、伊克希尔、马丁—阿塔乔属于摩根银行收入最高的那拨儿人。"像银行其他一些从事投行工作的员工一样，这三个人的收入是跟他们部门的投资利润而不是投资风险相挂钩的。部门利润越高，他们的收入也就越高。这也许能为你的思考提供一些线索。

在摩根银行工作的最后一年（即2011年），德鲁挣了1 400万美元，马奎斯挣了1 450万美元，马丁—阿塔乔挣了1 090万美元，伊克希尔挣了680万美元。连职位比较低的交易员格劳特也都挣了100万美元。在雷曼兄弟公司倒闭3年多之后，没有任何迹象显示那个以物质奖励方式刺激银行员工进行不负责任操作的奖金结构得到了有效的抑制，即使政府为防止危险交易颁布了大量的规定和法规（根据沃尔克规则[①]，以后，如果商业银行使用美国政府提供的存款保证，则以上这些人从事的交易

---

① 沃尔克规则（Volcker Rule），根据前美联储主席保罗·沃尔克于2010年1月向奥巴马总统提交的一份建议禁止商业银行进行自营性投资业务的报告，2010年1月21日，奥巴马总统宣布以沃尔克名字命名这个方案并开始实施方案内容。沃尔克规则的核心内容是禁止银行从事一些特定的投行业务以及限制银行对对冲基金和私人股权投资基金的投资和业务往来关系。沃尔克规则的目的是希望通过限制银行带有投机性质的投资的方式，防止2007～2008年式的金融危机重复出现——译者注。

将不会再被这个商业银行所允许）。

　　大银行的捍卫者，特别是摩根银行的捍卫者，有时会争论说，"伦敦鲸"只是一个不幸的、偶然的一次性事件，以后不会重复出现。但让很多持怀疑观点的人担心的是，这种情况和参与者并不是只发生过一次。2012 年的"伦敦鲸"事件其实是过去银行丑闻的翻版，那个让这种丑闻反复发生的文化一直还在那里。

　　"伦敦鲸"丑闻并不是摩根银行近年来唯一的问题。当戴蒙和美国监管者的注意力在 2012 年全在"伦敦鲸"上，一个程度不如"伦敦鲸"事件的突发事件正在摩根银行帝国伦敦办公室的另外一个部门上演。这次的主角是银行企业经纪公司摩根克兹诺夫（JPMorgan Cazenove）。摩根银行在 2009 年 11 月通过一份 10 亿美元的协议，已经完全控制了伦敦城内最具贵族气质的克兹诺夫经纪公司。这份协议使金融历史上两大巨头的名字连在一起。因为大多数在英国主要股票交易平台（FTSE100）上的公司都在用克兹诺夫作为它们的股票经纪公司，因此，控制克兹诺夫就为摩根银行提供了大量英国富有客户的资源。

　　一切看起来都还正常。但突然，2012 年 4 月，英国监管机构——金融服务管理局宣布它将对摩根克兹诺夫的一个高级经纪滥用他的职位便利，"不小心"向他的客户传递内部消息的"不当市场行为"开出 45 万英镑的罚单。被罚的可不是一般人。他叫伊恩·汉纳姆（Ian Hannam）①，曾在伦敦市场上为多家价值几十亿英镑的公司安排上市报价。他的客户包括米勒啤酒（SAB Miller）和采矿巨头必和必拓公司（BHP Billiton）。他近年也参与了一些很有争议的市场操作，涉及的企业包括那个被丑闻缠绕、争议不断的印度尼西亚煤矿企业 Bumi。

---

　　① 伊恩·汉纳姆（Ian Hannam），前摩根银行全球股权资本市场部主席，因在 2008 年将其客户传统石油公司（Heritage Oil）内部信息告诉给其他人被英国金融服务局罚款 45 万英镑。被罚后，汉纳姆随即从摩根银行辞职——译者注。

开始，汉纳姆不服判罚，并向监管决定法庭（Regulatory Decisions Tribunal）提交了上诉。但上诉被监管决定法庭驳回。之后，汉纳姆又向更高一级的法庭（Upper Tribunal）提起上诉。经过2013年7月和10月的法庭听证，2014年5月27日，汉纳姆的上诉又被驳回。①

汉纳姆的支持者，伦敦马特兰德咨询公司（Maitland）的尼尔·本内特（Neil Bennett）说："汉纳姆凭借个人力量将伦敦股权市场变成全球股权市场。"但金融服务局对汉纳姆的处罚决定是建立在他多封电子邮件的基础上。在那些电子邮件中，汉纳姆将传统石油公司（Heritage Oil）不当泄露商业机密的信息告诉了别人。

2013年8月，摩根银行又出现状况。这次是纽约的监管部门质疑它在亚洲国家的招聘标准。纽约监管部门指责摩根银行，为了拿到亚洲国家的生意招进了一些当地官员的亲属。正当美国正在全球加强实施其反贿赂法，西方国家公司和他们的客户在亚洲和其他新兴市场的关系肯定会被仔细的审视。

摩根银行似乎意识到哪点儿不大对劲，它在2013年7月向证券交易委员会提交的季度报告中确认了证券交易委员会的反贿赂部门正在调查银行某些亚洲员工的招聘问题和银行跟某些客户的关系。

不管怎么说，2013年对摩根银行来说不是很好。9月摩根银行为"伦敦鲸"事件向美国调查部门支付了9.2亿美元的罚金。11月，它又因为使用误导性的销售方式向养老金基金和其他投资人兜售房屋抵押债券支付了45亿美元的罚金。还是在11月，它再次因为在2007~2008年银行危机前，将次贷产品打包成有价证券，然后将其标成高质量投资产品在市场上销售被罚130亿美元（在此之前，戴蒙曾经试图将11月的罚款责任推给贝尔斯登和华盛顿互助银行这两家被摩根银行在危机过程中

---

① 截止到目前（本书写作期间），不知道哈纳姆是否还将再次提出上诉。

收购了的金融机构）。

到了 2014 年 1 月，摩根银行向美国政府承认它没有及时将由欺诈惯犯伯纳德·麦道夫（Bernard Madoff）[1] 经营的"庞氏骗局"[2] 通知美国政府，并为此支付 20 亿美元的罚款。仅仅三年的时间，摩根银行总共支付了 287 亿美元的罚款，这个银行从圣人一下子变成了罪人。

摩根银行最近的记录肯定会使这个美国最具有"贵族"气质的银行非常沮丧。但它并不是唯一出现不良记录的美国银行。摩根银行告诉人们在 2007～2008 年的银行危机之后，银行文化的改变是多么微不足道。前英格兰银行行长默文·金走得更远，他认为监管部门可能根本没有办法规范银行以及在银行里面工作的人的行为。金很绝望，他说金融危机已经过去 5 年了，那个"太大了，不能让它们倒"（too big to fail）的问题至今还是解决不了。美国人不会冒让市场再次崩盘的风险让类似摩根大通银行这样的"巨无霸"金融机构崩塌，因为它们真的实在是太大了。

摩根银行的一个重要问题是，是否能让一个像戴蒙那样有良好的业界记录和个人魅力的人统治一个商业帝国。受到银行危机重创的花旗银行和美国美林银行都在股东的强烈要求下，拆分了董事会主席和首席执行官的职责。

同时，摩根银行近几年的麻烦也反映着银行界过去和现在的通病。在危机后，所有银行都面临着重建资产负债表的挑战。所以，追逐更多利润和依然松弛的奖金规定这两者共存的危险局面还在诱使着不负责任的行为的发生。这种不负责任的行为有着不同的形式。在英国国内零售

---

① 伯纳德·麦道夫（Bernard Madoff），前美国纳斯达克主席。2009 年 6 月 29 日，麦道夫因 11 项联邦重罪被纽约法院判处 150 年徒刑。而其财务总监则面临 125 年的监禁。麦道夫经营的庞氏骗局给投资人带来的损失高达 600 亿美元——译者注。

② 庞氏骗局（Ponzi scheme），即用从新的客户那里骗来的钱支付红利和履行对老客户的支付承诺。

银行业务领域，向银行客户兜售他们根本不需要的产品为英国银行带来
180 亿英镑的收益。在投行业务领域，交易员扭曲和操纵利率和汇率，干
扰能源和金融市场，导致了伦敦银行同业拆借利率丑闻。在汇丰银行和
渣打银行，追逐更多利润和松弛的奖金规定鼓励着银行职员弹性使用反
洗钱法规和漠视金融制裁的规定。

　　银行体系从危机向修复的过渡也为银行界提供了利润和奖金的机会。
正当议员们和监管人员在努力迎合公众情绪，集中精力构建新的金融结
构、建立更严厉的行业规定以及从质量和数量两方面改进银行监管法规
的时候，银行家和交易员们却开始玩起监管套利（regulatory arbitrage）的
游戏，即发现监管漏洞，然后利用这些漏洞进行那些可能会导致丑闻和
灾害性后果的操作。

6

整顿市场：
操纵伦敦银行同业拆借利率①

在担任英格兰银行行长9年的时间里，才智过人的默文·金没有表现出任何自己想介入商业银行事务的兴趣。但私下里，他经常指责商业银行的所作所为是导致2007~2008年金融危机的罪魁祸首。他非常担心高风险、赌场性质的投资银行跟传统的以零售业为主的银行的结合，以及因为目标不同而在两者之间产生的紧张关系。他也经常批评银行那种刺激员工高风险操作的薪金和奖金结构，以及只关心股东分红，不太在意谨慎的资本结构和流动性管理的战略。

在新工党政府于1997年5月使英格兰银行独立于英国政府之前，传统上，英格兰银行行长一直会以怀疑的目光注视着银行家们。但默文·金想做的同其前任有非常大的区别，他想把英格兰银行建成一个被人敬仰的、专注于经济分析的货币研究机构，就像欧元区成立前的德国中央

---

① 伦敦银行同业拆借利率（Libor – London Inter – Bank Offered Rate），是世界最主要的银行短期拆借基准利率——译者注。

银行那样。他在这方面做得非常成功。他戴眼镜，体型有点儿像猫头鹰。但他那种能用通俗易懂的方式将一个复杂、深奥的概念讲清楚的非凡能力，让他极受人们尊敬。同时，他对让 20 世纪末英国政府头疼至极的通货膨胀的控制，也使他获得了极高的声誉。

但人们在 2012 年 7 月 2 日星期一的早上却看到了另外一个默文·金。周末，媒体披露了巴克莱银行和其他一些银行恶意操纵了决定着全球几万亿英镑和美元交易成本的伦敦银行同业拆借利率的消息。被这一消息震惊了的金，非常罕见地在周一早上把巴克莱银行董事会主席马库斯·阿吉斯和副主席、高级独立董事迈克尔·雷克（Micheal Rake）叫到他的办公室。但金召见这两位的直接原因不是巴克莱银行恶意操纵了伦敦银行同业拆借利率，而是在操纵事件被披露后，巴克莱银行的首席执行官居然没有辞职。

金本来相信，在巴克莱银行周末召开的紧急董事会后，那位被认为是利率操纵丑闻的中心人物，有着海盗恶名的美国人鲍勃·戴尔蒙德周一就会离开巴克莱银行。而那个高高的个子，满头白发，在伦敦金融界广受尊敬的阿吉斯，会先让巴克莱银行这条船平稳下来，然后在找到新的首席执行官后也离开巴克莱银行。但实际情况是，阿吉斯决定辞职，而戴尔蒙德决定继续待在首席执行官的位子上。

在英格兰银行行长办公室里，在墙上照片上受人尊敬的英格兰银行前行长蒙塔古·诺曼（Montagu Norman）的注视下，金终于行使了他的好多前任曾经行使过的英国中央银行行长的权力。他平静和谨慎地开始了跟面前两位巴克莱高层的谈话。他说虽然财政部已经知道他现在正在跟他们谈话，但他知道他没有权力决定商业银行自己管理领域内的事情，他也不是代表英国政府在讲话。说完这些开场白，金马上转入正题。

金告诉对面坐着的两位，只阿吉斯一人辞职不会被认为是巴克莱银行在试图解决它所面临的问题。监管部门已经对巴克莱银行失去了信心，牺牲对形成目前巴克莱银行文化没有什么责任的非执行主席（阿吉斯）不符合监管部门的要求。当阿吉斯和雷克对金所说的提出质疑时，金马上从桌上拿起了英格兰银行于2012年4月10日写给巴克莱银行董事会的一封信。然后，金用了超过15分钟的时间，一个自然段一个自然段地读出并解释了信的内容。最后，金对面前的那两位说，"英格兰银行觉得巴克莱银行是个大问题，它必须有所改变"。

金在他的谈话中从来没提及戴尔蒙德或其他什么人必须辞职，但当阿吉斯和雷克要离开他的办公室时，他敦促他们好好考虑一下他说过的话。

股票市场在第二天开盘时迎来一个重磅消息：最有权势的银行家之一，鲍勃·戴尔蒙德，被巴克莱银行董事会免职了。后来，议院特别委员会指责金是导致戴尔蒙德被炒的幕后黑手，说他超越了他的权限。但金的回答是："我并不需要任何更多的权限去跟那两个人谈话。"

媒体公布鲍勃·戴尔蒙德从总部位于伦敦金丝雀码头的巴克莱银行突然离职的消息时，用切尔西足球俱乐部稍早在慕尼黑欧冠决赛中夺冠的照片加以衬托。这是个具有象征意义的安排。如果2007年银行危机暴露了银行管理的诸多弊端，那么导致戴尔蒙德辞职的2012年伦敦银行同业拆借利率丑闻，则让人们看到银行并没有从过去的危机中吸取多少教训。更有甚者，那些从事高风险业务的银行已经变得无比巨大。

处于这个利率丑闻中心的巴克莱银行，本来是个以零售业务为主的银行，即从客户那里吸收存款然后再放贷给个人或公司。从1690年教友派信徒约翰·佛莱姆（John Freame）和托马斯·高德（Thomas Gould）在伦敦建立第一间办公室起，这家银行的发展史颇受人们尊敬。这家银行在创业初期之所以能够吸引客户存款就是因为教友派诚实的信誉。1728年，巴克莱银行迁至伦敦商业区的伦巴第大街（Lambard Street），并在2005年搬至金丝雀码头前，一直使用伦巴第大街的地址作为银行的总部。1736 年，约翰·佛莱姆的女婿——詹姆斯·巴克莱（James Barclay）成为银行的合伙人。

1896 年，巴克莱银行在陆续兼并了 20 多家地区性银行之后，成为股份制银行。并在 1902 年使用巴克莱银行的名字在伦敦股票交易所上市。这期间，巴克莱银行的业务开始飞速发展，银行职员的人数也增加到 1 500 人。1925 年，巴克莱银行成为英国最大的 5 家银行之一。

伴随着银行业在 1925～1986 年的大发展，英国政府逐渐解除了对英国金融业的一些管制，并允许更多的外国银行进入英国。这期间，巴克莱银行也在不间断地在英国国内和海外进行扩张。比较引人注意的是 1966 年，巴克莱银行对南非国民银行（National Bank of South Africa）和殖民和盎格鲁埃及银行（Colonial and Anglo – Egyptian Bank）的收购。在英国国内，巴克莱银行继续向人们证明它是市场的领导者。1966 年，它推出英国第一张信用卡：巴克莱信用卡（Barclaycard）。1985 年它在米特兰银行（Midland Bank，后被汇丰银行收购）宣布取消转账手续费后，也取消了账内有余额的银行客户转账手续费。虽然，银行的发起人在后来的银行中基本没有什么股权，但银行快速寻找合格管理人员的机制一直存在。这就是图克（Tuke）、贝文（Bevan）和巴克斯顿（Buxton）这样的名字能够出现在巴克莱银行历史当中的原因。银行文化变坏时期的首席执行官是约翰·瓦莱（John Varley），他是通过跟一个创始人家庭的女孩结婚进入巴克莱银行的。

在伦敦银行同业拆借利率丑闻之后，罗斯柴尔德董事会副主席、资深高级律师安东尼·撒尔斯律师受阿吉斯委托，对巴克莱银行的整体经营情况作过全面调查。在其向巴克莱银行提交的调查报告中，撒尔斯对巴克莱银行的文化有以下描述："作为开始由家庭利益主导的银行，我们知道早期的巴克莱银行文化反映着银行创建者的新教信仰，银行的发展依靠的是（回头客的）惠顾而不是管理精英。这种文化被称作家庭价值文化，或者更简单地说，人们过去怎么经营巴克莱银行现在还应怎么经营巴克莱银行。当银行发展了，外部环境变化了时，原来建立在家庭基础上的银行文化被侵蚀了，人们开始用不同于以前的方式来经营银行业务。"

在 1986 年的"大爆发"① 后，巴克莱银行在全世界已有 11 万员工。也正是在这个时期，巴克莱决定为使其银行业务多元化，它需要进入一些更具吸引力但竞争很激烈的业务领域，比如为企业客户在国际市场上筹集资金的业务领域以及进入伦敦金融交易市场。为拥有自己的投资银行业务部门，巴克莱银行先后收购了两家股票经纪公司（de Zoete & Bevan 和 Wedd Durlacher），并将其合并成为隶属于巴克莱银行负责投行业务的 de Zoete Wedd 公司。之后，巴克莱银行便进入了由美国投资银行高盛、摩根士丹利和摩根银行占有绝对优势的投行业务领域。这些美国投行不但用自己的资金也用它们客户的资金进行交易。

在房地产信贷业务领域持续遭受亏损打击后，巴克莱银行从 20 世纪90 年代初又开始了新一轮的扩张。1994 年，巴克莱银行进一步跟自己的过去脱离：它招聘了马丁·泰勒（Martin Taylor），一个跟巴克莱银行创建家族没有任何关系的人，做银行的首席执行官。两年后，1996 年 7 月 4日，在美国波士顿出生，在瑞士信贷第一波士顿银行（Credit Suisse First Boston）工作的鲍勃·戴尔蒙德加入了巴克莱银行。

戴尔蒙德是美国式成功的典型。这个黑头发，举止优雅，有着让人着迷笑容和略带爱尔兰口音的银行家出生在马萨诸塞州的康科特市（坐落在波士顿西北的小城）的一个爱尔兰天主教家庭。父母都是教师。戴尔蒙德是九个孩子中的一个。在康涅狄格大学教了很短的一段书后，他

---

① 大爆发（Big Bang），在这里是指 1986 年英国撒切尔政府突然实施放宽对金融市场管制的政策以及一系列在金融市场上出现的建立在新型科技基础上的交易方式——译者注。

进入了投资银行，先后在摩根士丹利和瑞信第一波士顿银行工作过，并最终于1996年漂洋过海来到伦敦，加入了巴克莱银行。在这里，戴尔蒙德将巴克莱的投行部门发展成世界投行领域的佼佼者。我曾经向在2006年成为巴克莱银行董事会主席的阿吉斯抱怨说，巴克莱给戴尔蒙德的薪水太高了（巴克莱银行还为戴尔蒙德支付他在美国的应缴税赋）。但阿吉斯却说，戴尔蒙德跟其他的银行家不同，他不仅仅是雇员，他还是创业者，他从零开始在巴克莱体系内创建了一个业务种类。

戴尔蒙德的初期工作是管理巴克莱的隶属机构 Barclays de Zoete Wedd 的投行业务，并且使其投行业务多元化。巴克莱资本①，这是那时这个机构的名字，在竞争异常激烈的环境中发展得不是很好，而20世纪90年代证明是个上下颠簸的时期，因为俄罗斯金融危机，巴克莱资本在1998年出现巨额亏损。而对冲基金长期资本管理公司（LTCM – Long – Term Capital Management）的倒闭给巴克莱资本带来的风险敞口，使局面变得更糟。但戴尔蒙德没有被吓住。为缩小跟美国竞争对手的差距和在4年的时间里让营业收入翻倍，巴克莱资本在2003年推出阿尔法计划（Alpha Plan）。

在戴尔蒙德的领导下，巴克莱资本组建了一个彼此之间联系非常紧密的管理团队。撒尔斯对巴克莱资本文化的评价是"努力工作、快速、有竞争力和对胜利的渴望"。为赶上竞争对手，戴尔蒙德用高薪招聘了一些有经验的高级银行家。2002~2009年，巴克莱资本每年向它不断变化的60人团队支付的长期奖金达1.7亿英镑。瑞迟·瑞西（Rich Ricci）和杰瑞·米希尔（Jerry del Missier）成了他的左右手。随着时间的推移，巴克莱资本变得越来越强大，很快变成了巴克莱银行内最能赚钱的部门。

---

① 巴克莱资本（Barclays Capital），1998年巴克莱银行将 Barclays de Zoete Wedd 股权和企业融资业务卖给瑞信第一波士顿银行，余下固定收益等业务被巴克莱银行重新命名为巴克莱资本——译者注。

撒尔斯说："仅仅 10 年，巴克莱银行经营的模式就从相对单一的客户产品变成更加复杂的投行产品。"

在他的纽约办公室，戴尔蒙德将巴克莱资本转变成世界债务市场上规模最大、交易员最多的投行之一。在这个过程中，戴尔蒙德又成立了具有创新性质的资金管理部门——巴克莱全球投资者（Barclays Global In-vestors）。这个在美国旧金山的部门是建立在聪明的美国金融专家帕蒂·唐恩①开拓性的设想发明基础上的。唐恩的设想是：创建一个外汇交易基金（Exchange - Traded Fund）投资工具，这个新的投资工具可以非常有效地让全世界的投资人直接投资于具有市场报价的任何投资产品（从黄金到股票指数再到股票）。2005 年前，巴克莱资本经营良好。在"股权和多元化报告"中，瓦莱告诉巴克莱的员工："你们过去听我说过，我要把巴克莱打造成位列世界前 5 位的银行，衡量我们实力的方法不但是我们在股票市场上的规模还有我们的能力。或者换句话说，在我们为之竞争的市场、细分后的市场或者产品领域，我们是否被我们的客户认为是世界上最好的？答案肯定是'是'。"但不久，瓦莱就被戴尔蒙德替换。

戴尔蒙德主导的篡权政变发生在 2008 年 9 月雷曼兄弟公司倒闭之后。那时他抢先以 12 亿英镑买下雷曼兄弟公司经营状况良好的美国企业股票、债权经纪和交易部门（以及雷曼兄弟公司在纽约的总部大楼）。就这么大笔一挥，戴尔蒙德就将巴克莱银行变成了具有赌场性质的世界最强大的投资银行。巴克莱投行部门带进的利润要远超由教友派教徒创建的巴克莱银行总行的利润。即使在收购了雷曼兄弟公司之前，巴克莱资本在 2007 年巴克莱银行总的 70 亿英镑的销售收入中，也占到 31%。这个数字不久就上升至 50%。戴尔蒙德在 10 年内，将小小的巴克莱投行部门从在起跑线上的"各就各位"的状态，发展成业务遍及世界的大

---

① 帕蒂·唐恩（Pattie Dunn）在跟宫颈癌进行了长期战斗后于 2011 年去世。

玩家。

戴尔蒙德对商机的敏锐思维和洞察力使巴克莱银行没有受到 2007 ～
2008 年金融危机多大的影响。但这期间也有一次比较危险的状况和出现
过人们对戴尔蒙德经营银行业务方式的一些担心。那次危险状况就发生
在巴克莱银行为加强其在全球的竞争地位，计划在 2007 年收购它的荷兰
竞争对手荷兰银行。只是因为苏格兰皇家银行的那位古德温爵士突然横
插一杠子，通过成立收购集团的方式以 490 亿英镑的价格将荷兰银行强
行买走，巴克莱银行才幸运地躲过了这粒"毒药。"

至于人们对戴尔蒙德经营方式的担心当时还比较笼统，这种笼统的
担心反映着信贷崩塌后人们对巴克莱银行是否健康的不同看法。安东
尼·撒尔斯在描述当时的银行情况时说：

"从我们的谈话中，我们感觉到那时的管理层和董事会觉得他们处在
危险当中。危险不但源自波动的市场，同时也源自银行的股东。在营救
了苏格兰皇家银行和劳埃德银行后，英国金融服务局和财政部自然而然
地经常问他们：如果没有政府支持，巴克莱银行是否能够继续经营下去？
那时的市场非常关注银行的资产价值，而巴克莱又是被关注的重中
之重。"

巴克莱决心不用政府一分钱以保持自身的独立。让政府里的人在非
常崇尚企业自由和世界知名的巴克莱银行的经营决策过程中有发言权的
想法让人非常讨厌。巴克莱银行特别担心，一旦政府介入，它的那个已被
政府监管人员注意了的，具有海盗性质的巴克莱投行业务可能会受到限
制。基于这种考虑，巴克莱银行在出现资金短缺时，宁愿两次去亚洲找
钱，也不愿意接受政府的资金帮助。

巴克莱银行第一次外出找钱是在 2008 年 6 月，它先去了卡塔尔，跟
两家卡塔尔的基金见了面，之后又跟几家主权基金，包括新加坡的淡马
锡（Temasek Holding），商谈入资。其结果是巴克莱银行从投资机构那儿

筹得 45 亿英镑。但这种绕开那些认为自己有优先投资权的传统股东直接跟外部投资人接触的做法，引起了传统股东的骚动。第二次外出找钱是在 2008 年 11 月，这次的结果是巴克莱银行从卡塔尔控股（Catar Holding）和挑战基金（Chanllenger）那儿筹到 73 亿英镑。

这时的巴克莱银行将来自中东金主的资金视为它是否能继续生存的关键。这些资金注入主要是银行的首席财务官克里斯·卢卡斯（Chris Lucas）操作的。但巴克莱银行为这些资金支付的大量中间人费用使人们对银行的诚信大打折扣。因为市场上早有传言：是巴克莱银行按照一个复杂的投资协议，先把钱贷给卡塔尔的基金，然后由后者从市场上购入巴克莱银行的股票。英国金融服务局和欺诈重案办公室在听到这些传言后，也开始对这种可能违反市场法规的传言展开了调查。

2013 年 8 月，面对英国政府对巴克莱银行中东集资活动的调查压力，银行首席财务官卢卡斯突然宣布辞职。卢卡斯稍早曾说过，他已经管理巴克莱财务部 6 年了，并且身体有病，希望离开。"我希望我所做的事，对巴克莱、对我的家庭和对我自己都是正确的。所以我现在作出尽快辞职这个非常困难的决定。"卢卡斯对巴克莱银行的股东们说。

为尽快筹集到更多的资金，2009 年 6 月，巴克莱银行还把它的资金管理业务（巴克莱全球投资者，Barclays Global Investors）以 82 亿英镑的作价卖给了美国资产管理巨人黑石公司（Black Rock）。作为巴克莱全球投资者的股东，戴尔蒙德从中赚到 2 700 万美元。虽然这并不违反任何法律和规定，但人们肯定会对身为股东的管理者从这种交易中获益的做法皱眉头。当我（作者）直接就这件事询问支持建立巴克莱全球投资者的约翰·瓦莱时，他觉得这不算什么事，只是简单地说了句"戴尔蒙德是巴克莱全球投资者最早的投资人之一，现在是他收获的时候。"

市场、监管部门和政府继续对巴克莱银行保持着高度兴趣。2008 年底，巴克莱的银行信贷杠杆率①比它的任何一家英国竞争对手银行都高。高比率既反映着巴克莱银行对信贷业务的企图心，同时也反映着银行在不确定的市场环境下没有充足的现金准备。为安定市场，2009 年 1 月，巴克莱银行破天荒地发布了一则市场通告，说："巴克莱银行不存在资金短缺的问题。"银行董事会主席阿吉斯和首席执行官约翰·瓦莱也发表共同声明："首先需要说明：巴克莱银行的股权资本和保证金为 360 亿美元。公司不存在资金问题，并且，我们正在盈利。"

巴克莱银行随后在 2009 和 2011 年顺利通过了压力测试以证明银行有高质量的资金来应对可能的冲击。但巴克莱银行是否真的不需要政府帮助的问题依然萦绕着英国金融界。这个问题到 2013 年依然没有答案。英国政府也在继续担心巴克莱银行的资金缺口，这种担心让英国政府和巴克莱银行在这个问题上再次发生激烈交锋在所难免。撒尔斯说："我们相信对巴克莱银行估值和会计问题的兴趣不但反映了人们对其投行业务发展的态度，同时也说明人们觉得巴克莱并没有将其真实的经营状况告诉大家。对公众的以上想法，巴克莱的管理层是没办法改变的。"

同时，巴克莱银行在跟政府沟通巴克莱资本价值的过程中采取的强势立场，也助长了公众对巴克莱银行的这种态度。巴克莱银行一直声称，它账上支持其有价证券的美国次贷产品要比那些导致次贷危机的次贷产品质量高。瓦莱曾在几个不同的场合对我（作者）说，巴克莱所持的以房屋抵押产品支持的有价证券是"Alt－A"级的，这种级别的有价证券比标准房屋抵押产品支持的有价证券风险高，但比次贷产品支持的有价证券风险低。巴克莱银行也是用同样的方式解释其账上其他一些不透明的有价证券。

---

① 银行信贷杠杆率（Leverage Ratio），即贷款规模和现金之间的比率，巴克莱银行使用的银行信贷杠杆率类似巴塞尔协议Ⅲ中的（应急）资本充足率——译者注。

坏 银 行

　　面对巴克莱银行没有按照要求使其账目变得透明的情况，金融监管部门产生了另外一些担心。对此，巴克莱银行的一些股东也有同感。特别是，巴克莱银行为改进其资产负债表的质量和财务状况实施的一项计划更让人们担心。简单地说，这个计划就是通过一些"聪明"的会计方式，将一些有风险的资产从账上移走。

　　在巴克莱银行一些有争议的做法当中，它在2009年9月安排的"马蹄果操作"特别引人注目。根据一份协议，巴克莱银行将其总价为76亿英镑由房屋抵押贷款支持的资产卖给了45位它自己的交易员。这些交易员通过一个叫C12资本管理（C12 Capital Management）的独立公司，为巴克莱银行管理这些资产。C12资本管理公司注册地在开曼群岛。巴克莱银行先向C12资本管理公司提供贷款，以使后者用这些贷款购买巴克莱银行的资产。C12资本管理公司为巴克莱银行管理这些资产，而巴克莱银行每年根据C12资本管理公司管理这些资产的业绩再向其支付2 650万英镑的管理费。这种安排的目的就是将那些还在巴克莱银行账上的具有风险的资产转走。在宣布"马蹄果操作"的那一周，瓦莱跟我（作者）聊了一次，他说这就是一个正常交易，并且监管部门已经同意了，"就这样，没了。"但撒尔斯律师不同意这种说法："金融服务局的主管告诉我们，他们跟巴克莱的人谈过，他们告诉巴克莱'马蹄果操作'是一个复杂的交易，他们对这个交易感到非常不舒服。"

　　在这之后两年的时间里，巴克莱银行一直为它能否通过"马蹄果操作"将资产移出账簿的问题跟监管人员不停地争吵。但在2011年3月，美国证券交易委员会宣布：它不同意巴克莱银行不将"马蹄果操作"涉及的资产包括在其合并的财务报表内的做法。面对英国和美国监管人员的共同反对，巴克莱银行意识到它的问题来了。迫于压力，2011年4月，巴克莱银行将"马蹄果操作"涉及的60亿英镑的资产重新放回到它的资产负债表上，然后，在向C12资本管理支付了5 500万英镑后，终止了

150

"马蹄果操作"。同时，巴克莱银行又用 1.79 亿英镑从另外几个至今都没有透露姓名的投资人手上买回了先前卖给他们的资产。但之后，巴克莱银行又向另外一个类似 C12 的公司，Helix，投资了 4.76 亿英镑。像过去一样，Helix 的会计记录也是不透明的，这种情况让巴克莱银行的投资人比交易的参与者更加痛苦。

但这些都不会使信心满满的戴尔蒙德产生任何不安。跟尽量保持低调的英国其他银行的首席执行官不同，戴尔蒙德非常特立独行。在英国议院作证时，他对议员们说："银行为它们在金融危机期间的所作所为向公众"忏悔和道歉"的日子应该过去了。戴尔蒙德的这种说法让对巴克莱银行的担心进一步加重。没过多久，英国金融服务局的主席阿达尔·特纳（Adair Turner）就约阿吉斯进行了一次私下会晤。会晤中，特纳告诉阿吉斯巴克莱银行让监管者担心的一些事情。之后，特纳又给阿吉斯写了一封信，信中又明确指出"过去几年巴克莱银行的行为模式"让他担心。他列举了让他担心的"马蹄果操作"和另外 5 个问题。他说，金融服务局觉得巴克莱银行正在通过一些不健康的方式故意让信息复杂化。他敦促阿吉斯和巴克莱银行的董事会鼓励银行各个层级员工采取更加合作和透明的方式配合金融服务局的工作。这封信的时间是 2012 年 4 月 10 日。离伦敦银行同业拆借利率丑闻的发生只间隔两个月。

2012 年 4 月 18 日，阿吉斯给特纳回了信。但他在信中基本没做任何让步并极力维护过去巴克莱银行对特纳提出的大多数问题的立场。阿吉斯坚持，巴克莱银行的估值方式在合理范围之内。时间和市场已经证明巴克莱使用的估值方式的风险程度比外界宣称的要小得多。他并没有为那些跟金融服务局没完没了的"争执"道歉，因为他相信巴克莱的观点是正确的。

撒尔斯相信在伦敦银行同业拆借利率丑闻爆发时，巴克莱银行和监管部门的关系很不好。他的结论是："我们相信有一种文化正在巴克莱银行逐渐形成，这种文化可能源自投资银行，这种文化让巴克莱的人觉得他们比别人'聪明'或者就像有些人说的：巴克莱的人比别人'聪明一半'。同时，这种文化还包含着傲慢和侵略性。有些人认为巴克莱银行在得寸进尺。英国监管部门起码在英国国内已经表达了这种感觉。同样，有些巴克莱的股东和公共机构也对巴克莱有这种感觉。"正是这种傲慢和巴克莱银行曾经在金融危机时期经历过的市场的不确定性，无情地引领着巴克莱银行走向了银行同业拆借利率丑闻。

虽然伦敦银行同业拆借利率比较复杂，但它的原理却非常简单。伦敦银行同业拆借利率起源于 20 世纪 60 年代，它是银行用来制定其主要市场交易成本的基本依据，被认为是金融财务领域最重要的利率。从简单的房屋抵押贷款到复杂的利率衍生品，它支持着价值 800 万亿美元（这个数字是以美元计价的全球合同的 6 倍）的全球金融工具。换句话说，伦敦银行同业拆借利率不但影响着世界各地"巨无霸"企业借贷成本，也影响着世界各地千家万户的个人储蓄利息和各种交易成本。银行对其客户贷款利率的报价均以伦敦银行同业拆借利率为计算基础然后再加上一些反映银行所处信贷市场风险的利息（以"＋"表示），即银行贷款利率 = 伦敦银行同业拆借利率 +（Libor Plus）。

但用于计算这个非常重要利率的方法却异常简单。从 1988 年开始，每天 16 家主要银行都会被问道："你的银行愿意为你借入的资金付多少利息？你的银行是否会在上午 11 点之前在足够大的市场上询价和接受银行同业拆借给你银行的资金？银行会将它们得到的 15 种货币一夜至 12 个月的借款利息报价提交给计算机构（在伦敦银行同业拆借利率丑闻爆发时，计算机构是受英国银行家协会，BBA – British Bankers′ Association，委托的汤森—路透社，Thomson Reuters）。计算机构在收到 16 家主要银行的数据后，对每种组合数据（比如 3 个月美元贷款利率）去掉 4 个最高值和 4 个最低值，然后取余下 8 个数值的中间值以形成当天这个组合的伦敦银行同业拆借利率。这些利率信息将会在上午 11 点发给世界各国银行，稍后它们就会出现在世界各国银行的信息和交易屏幕上。

伦敦银行同业拆借利率不是由某个主权国家计算和管理的，它是自由市场的产物。正是因为伦敦银行同业拆借利率的这个特点，它也有着其自身致命的弱点。没有一个主权国家对这个利率负责，虽然英国银行家协会负责收集那 16 个主要银行提交上来的利率信息，然后发布根据这些信息计算出来的当天伦敦银行同业拆借利率，但它能做的也就仅此而已。其可能的结果就是，向独立和公正计算和发布伦敦银行同业拆借利率的机构提交其利率信息的银行可能为达到自己的什么目的，扭曲或操纵它所提交的利率信息。事实上，巴克莱银行就是这么做的。

巴克莱银行提交虚假利率信息发生在 2007 ～ 2008 年银行危机之后紧张的日子里（我们注意到，规范和监管华尔街银行的美联储在 2005 年就发现有人通过群发邮件的方式，质疑过伦敦银行同业拆借利率的合理性）。那时，苏格兰皇家银行、劳埃德银行和苏格兰哈利法克斯银行已被英国政府顺利营救，经营平稳。

在这个背景下（以及想到市场和英国政府对自己经营状况的担心），巴克莱银行不想因为提交比它竞争对手高的借款利率信息而让外界对自己资金的担心得到证实（借款利率高说明其他银行觉得它的信贷风险高）。除此之外，巴克莱银行还对另外一件事很敏感：在 2007 年的夏季，巴克莱银行被爆出曾频繁地使用英格兰银行紧急隔夜拆借机制（Bank of England Emergency Overnight Borrowing Facilities）。这无疑被资本市场视为是巴克莱银行的一个"污点"。这时的巴克莱银行不想因为市场怀疑自己资金是否充足再上头条。提交比它实际支付的利率低的信息可以让监管者和市场相信巴克莱银行是个有活力的、可以用低成本借入资金的银行。同时，因为巴克莱银行也通过交易各种金融工具赚钱，如果经纪公司能提前零点零几秒知道巴克莱银行提交的利率，他们就可以及时调整自己的交易头寸以求获得收益、提高自己的业绩和增加自己的奖金（在美国，银行或金融公司的上述操作已导致多起集体诉讼）。

2012年6月27日，美国监管商品期货和衍生品的政府部门——商品期货交易委员会（CFTC – Commodity Futures Trading Commission）宣布：起码在纽约、伦敦和东京，巴克莱的交易员请负责提交利率的巴克莱银行员工提交对他们衍生品交易头寸（比如建立在伦敦银行同业拆借利率基础上的掉期和远期头寸）有帮助的利率。并且，巴克莱银行交易员所做的这些违法请求是经常性的。

巴克莱银行的被请求者（即向计算机构提交巴克莱银行利率数据的员工）往往采取一种非常轻松的方式来处理这些来自自己银行的请求者的请求。"很高兴为您服务。"或者"完成了……我的大男孩儿。"是两句被美国和英国监管部门披露的那些"被请求者"在为那些"请求者"完成服务（即提交比巴克莱银行实际支付的利率低的利率信息）后，给服务"请求者"的电子邮件确认回复的内容。

也许最臭名昭著的"请求者"给"被请求者"的感谢，是以下由巴克莱银行一个交易员（现在应该是前交易员了）在知道提交利率的员工已经按照他的请求将修改了的利率信息提交完毕后，给这名提交利率员工写的一段话：

"哥们儿，我欠你一次大人情！什么时候过来？我给你开一瓶堡林爵香槟（Bollinger，法国第一香槟品牌）。"

人们应该注意，巴克莱银行并不是唯一的违法者。从加拿大到日本，监管人员已经开始调查银行操纵利率的丑闻。世界16家最主要的银行，包括花旗银行和三菱东京银行，都被包括在调查范围之内。从被暴露出来的这些银行交易员之间的电子邮件看，有些银行员工操纵利率明目张胆的程度不次于他们在巴克莱银行的竞争对手。比如，美国和英国的监管机构对苏格兰皇家银行的利率问题的结论是：不规范的利率操作在苏格兰皇家银行非常普遍。监管人员在这家银行发现了 219 封要求修改利率的电子邮件以及不计其数的口头请求。仅 2006 ~ 2010 年 4 年间，就有至少 21 名交易员和一名经理参与其中。在查看了相关电子邮件和通过布隆伯格即时信息系统发送的短信后，英国金融服务局才知道了这家银行滥用伦敦银行同业拆借利率是多么得随便和频繁。

比如，2009 年 9 月 14 日，交易员（英国金融服务局称他为"衍生品交易员 B"）让银行利率提交者（英国金融服务局称他为"银行利率提交者 B"）将提交的利率调高。但在第二天，即 9 月 15 日，又要求将提交的利率调低。以下是两人的电子邮件记录：

衍生品交易员 B：今天能把利率降降吗？求求您了。

银行利率提交者 B：确定？哈哈。可以，没问题。

衍生品交易员 B：我就像是妓女的抽屉。①

2007 年 3 月，英国金融监管局发现了一个苏格兰皇家银行交易员（英国金融服务局称他为"衍生品交易员 D"）和另外一个竞争银行交易员（英国金融服务局称他为"外部交易员 A"）之间的电子邮件：

衍生品交易员 D：请周一将 6 个月的利率降降，求您了，求您了……利率太高了。

外部交易员 A：别担心。

英国金融服务局在其 2013 年 2 月的规范裁定中说："苏格兰皇家银行没能发现和管理不合适的（利率）提交风险。"同时英国金融服务局也对苏格兰皇家银行将交易员的工位挨着负责利率提交员工的工位的做法提出质疑："苏格兰皇家银行建立了一种商业模式，他们让衍生品交易员的座位挨着提交利率员工的座位，这分明是在鼓励这两个部门的员工

---

① 妓女的抽屉（whores drawer），经常以非常快的速度拉开和关上。这里比喻在波动的市场上，非常快的价格上涨和下跌速度，让交易员经常改变自己的交易策略。

彼此不受约束地进行交流，即使他们知道存在衍生品交易员影响提交利率员工的风险。"

以下是另外一封由英国金融服务局披露的一名瑞士瑞银（UBS）交易员给瑞银使用的银行同业经纪公司（inter - deal broker）一名经纪的电子邮件：

"如果你今天能保持6个月日元伦敦银行同业拆借的利率不变……我就跟你做一笔大买卖……比如5万美元的买卖，甭管是多大的吧。我需要你将利率尽可能地压低……如果你能干……我就给你5万美元，10万美元也可以……或者要多少你说个数……我保证说话算话。"

瑞银的内部通告清楚地显示着银行员工向他们使用的银行同业经纪公司员工行贿。银行同业经纪公司是一个独立的金融机构。它们将不同的银行集合起来，形成匿名的买主和卖主（只有经纪公司知道买主和卖主是哪家银行），这些买主和卖主银行通过这个经纪公司进行交易。银行同业经纪公司通过勾兑、媒介这些交易赚取佣金。操纵伦敦银行同业拆借利率的银行交易员通常使用"冲销交易"（Wash Trade）方式，即同时买卖一种股票、债券或衍生品，来答谢为他们办事的经纪公司。冲销交易不能生成任何经济效益，但经纪公司却可以从每笔冲销交易中赚取佣金。让人吃惊的是，英国金融服务局发现瑞银和它使用的11家经纪公司之间存在1 000多次冲销交易，其中大部分是瑞银为了感谢这些经纪公司帮助操纵日元伦敦银行同业拆借利率安排的。在瑞银，交易员跟经纪公司员工之间的愉快合作变得更加愉快。

尽管那么多银行都在操纵伦敦银行同业拆借利率，人们还是对巴克莱银行被媒体披露利率丑闻后成为众矢之的感到有些吃惊。2012年12月，英国金融服务局宣布，瑞银存在大面积利率操纵情况。2005～2010年5年间，共有45名瑞银员工卷入其中，请求扭曲真实利率的电子邮件多达2 000多封，并且还有不计其数的口头请求。为此，英国金融服务局向瑞银开出了一张 9.4 亿英镑的罚单。但巴克莱银行的情况更惨，因为它是第一个承认操纵、扭曲伦敦银行同业拆借利率的银行。

巴克莱银行是在咨询了英国律师公司（Clifford Chance）和美国律师公司（Sullivan & Cromwell）后，作出承认决定的。这两家律师公司建议巴克莱银行尽早跟监管部门了结这件事以赢得人们对它认错态度的赞扬。表面上看，这个决定很正确，但没人知道，后来发生的事却事与愿违。

2012 年，英国和美国政府监管部门宣布，巴克莱银行因为在 2005～2009 年操纵伦敦银行同业拆借利率，被罚 2.9 亿英镑。这个罚单让巴克莱银行在人们眼里成为金融业违法乱纪的典型。戴尔蒙德自己也备受诟病，原因不光是他对利率操纵丑闻的责任，也有他从巴克莱银行赚的 1 亿英镑的工资和奖金。虽然他一直极力将自己塑造成一个不一样的银行家，即"企业公民"（Corporate Citizen），并对发展非洲显示出极大的兴趣（在我的专栏里，我曾将鲍勃·戴尔蒙德称为"东非的鲍勃"）。但媒体现在对那些不感兴趣。

在戴尔蒙德被解雇 24 小时之后，当他应该跟他的家人一起庆祝美国独立日的时候，他却出现在财政部特别调查委员会。这天正好是他来到英国银行 16 周年纪念日。但纪念日的内容是 3 个小时的不留任何情面的盘问。巴克莱银行行为的各个方面，特别是他本人在其中起的作用，被政府官员反复盘问。

但戴尔蒙德也扔了一颗他自己的重磅炸弹。在盘问的过程中，他透露了跟英格兰银行副行长保罗·塔克（Paul Tucker）在 2008 年 10 月 29 日的一次通话内容。戴尔蒙德说：塔克告诉他，英国政府的"高级"人物担心巴克莱银行提交的利率太高了，那里一致的感觉是希望能把利率降低点儿以便让市场增加对巴克莱的信心。戴尔蒙德有记录谈话的习惯。他记下了这段话并把它转给了他的首席营运官杰瑞·米希尔。现在，巴克莱银行已经公开了这段谈话记录。

戴尔蒙德在他的记录里说："塔克说他收到了政府高层的指示，他觉得我们没有必要等正式的意见。也没必要让人知道这是政府高层的意思。"米希尔明白，戴尔蒙德在获得政府支持后，让他去人为地调低利率。他随之将这个指示向提交利率的员工做了传达。

政府里的人要求巴克莱银行提交人为调低了的应由市场决定的利率，这让人听了头发都会立起来。就在监管者发现巴克莱银行操纵伦敦银行同业拆借利率后仅仅一个星期，戴尔蒙德就说由政府支持的英国中央银行从 2008 年就要求巴克莱银行非法干预伦敦银行同业拆借利率正常的决定过程。戴尔蒙德可能是想洗刷他自己的责任，让自己跟利率丑闻保持距离。但在这个过程中，他把塔克拉进了丑闻，并立即在政府里引起"抓贼"的情况。财政大臣乔治·奥斯本马上看到了找前届工党政府麻烦的机会。他声称，前届政府的官员，包括前工党财政大臣，现在的影子大臣艾德·鲍斯，都直接卷进了伦敦银行同业拆借利率丑闻。

2012 年 7 月，根据信息公开的相关规定，工党议员约翰．曼（John Mann）获得了一系列可能跟政府里的那个神秘的"贼"有关的电子邮件。它们是塔克和阁员大臣——前摩根士丹利在伦敦的高管杰里米·海伍德（Jeremy Heywood）之间的电子邮件。在 2008 年的电子邮件中，海伍德对美元信贷利率下降得比英镑信贷利率快表示了担心。在另一封邮件里，海伍德问塔克是不是知道巴克莱银行提交的利率在推高伦敦银行同业拆借利率。塔克在回复邮件里说，英格兰银行在关注此事。

保罗·塔克那时在接替默文·金的英国中央银行行长职位的竞争中处于领先地位，但他突然发现自己的名誉有崩盘的危险。他于是要求英国议院尽早举行一次听证会，他也在一周后的听证会上回答了议员们对相关问题的质询。当被问到他是否被政府大臣们要求对巴克莱银行给予更多的关照时，塔克的回答是"绝对没有。"因为他跟戴尔蒙德的电话没被录音，他跟前也没有电话记录员做记录（英国中央银行规定，行长在讨论敏感事情时，秘书要回避)，因此什么也证明不了。而塔克也拿不出证据来否认议员们向他出示的不足信的"证据"。但塔克在回答质询的过程中有些结结巴巴的情形，让他在公众中的形象大打折扣。同时，塔克不否认在巴克莱银行宣布戴尔蒙德出任其首席执行官后，他给戴尔蒙德发了一封道贺邮件。邮件中他称赞这个美国人坚强得像块"石头。"这封邮件对他没什么帮助。

塔克在英格兰银行为修复破损的银行体系和更加严厉地监管金融机构做了大量的工作。但戴尔蒙德"要了他的命"。他没当上新的英格兰银行的行长。一位巴克莱银行的高管告诉我，塔克被戴尔蒙德的一份电话记录毁了太不正常了。因为这位狡猾的前巴克莱银行首席执行官在巴克莱工作期间只将两次电话通话记录下来并且存了档，而其中一份就是跟塔克的通话记录……

直到 2013 年 11 月，在乔治·奥斯本宣布加拿大人马克·卡尼为下任英国中央银行行长前几小时，塔克还一直相信他就是下任英国中央银行行长的不二人选。塔克的伦敦银行同业拆借利率经历给他上了一课。英格兰银行副行长的助理人手显然不能满足需要。跟政府大臣一样，这些副行长应该有自己的秘书，而秘书的职责就是对每次电话和私人谈话都要做记录，以便今后有据可查。

巴克莱银行为伦敦银行同业拆借利率丑闻付出的代价不单是人员也包括金钱。丑闻让戴尔蒙德、董事会主席阿吉斯和首席营运官米希尔（米希尔在巴克莱工作 15 年后，在戴尔蒙德辞职的当天也递交了辞职报告），先后离开了巴克莱。几个月后，戴尔蒙德的另外一个得力助手瑞迟·瑞西在巴克莱银行工作了 19 年后，也离开了巴克莱。瑞西没要 2012 年的奖金。但通过卖掉手里巴克莱银行 570 万股股票（这些股票是 2011 年奖金和鼓励的一部分），他赚了 1 800 万英镑。这几年，人们每年都会在切尔滕汉姆（Cheltenham，英格兰西南部城市）的赛马会上看到这位穿着花呢格子外衣和戴着软毡帽的前巴克莱银行高管。在那里，人们觉得瑞西是个爱出风头的人物。

至于说到金钱代价，巴克莱银行必须在 2012 年 6 月为其操纵伦敦银行同业拆借利率向英国和美国政府支付总计 2.9 亿英镑的罚金。

对巴克莱银行来说，伦敦银行同业拆借利率丑闻让它在审视罚金数量和对当事人个人行为进行评论的同时，也在思考另外一些问题。巴克莱银行合规部主管，曾担任五年英国金融服务局首席执行官的哈格特·圣斯 2012 年 12 月在位于伦敦金丝雀码头的巴克莱银行总部里对我（作者）说：

"我想历史会对伦敦银行同业拆借利率丑闻作出有意思的评论。它不会关心到底有多少巴克莱的人参与了操纵，100 人？200 人？但可以肯定不是几千人。我想有意思的是伦敦银行同业拆借利率成了社会对银行反感的临界点。它的确强化了人们的想法，即银行没在为社会大众的利益服务。这促使银行高层，特别是巴克莱银行的高层，认识到改变是必需的……巴克莱银行的高管们同样意识到伦敦银行同业拆借利率丑闻是个分水岭，巴克莱需要改变其银行文化。"

领导改变巴克莱银行文化的人是它新的首席执行官安东尼·詹金斯。令人瞩目的是，他来自"污染"程度不是那么严重的银行零售业务领域。詹金斯穿戴虽然比较保守，但干净利落。他在 1983 年第一次加入巴克莱银行。1989 年离开巴克莱银行加入了巴克莱的竞争对手，美国花旗银行。在花旗银行工作了很长一段时间后詹金斯于 2006 年重返巴克莱银行，担任巴克莱信用卡（Barclaycard）部门的首席执行官。之后又负责管理巴克莱银行的零售银行业务。巴克莱银行的零售银行业务在那段时间也受到误导销售支付保证保险（PPI，Payment Protection Insurance）丑闻的冲击。詹金斯说，在他接管巴克莱银行零售银行业务时，误导销售的问题已经基本解决了。

这时巴克莱银行的董事会主席换成在英国金融界名望很高的大卫·沃克爵士（Sir David Walker）。沃克是前英格兰银行副行长并且也在英国金融监管部门担任过高级职务。他也曾在银行"快速发财"（get - rich - quick）的年代在摩根士丹利工作过。沃克和詹金斯，加上圣斯的支持，在巴克莱银行内部和外部开始了对巴克莱已经从过去的错误中吸取了教训并且开始走上一条新的发展道路的宣传攻势。在 2012 年秋天跟我（作者）的一次午餐中，詹金斯告诉我他计划如何将巴克莱银行转变成客户"想去的银行"以及如何在改变银行文化的同时建立一个更加关注职业道德的银行体系。为达到此目标，他打算关闭一些具有争议的服务，比如银行的税务重组业务。

2012 年 10 月，詹金斯在正式接掌巴克莱银行后说："人们在今后几个月内将会看到巴克莱银行在重建信任方面取得的巨大进步。请将我说的记录在案：银行业包括巴克莱，的确不太关心我们的客户，我们今后的工作就是将我们客户的利益重新置于我们所有工作的中心。"

改变在 2012 年 11 月开始实施。2013 年 1 月，詹金斯要求银行所有 14 万名员工都必须签署一份职业操守保证书，如果不签，就必须离开。他还规定：奖金除了跟效益挂钩，还要跟银行新的"目标和价值"挂钩。

詹金斯对巴克莱的员工说：你们当中可能有些人不同意将业绩表现跟我们高举的价值观直接联系在一起。我对这些人的答复很简单："'你不适合继续待在巴克莱。'规则变了。如果你觉得待在巴克莱不舒服，那坦率地说，我们也会为有你这样的同事感到不舒服。"担心有些员工还没有听见他说的这些话以及要让到访的股东也能知道他的决心，2013 年 1 月，詹金斯命令在巴克莱银行总部位于伦敦金丝雀码头的巴克莱大厦宽大的玻璃门庭里，立起 5 个巨大的提示牌。提示牌上刻着巴克莱银行员工在其所有的银行工作中应该遵守的准则：尊重、诚实、服务、优质和责任。为以防还有人没有注意到这些准则，詹金斯又要求将这些准则写在每部电梯的无缝钢材的门上。电梯内的电视里除了播报着股票价格，也播放着巴克莱员工参加慈善活动的录像。现在，每个巴克莱银行的员工都知道了高层对改变银行文化的渴望。

2013 年 2 月，詹金斯告诉我（作者）他正在兑现关闭极具争议的银行个人税务服务。同时计划关闭的还有帮助大企业逃避税赋的由不同资金来源和担保工具支持的资本市场（Structured Capital① Markets）业务部门。虽然巴克莱银行将继续向其客户提供税务咨询服务，但它不会再经营任何以偷、漏税为目的的业务。

这位新的首席执行官说："有些服务依赖难懂和复杂的产品设计，这些服务的首要目的就是避税。虽然这些产品不违法，但这些产品和建立在这些产品之上的服务会跟我们的目标不相容。我们不会再涉足其间。"

詹金斯还关闭了巴克莱银行其他一些具有争议的服务。2014 年 4 月，巴克莱宣布，它将终止其商品期货和能源产品的交易服务。这是在英国政府对银行操纵这些市场的行为作出了一系列的纪律惩罚之后，詹金斯所做的决定（2013 年 7 月，美国政府指责巴克莱的美国竞争对手摩根大通银行操纵美国加利福尼亚州的能源产品市场）。2014 年 1 月，巴克莱银行宣布将卖掉它的商品期货生意。有意思的是，2010 年 2 月，苏格兰皇家银行已将它的商品期货生意卖给了摩根大通银行。

为了进一步搞清楚到底银行哪儿出了问题，以致出现了那么多违反职业道德的事，巴克莱还花了 1 480 万英镑请著名律师撒尔斯"诊断"银行的问题。撒尔斯的"诊断"结果全部包括在一份 236 页标题为《对巴克莱商业行为的独立调查报告》的调查报告里。因为是巴克莱的内部调查报告，撒尔斯尽量避免使用激烈的言辞和尖锐的批评，也没有引用

---

① Structured Capital，由不同资金来源和担保工具支持的资本。Structured Finance，由不同资金来源和担保工具支持的融资或信贷。有人将 structure capital 及 structure finance 直译成"结构资本"及"结构融资（或贷款）"，似乎不太准确——译者注。

议院特别委员会的听证证词。但这个报告是建立在对巴克莱银行最核心机密深入、全面调查的基础上。银行新任董事会主席大卫·沃克爵士说："他读这个报告时，觉得很不舒服。"

这个报告的核心结论跟默文·金爵士于 2012 年夏天在议院财政委员会作证时说的一样。金说巴克莱银行经常走的"离风眼太近了。"报告指责巴克莱资本（Barclays Capital）"不惜一切代价获取胜利"的经营哲学。银行高层"不喜欢听到坏消息"，这是"不透明"银行文化的根源。投行部门巨额的员工收入，以及没有其他方式来衡量成功，使避免"理所当然"的银行文化成为巨大挑战。

巴克莱银行不是唯一一个需要自我反省的银行。公众对操纵伦敦银行同业拆借利率的行为的强烈反应，使曾经拒绝成立调查金融恐慌委员会的英国联合政府（工党也曾拒绝成立类似的调查委员会）于 2012 年 7 月改变了想法。首相大卫·卡梅伦宣布英国政府将成立调查机构以显示和确保每个英国政府对每个主要金融领域都有最严厉和透明的法规。

由此产生了由严厉的下议院财政特别调查委员会主席，议员安德鲁·泰瑞（Andrew Tyrie）担任召集人的议院银行标准联合委员会。委员会包括前财政大臣尼格尔.劳森（Nigel Lawson）和将要成为坎特伯雷大主教（Archbishop of Canterbury），曾在伦敦金融街当过交易员的贾斯汀·威尔比（Justin Welby）。

过去人们的感觉是：政府经常为许多尴尬的事成立委员会，但最后都不了了之。如果人们也这么想这个委员会，他们肯定是想错了。这个委员会最后被证明是强有力的和严肃的。它的明星委员是具有道德标准的大主教和崇尚自由竞争并坚定地相信银行家们已经把资本主义制度搞垮了的前财政大臣。

11 个月后的 2013 年 6 月，委员会公布了对伦敦银行同业拆借利率丑闻直接当事人 600 页的调查报告。调查报告的结论异常严厉："最近的丑

163

闻显示着让人震惊和广泛存在的违规操作……纳税人和消费者全被牺牲
了。"报告建议制定一个新法来约束恣意妄为银行的违法行为。因为当那
些想从事违法交易的专业人士意识到他们的行为会为他们带来牢狱之灾
时，他们可能就会三思。

英国财政大臣乔治·奥斯本完全接受银行业必须要有所改变的呼声。
他在英国下议院宣布，他接受调查报告内所有主要改革建议并答应将这
些建议变成法律。新的《银行法》于 2013 年 12 月在议院通过，并于
2014 年春季开始实施。新的《银行法》将胆大妄为的银行操作定成违法
行为并对这种行为设置了 7 年的徒刑。

在伦敦银行同业拆借利率丑闻被披露几个月后，公众对监管部
门——英国金融服务局没能及时制止丑闻的发生也提出质疑。英国金融
服务局是在监管放松的 1997 年建立的。英国政府于 2013 年 4 月将这个机
构裁撤，代之以监督银行行为和业务操作的金融行为监管局（FCA－Fi-
nancial Conduct Authority）。同时，英国政府还另外成立了一个监督金融
机构行为准则和安全程度的机构，审慎监管局（Prudential Regulation Au-
thority）。审慎监管局首任局长由后来成为英国中央银行行长的安德鲁·
贝里担任。

英国金融服务局向它的"继任者"建议："应该在内部建立清晰的
伦敦银行同业拆借利率规范和责任条款。政府监管人员应该对其监管的
金融机构的业务操作时刻保持敏锐的洞察力，并对金融机构的业务操作
进行有效的调查和质疑。"

关于伦敦银行同业拆借利率本身，财政大臣乔治·奥斯本请英国金
融服务局前首席执行官马丁·怀特雷（Martin Wheatley）研究一下，看看
是否能对这个影响着世界几乎所有信贷活动的基准利率做些什么。怀特
雷于 2012 年 9 月向奥斯本提交了一份关于伦敦银行同业拆借利率的报
告，建议英国政府并不需要取消这个利率，但必须对这个利率进行彻底

改革。怀特雷建议，政府应该立法以防止伦敦银行同业拆借利率再次被扭曲和被操纵，任何人扭曲和操纵这个利率应该受到法律的制裁。同时，英国银行家协会不应该再继续管理伦敦银行同业拆借利率，寻找另外一个这个利率的管理机构的程序应该立即开始。为了使伦敦银行同业拆借利率更有活力，怀特雷建议扩大参与银行的数量，并且今后参与银行提交的利率应该以已经发生的、准确的交易数据为基础，而不应再是估计数值。最后，怀特雷还建议，今后银行提交的利率数据不应在当天即予以公布，而应等3个月后再予以公布，这样就可以降低（市场）给提交高借款利率银行带来的突然压力。

巴隆纳斯·沙拉·豪格（Baroness Sarah Hogg），前首相约翰·梅杰（John Major）的顾问，被赋予寻找接替英国银行家协会管理伦敦银行同业拆借利率机构的任务。英国政府的这个决定在伦敦股票市场上引起轩然大波。2013年6月，英国政府宣布，今后管理伦敦银行同业拆借利率和其交易市场的机构将换成大西洋彼岸的纽约欧洲股票交易所（New York Exchange Euronext①）。公众对伦敦股票交易所（LSE, London Stock Exchange）没能在管理伦敦银行同业拆借利率的竞标过程中胜出表示理解，因为它跟英国—加拿大合资的媒体公司汤森—路透社（Thomson Reuters）是合作伙伴，而汤森—路透社就是先前为被替换了的英国银行家协会汇总银行提交的利率信息，并根据这些信息计算和发布伦敦银行同业拆借利率的媒体公司。

至于那些受到伦敦银行同业拆借利率丑闻影响的个人和公司，虽然他们异常愤怒，但至今人们不清楚他们今后计划采取什么行动。在丑闻发生后，有过一些要求被告公司，比如美国股票经纪公司嘉信理财公司

---

① Euronext（欧洲证券交易市场），欧洲主要证券交易市场。2007年4月4日，同美国纽约股票交易所（New York Stock Exchange）合并形成纽约欧洲证券交易所（New York Exchange Euronext）——译者注。

（Charles Schwab）及巴尔的摩市政府，支付赔偿的集体诉讼。但人们远不能确定这些诉讼能够胜诉。原告必须向法庭证明那些操纵了伦敦银行同业拆借利率的银行在跟被告签署合同后，马上操纵了这个拆借利率。同时，原告还要向法庭证明，伦敦银行同业拆借利率的上下波动经常会使他们受到损失，以及具体哪些被操纵了的利率是如何让他们遭受损失的。

但即使如此，2014 年 3 月 14 日，美国银行监管部门，曾在 2008 ~ 2011 年托管了 38 家出现危机的金融机构的联邦存款保险公司（FDIC，Federal Deposit Insurance Corporation），在纽约南区法院大规模地将涉嫌操纵伦敦银行同业拆借美元利率的银行、英国银行家协会及其相关机构告上法庭。联邦存款保险公司在诉讼状中说，这些机构在 2007 ~ 2011 年中期，相互勾结着操纵了伦敦银行同业拆借美元贷款利率。

当然，银行必须按照政府的要求为他们的操纵行为支付罚金。除了巴克莱银行向英国和美国政府支付了 2.9 亿英镑的罚金外，苏格兰皇家银行也在 2013 年 2 月向美国和英国政府支付了 3.9 亿英镑的罚金。在完成内部调查后，德意志银行终止了 5 位交易员的工作，同时，为通过和解方式解决对其操纵行为可能的法律诉讼，德意志银行在 2012 年 3 月准备了 5 亿英镑（目前这个数字已经增加到 20 亿英镑，大部分是为涉及伦敦银行同业拆借利率的法律诉讼准备的）。

与此同时，很多银行员工要么被炒要么自己辞职，也有一些人被捕。2012 年 12 月，在英国欺诈重案办公室（SFO – Serious Fraud Office）主任大卫·格林（David Green）调查操纵伦敦银行同业拆借利率的过程中，前花旗银行和瑞银的交易员托马斯·海耶斯（Thomas Hayes）以及银行同业经纪公司，PR 马丁公司（PR Martin）的经纪特里·法尔（Terry Farr）和吉姆·吉尔莫（Jim Gilmour）因涉嫌操纵伦敦银行同业拆借日元利率被英国警方逮捕。这几个人都在 2014 年 5 月的庭审过程中否认自己犯了罪。

2013 年 9 月，由前保守党财务总监迈克尔·斯班瑟（Micheal Spencer）领导的、位于伦敦的银行同业经纪公司，ICAP，因为参与操纵伦敦银行同业拆借利率，被美国和英国政府罚款 8 700 万美元。美国司法部（US Department of Justice）指控 3 名 ICAP 衍生品交易员阴谋串通汇款欺诈以及两项汇款欺诈，这几项罪责的最高刑期是 30 年。同时，英国监管部门金融行为监管局和美国监管部门美国商品期货交易委员会，分别命令 ICAP 支付 1 400 万英镑和 6 500 万美元的罚金。

将 ICAP 从一个名不见经传的小型交易公司发展成世界最大的银行同业经纪公司的迈克尔·斯班瑟因为利率操纵丑闻开始受到公众严厉的指责。作为保守党在伦敦金融界强有力的支持者，斯班瑟的个人名誉和他公司的名誉都受到重创。在跟我（作者）的一次电话通话中，他不停地为发生的事情道歉。他保证，他已经尽其所能加强了合规部门的工作，过去发生的那些违规行为不会再次发生。

在一定程度上，伦敦银行同业拆借利率丑闻已经过去了，人们也通过这个丑闻吸取了一些教训，涉及操纵利率丑闻的银行也被惩罚了，涉及操纵利率丑闻的个人也被追了责。英国政府也全面改进了对伦敦银行同业拆借利率的管理，新的法规也已经颁布。但人们对可能让这类丑闻再次出现的银行业本质问题的疑问依旧存在。

人们的第一个疑问是，为什么要用这么长时间才能发现巴克莱银行在 2005 年就已经开始的操纵伦敦银行同业拆借利率和欧洲银行同业拆借利率①的丑闻？纽约美联储在那时已经向有关机构表达过他们对伦敦银行同业拆借利率可能被操纵的担心，并且，在银行危机最严重的 2008 年春

---

① 欧洲银行同业拆借利率（Euribor – The Euro Interbank Offered Rate），是由欧洲货币市场研究所（European Monetary Markets Institute）每天公布的欧元区内银行相互拆借短期无抵押贷款的利率。2015 年之前，这个利率每天由欧洲银行联合会（EBF – European Banking Federation）对外公布——译者注。

季，当银行都在寻找短期信贷支持的时候，对这个利率可信程度的质疑就已经遍布整个市场。虽然人们当时还不知道具体操纵细节，但包括华尔街日报（Wall Street Journal）、金融时报（Financial Times）和布隆伯格新闻（Bloomberg）等几家新闻媒体都已经公开质疑伦敦银行同业拆借利率这个基准利率的准确性。2008 年 4 月，英国银行家协会发布了对伦敦银行同业拆借利率的年度报告，同年 12 月，又加强了这个基准利率生成过程的管理。但这些都仅仅是表面功夫（批评者认为这并不奇怪，因为英国银行家协会本身就是由在英国国内的银行资助的游说机构）。

那段时间里，英国金融服务局负责银行的部门也要求英国银行家协会加强对伦敦银行同业拆借利率的管理，并将提交虚假利率信息的银行驱除出英国银行家协会。但英国金融服务局并没有坚持英国银行家协会必须将这个要求付诸实施。一份 2008 年 4 月 28 日英国金融服务局跟英国银行家协会的谈话记录上有以下一段话："显然，英国银行家协会的代表怀疑对伦敦银行同业拆借利率的管理在调查后能有明显的改进。"

英国金融服务局于 2013 年公布的调查报告显示，英国银行家协会自己于 2008 年 12 月完成的伦敦银行同业拆借利率丑闻的调查报告中，并没有提及它是否发现了故意向它提交低于市场利率信息的银行，以及是否已将这些银行驱除出英国银行家协会的内容。金融服务局的调查报告还说："回过头再看伦敦银行同业拆借利率丑闻，我们的结论是，这是一个金融服务局督促英国银行家协会思考一个更加广泛的改革计划以获得更好政策效果的机会。"

默文·金认为伦敦银行同业拆借利率市场根本就是功能失调，特别是在 2007 年北岩银行危机和 2008 年雷曼兄弟公司倒闭后。那时，银行间的借贷利差爬升到很高的水平。正常情况下，利差以基点（一个基点等于 0.01%）表示，但在银行危机期间却不是这样。那时的银行不愿贷给其他银行任何资金，这就促使基点成倍地增加。因为担心发布利差基点数据会使市场进一步波动，英国银行家协会随即停止了公布这个数据。

金对财政部特别委员会说："银行间不是以伦敦银行同业拆借利率向其他银行贷出自有资金。"但虽然英格兰银行知道伦敦银行同业拆借利率（在银行同业拆借过程中）已经沦为一些无用的数字，但没人向它报告有人试图操纵这些数字。2008 年 6 月，时任纽约美联储主席并在后来成为美国财政部长的蒂莫西·盖特纳（Timothy Geithner）曾在给默文·金爵士的一封电子邮件里向金建议加强伦敦银行同业拆借利率管理的几种方式。默文·金将这些建议转给了英国金融服务局。人们后来抱怨，说金跟他在央行的一些同事，包括当时的副行长保罗·塔克，没把来自美联储的抱怨和建议当回事儿。但金的观点是（其他中央银行官员们也同意金的观点）：因为伦敦银行同业拆借利率本质上是一个私人契约，所以英国中央银行不能干预这个利率。

金融服务局后来说，他们没有收到包含有盖特纳建议的电子邮件记录。

人们从以上可以看出，一些关键人物知道伦敦银行同业拆借利率存在非常严重的问题，但没人真正去了解这些问题到底是什么。英国金融服务局在查看了 2007～2009 年多达 9.7 万份的文件后，在其于 2013 年 3 月公布的对这个利率的审计报告中说："金融服务局应该考虑到提交利率的银行压低利率的可能性和概率，特别是在 2008 年之后的一段时间里，而不是仅认为跟这个利率相关的问题是由衰退的市场和这个利率形成过程中自有弊端相互作用造成的。"金融服务局认为，它应该根据收到的重要信息，进行"更多的调查和质疑。"一些群发信息也应该引起金融服务局的警觉，比如金融服务局就曾收到过一个匿名经纪人在 2007 年 11 月 29 日发给它的如下电子邮件：

"人们越来越多地在谈论伦敦银行同业拆借利率有点儿被低估了的情况，因为银行不愿意提交比其他银行高的利率。有些人觉得这种测量市场风向以便随大流的方式已经持续几个月了。"

一个提交了短期借款利率，但没有具名的银行在 2007 年 11 月 27 日说："所有货币的情况越来越糟，经常找不到英镑现金的贷方。伦敦银行同业拆借利率越来越没有任何意义。"

2008 年 4 月 1 日，一位不在提交利率银行工作的合规官员对金融服务局的监管人员说：

"问题是，如果跟每天的市场真实利率相比，那么伦敦银行同业拆借利率被人为地下调了至少 25～30 个基点。这足以扭曲市场利率，但有那么多产品依靠这个利率。如果银行提交人为压低了的利率，那它们就该被强迫使用这个利率放出至少部分它们的贷款。当银行提交了被人为压低了的利率时，有些事看上去就不那么正常了。金融服务局应该查查，看看那些压低提交利率的银行是否从中盈利了。"

监管部门的人可能有些怀疑，但他们选择了不作为。这就造成了虽然那些提交扭曲利率的银行知道它们这么干最起码是有问题的，但它们还是继续这么干。就像拳击分析专家兼 Tullett Prebon 基金公司经理特里·史密斯（Terry Smith）在伦敦银行同业拆借利率丑闻被曝光时说的："因为还没有一部惩罚这种罪恶的法律就不起诉这种罪恶实际上是一种错觉。我们的确有很好的法律，只是我们还没有使用它们。"

有些人希望伦敦银行同业拆借利率丑闻的两个直接参与者，巴克莱和瑞银，最好不要因为违规被罚再上新闻头条。但这种希望最终还是落空了。2013 年 7 月 17 日，巴克莱银行被美国联邦能源委员会（US Federal Energy Commission）罚款 4.879 亿美元，原因是巴克莱在 2006～2008 年，操纵了美国西部地区的电价。虽然巴克莱银行誓言对罚金进行抗辩，但电价交易员被巴克莱银行随即开除了。

2013 年 7 月，改革后的巴克莱银行跟由安德鲁·贝里领导的英国审慎监管局（Prudential Regulation Authority）发生了一次激烈的争吵。事情起因是默文·金在他以英国中央银行行长的身份发出的最后几封信中，有一封是授权英国审慎监管局通知巴克莱银行，英国中央银行认为巴克莱银行已经出现了128亿英镑巨大的资金缺口。巴克莱银行开始极力否认，并且批评英格兰银行和审慎监管局想将一些完全没有必要的规定强加给巴克莱。由安东尼·詹金森领导的新的巴克莱银行董事会看起来好像又显露出过去那种不受议院、政府机构和公众待见的傲慢。

但这次是巴克莱银行首先"眨眼"（意思是退却了）的。2013年7月的最后一个星期，巴克莱银行宣布，它将通过向现有股东发行58亿英镑附加股的方式增加资本。这个数字是迄今为止伦敦金融历史上最大筹资数字。巴克莱银行还计划通过发行备用债券①再筹集20亿英镑。这种债券可以保证巴克莱银行在出现现金短缺的时候，可以通过将这种债券立即转换成普通股票的方式获得现金。巴克莱银行还承诺在2014年6月前，从其资产负债表上减少600亿~800亿英镑的资产，并保证不终止对小微企业和家庭的信贷服务。

所以，事实上，詹金斯在伦敦银行同业拆借利率丑闻后接掌巴克莱银行以来，虽然人们听到很多诚实和尊重漂亮的言辞，但巴克莱银行还是没有完全放弃对风险操作的偏好。这家银行的资产负债表上现在依然满是引起2007~2009年金融危机并且估价困难的投行产品。承诺建立一种新的银行文化很容易，但要在很大程度上依赖带有赌场性质的投行收益的巴克莱银行，建立更加具有道德内涵的银行文化就完全是另外一回事了。虽然詹金斯在巴克莱银行的收入赶不上鲍勃·戴尔蒙德在2012年从银行赚走的钱数，但他的收入总和依然是可观的860万英镑。2013年2月，詹金斯宣布，因为2012年对银行来说是"困难"的一年，所以他决

---

① 备用债券（Contingent Convertible Bond），通常简写成CoCo，是公司发行的具有固定收益、带有准备性质的债券，这种债券在某种事先指定的事件发生后，即可以转换成公司股权——译者注。

定放弃这年银行给他的 100 万英镑的奖金。

对瑞银来说，因操纵伦敦银行同业拆借利率被罚（瑞银从英国金融服务局收到的罚单数额为 9.4 亿英镑）对面临一系列罚款的这家瑞士银行打击最大。除了必须为它操纵伦敦银行同业拆借利率向英国政府支付罚金外，瑞银还同意向美国政府支付 5 亿英镑以便了结美国政府对它偷税的调查以及应付跟销售以居民住宅抵押贷款支持的有价证券相关的索赔。2008 年，瑞银因"有毒"贷款损失惨重；同时，因为它在伦敦的一个交易员的交易欺诈，它又损失了 14 亿英镑。跟巴克莱银行一样，虽然瑞银的高管也被换了很多，但瑞银的行为已经严重颠覆了人们过去对瑞士银行谨慎、保密和诚实的观念。看到这么多不同的罪恶，"教训已经吸取"这句老生常谈，听上去好像不太诚恳。

= 7 =

国际银行业务的风险：洗钱

在危机前那些趾高气扬的英国银行家里，史蒂芬·格林（Stephen Green），英国最大银行汇丰银行（HSBC）董事会主席兼首席执行官，一直比较特别。严厉、博学和有点儿与众不同的格林，在充斥着贪婪、犯罪和漠视客户利益的行业里，无疑是个道德标准的代表。格林的职业发展路径跟人们觉得在他这个职位上的人应该有的发展路径差不多。在1982年去汇丰银行工作之前，他在麦肯锡（McKensey）工作过一段时间。但格林跟其他银行高管不同的是，他不但是个银行家，而且还是被授予圣公会神职的牧师。事实上，格林是第一个在位于伦敦市中心的圣保罗大教堂布道的银行高管。对此，格林非常自豪。

2009年，在他出版了他的第二本书"崇高价值"（Good Value）后，我（作者）采访过他。那本书从道德的角度支持了资本主义制度，被提名角逐著名的"高盛/金融时报年度最佳商业图书奖"（Goldman Sachs/FT Business Book of the Year prize）。格林在那本书中表达了对他那些银行家同事挥霍作风的厌恶并且引用了英国金融界古老的谚语："我们必须说话算数。"他还说："反复无常是不道德的。"

　　我是带着'格林和汇丰银行跟其他银行不一样'的感觉离开格林在金丝雀码头汇丰大厦那间宽大的办公室的。不错，汇丰银行也受到了次贷危机的冲击，但原因是它在 2002 年 11 月收购了那个向住在汽车旅馆里的人提供房屋抵押贷款以及汽车和信用卡贷款的美国家庭信贷公司（US Household Finance Corporation）。虽然这次的收购完全是格林的前任约翰·邦德爵士（Sir John Bond）的主意，但是新的董事会主席为他的前任收拾了烂摊子。因此，当格林在 2010 年 12 月被首相大卫·卡梅伦提名担任新的英国贸易部长并成为赫斯特皮尔波因特男爵从而进入英国上议院看上去就非常顺理成章了。格林是带着经验和道德权威担任这个职务的。因为有汇丰银行的背景，加上他的威望、知识和影响力使他在英国跟中国和其他快速发展的亚洲新兴民主国家的商业交往中能起很大作用。因为不管怎么说，那些地方是汇丰的地盘。

　　跟英国金融界的其他银行比起来，汇丰银行一直被认为是平稳、健康和更加小心的银行。从这点上看，汇丰银行用 155 亿美元收购了美国家庭信贷公司从而导致其对次贷危机出现了风险敞口，可以说是个小意外，虽然这个"小意外"的代价比较大：在这个被收购的买卖终于在2009 年被关掉前，汇丰银行 6 年间在美国家庭信贷公司共损失了 500 亿美元。但这也同时证明了汇丰银行的其他业务表现是多么的强劲。从汇丰银行英国国内分行体系（前身为米德兰银行的分行体系）到其占统治地位的香港银行业务为汇丰带来的收益，让 500 亿美元的损失看上去连小小的震动都算不上。所以，汇丰银行从来没有像苏格兰皇家银行，劳埃德银行或者危险程度低一些的巴克莱银行那样，面临过持续的生死存亡的生存压力。

　　汇丰银行巨大的能量和活力源于其遍布世界各地国际银行的特点。作为英国主要银行，其在美国的分支机构美国汇丰银行（HSBC Bank USA），在美国也是主要银行之一。多年来，美国汇丰银行一直在挑战摩根大通银行（JPMorgan Chase）、花旗银行（Citi – Citigroup）以及美国银行（BofA – Bank of America Merril Lynch））在美国金融市场上的统治地位。美国汇丰银行 2013 年 12 月 31 日的资产规模为 2 900 亿美元。通过其 240 家分行，美国汇丰银行向 380 万美国客户提供着银行服务。

汇丰银行最重要的业务领域集中在它的全球银行业务和市场部（Global Banking and Markets）。实际上，这个部门就是汇丰的投资银行部门，其竞争对手包括高盛和巴克莱银行。通过汇丰银行全球银行业务和市场部，美国汇丰能向汇丰银行其他部门提供美国这个世界最大经济体的市场机会，同样重要的是，美国汇丰也能通过全球银行业务和市场部向地处银行在亚洲的心脏远东地区的汇丰客户提供美国的市场机会。通过其在纽约的办公室，汇丰银行可以代客完成国际银行汇款、处理不同种类的美元支付以及提供外汇和对冲服务。同时，汇丰还为 80 多家国际分支机构和 2 400 家金融机构提供着不同种类的银行服务。汇丰触角的全球性，从英国到美国再到新的创造财富的国家和地区，比如中国、新加坡、印度、墨西哥、中东和非洲，保证了即使在银行危机最严重的时期，在世界一个地区出现的风暴对这个遍布全球的庞大的金融帝国总体上也不会造成任何致命的影响。

在一定程度上，汇丰银行跟由约翰·皮斯爵士（Sir John Peace）[①] 担任董事会主席，由另外一位前麦肯锡员工彼得·桑斯（Peter Sands）[②] 担任首席执行官的渣打银行（Standard Chartered Bank）很相似。渣打银行也许在英国金融商业街上没有像汇丰银行似的有那么多分行，但在国际上，它绝对是一家著名银行。没错，就因为渣打银行的主要业务区域是在没有受到 2007～2008 年银行危机太大冲击的亚洲、中东和非洲，使它

---

① 约翰·皮斯爵士的中文名字叫庄贝思，是成立信用查询公司 Experian 背后的推手。

② 彼得·桑斯的中文名字叫冼伯德——译者注。

成为极少数在银行危机期间还在扩张、发展的英国银行。即使它投资的、独立于资产负债表之外的维索杰克特公司（Whistle Jacket），因为受到大量跟次贷产品相关的"有毒"资产的影响，最终因为经营不佳被清算，渣打银行也能相对比较容易地承受这个局部困难。但因为维索杰克特公司，皮斯爵士于2008年从渣打辞职去了另外一家银行，但他在那家银行的作用已经变成了咨询性质。

正因为这是两家享有不错名声的银行，所以当它们即使只是跟跄了一下，也会特别引人关注。人们会觉得这两家银行也变得跟其他不太自律、刚从悬崖边上慢慢回到安全地带的银行一样了。事实是，虽然汇丰银行和渣打银行在银行危机的过程中很少上新闻头条，但当银行危机的浪潮在2012年开始逐渐从人们的视线中消失，这两家银行却突然发现自己已经成了人们视线的焦点。

经过长期艰苦的调查，美国银行监管部门最终确定了这两家银行的违规事实并决定向这两家银行开出26亿美元的罚单。跟他们的竞争对手不同，这两家银行被罚并不是因为操纵了伦敦银行同业拆借利率或外汇交易，也不是向其客户出售了危险有价证券或纵容独立于资产负债表之外有问题的企业进行违规操作。这两家银行被罚的原因从表面上看跟正常的银行业务没关系，而是洗钱和违反国际制裁决议。

汇丰银行的问题源于它在墨西哥的经营。2002年11月，汇丰以11亿美元的价格从它在墨西哥的竞争对手拜托尔金融集团（Grupo Financiero Bital）那里收购了墨西哥第五大银行，墨西哥国际银行（Banco Internacional）。收购后，汇丰将这家银行改名为汇丰墨西哥银行（HSBC Mexico）。那时，汇丰墨西哥的客户数量已达600万，共有15 400名银行职员。墨西哥看起来是个好的投资地区，它不但有快速发展的经济，同时还是北美自由贸易协定①的签约国。但墨西哥的毒品走私已经成为其经济的重要组成部分。在汇丰墨西哥银行成立的那年，美国外交部的一位官员曾说：

"已具大规模生产的墨西哥毒品交易已经成为墨西哥最致命的生意……那些毒品组织对人的生命没有任何尊重。司法人员、政府官员和平民百姓被杀的案子持续增加…这几年，国际洗钱组织增加了通过墨西哥金融系统支付毒品定金的次数。"

这些毒品组织使用的洗钱方式是，将在美国卖毒品挣的美元，派人经过美墨边境送到墨西哥，然后将这些从美国带出来的美元存入墨西哥境内的银行或外汇公司（墨西哥实施的反洗钱法的严厉程度不如美国，墨西哥银行的员工也经常受到毒品组织的人身威胁）。这些钱在墨西哥变得合法后，毒品组织就再将它们从墨西哥当地的银行取出，然后通过飞机、卡车再运回美国或卖给美国境内的银行。这样毒品组织就可以自由地使用这些"被洗过"的钱在美墨边境两边进行一些合法的交易，比如买一个生意（意思是买一个做掩护的合法生意）。根据美国外交部的统计，截至2012年，毒品组织已将大约390亿美元的毒品收益通过美国和墨西哥的金融机构洗白。

汇丰银行清楚它所面临的风险。在汇丰收购操作开始前，一份由布瑞通公司（Brital）于2002年7月完成的审计报告显示："（汇丰银行考虑收购的这家）银行没有对它的一些高危客户给予特别注意。"同时，这份报告还指出被收购的银行允许成千上万设在开曼群岛上的公司在被收购的银行开立银行账户。这些公司当中有41%"没有完整的公司注册信息"。审计报告的结论是："（汇丰银行考虑收购的这家银行）缺少强有

---

① 北美自由贸易协定（NAFTA – North American Free Trade Agreement），由美国、加拿大和墨西哥3国于1992年签署，1994年成为美国法律。北美自由贸易协定是迄今为止世界上范围最大的地区贸易协定——译者注。

力的合规的文化。"

汇丰银行合规部主管大卫·巴格雷（David Bagley）在 2002 年 7 月
10 日给他同事的一封电子邮件里承认了汇丰要收购的这家银行合规问题
的严重程度。他说："桑迪（Sandy Flockhart，汇丰墨西哥银行首席执行
官）知道有效合规和（反）洗钱职能的重要性，但这两个职能现在在汇
丰墨西哥银行基本上不存在……在收购过来的银行里，现在没有看得见
的合规和（反）洗钱部门。桑迪认为需要对这两个影响墨西哥城的问题
研究一下，同时，也要注意一下美墨边境附近一些城市的情况，好像那
里有大量现金，包括美元现金，在边境线上被带出带进。"

面对如此巨大的合规问题，人们可能会有疑问：是什么原因导致汇
丰银行董事会和高层主管在收购协议上签了字。但，对这个问题的回答，
一个"快去新兴市场和新的财富创造地区投资"的战略可能就足够了。
事实上，包括渣打银行和英国其他一些企业，比如沃达丰（Vodafone）
和酒商帝亚吉欧（Diageo），都必须接受不能令人满意的外国市场的经营
条件。但墨西哥不一样。那里的问题如此根深蒂固，由此产生的风险是
如此之高，这让外界对汇丰银行居然想进入这个市场都会感到惊讶。在
墨西哥，那些洗钱的受益者随时准备对那些跟美国毒品执法局（US Drug
Enforcement Agency）合作的人进行暴力伤害。汇丰银行做或者不做任何
事，都会被在边境另一边（指美国国内）一些有势力的人仔细审视。

正在新收购的银行经营逐渐转入正轨的时候，出现了一些使人担心
的不正常的迹象。2007 年，汇丰墨西哥银行向它的美国分行运送了 30 亿
美元现钞。一年后，这个数字增加到 40 亿美元，增长了 25%。虽然汇丰
墨西哥银行只是墨西哥第五大银行，但它向美国运送美元的数量比其他
任何墨西哥的银行都多。2008 年 1 ~ 9 月，汇丰墨西哥银行就向美国运送
了 30 亿美元，这个数字是美国和墨西哥两国间美元市场总量的 36%。这
个数字也是墨西哥最大银行（即巴拿马克斯银行（Banamax））在这段时

间向美国运送美元数量的两倍。

2008 年 2 月，墨西哥监管部门在约谈汇丰墨西哥银行新的首席执行官保罗·瑟斯顿（Paul Thurston）的过程中，表达了他们的担心。他们说他们的金融情报部门（Financial Intelligence Unit）发现，在 2007 年调查的所有洗钱案件中，绝大多数案件都跟汇丰墨西哥有关。大量美元现金不受监管地流入汇丰在美国的分行。2012 年，一份由参议员卡尔·莱文（Carl Levin）担任主席的美国参议院特别调查委员会起草的调查报告显示："从 2006 年中期至 2009 年中期，汇丰美国分支机构从汇丰其他分支机构收到了超过 150 亿的美元现金，但（汇丰在美国的分支机构）并没有对大笔存入交易启动反洗钱操作程序。"

造成这种情况的原因是汇丰银行认为汇丰持有 50% 或以上股权的分支机构都已经达到了汇丰集团的反洗钱标准。但对汇丰墨西哥银行在美国的分支机构来说，下这个结论就为时过早了，特别是美国监管机构已经明确规定所有在美国的银行都必须进行完尽职调查后，才能为任何外国金融机构开设银行账户。

2007 年 3 月 15 日，美国毒品执法局和墨西哥政府在搜查一位汇丰墨西哥银行长期客户的家时，发现他在家中藏有 2.05 亿美元现金和 1 700 万墨西哥比索以及枪支和国际汇款凭证。这位汇丰墨西哥的客户拥有 3 家墨西哥药厂，但因为这些药厂从 2005～2007 年没有向当地税务部门报告有任何经营收益，所以，当这位汇丰墨西哥银行的客户被指控"巨额财产来源不明"时，就不会使人吃惊了。2 个月后，这位汇丰墨西哥银行的客户被捕，罪名是帮助和教唆生产冰毒。因为证人在法庭上翻供，美国检查机构于 2009 年撤回了对这位汇丰墨西哥银行客户的指控。截至 2014 年 1 月末，这位汇丰墨西哥银行的客户还被关在美国监狱（墨西哥一直在努力把他引渡回墨西哥，让他在边境的另一边受审）。

这位汇丰墨西哥银行客户的账户是在汇丰收购墨西哥国际银行之前，

在墨西哥国际银行开立的。账户开立后，共有 9 000 万美元，通过 450 次在汇丰墨西哥银行以及其他很多主要银行和金融机构的交易操作被转走。汇丰银行的合规人员告诉美国参议院特别调查委员会，他们在 2003 ~ 2004 年就要求汇丰墨西哥银行将这个客户的账号关闭，但他们吃惊地发现在这个案件出现在媒体头条时，这位客户的账号依然存在。正像保罗·瑟斯顿对他的前任，已经成为汇丰拉美地区首席执行官的桑迪·福劳克哈特（Sandy Flockhart）说的："这是个非常严重的、令人关注的案件。这个案件可能会对汇丰银行的声誉造成损害。我们必须把它当成头等大事。"

这之后，在 2007 年 4 月，瑟斯顿亲自主持了对汇丰墨西哥银行反洗钱控制机制的审查。他指出这个机制的不足，比如这个机制"没有充足的文件和归档系统，它还是在沿用被收购的国际银行过时了的文件和归档系统"。同时指出，银行没有"合规文化"。这跟 5 年前当汇丰银行计划收购国际银行时，总行合规人员对这家银行的批评几乎一样。

汇丰墨西哥银行在开曼群岛的办事处也备受关注。这其实就是个由在墨西哥的人控制的空壳机构，这个地处加勒比岛上的空壳办事处里没有员工。这个办事处是汇丰银行从国际银行那儿继承下来的。办事处于 1980 年设立，任何人在这里可以在不提供任何开户人信息的情况下开立账户。实际上，一份 2008 年的内部调查报告显示，大多数在这个办事处开立的账户都没有监管部门希望看到的开户信息，其中 15% 的账户根本就没有任何信息。这种银行账户对那些想躲避交税的墨西哥富人很有吸引力。同时，就像汇丰墨西哥的一位合规人员对参议院特别调查委员会说的："这些账户对犯罪组织也有很大的吸引力。"这个办事处开户数量从 2005 年的 1 500 个（账户总金额不详）增加到 2008 年的 60 000 个（那段时间，这些账户余额的最高值为 21 亿美元）。就像汇丰墨西哥银行新的首席执行官路易斯·皮纳（Luis Pena）在一份给他同事的电子邮件里说的："开曼和墨西哥人的美元账户向我们提供了 21 亿美元的廉价资金。"

迫于监管部门的压力，汇丰集团从 2008 年开始更加密切地监视这些账户。2008 年 7 月，汇丰发现其中的一个账户被用来将一笔固定大额支付汇给了一个在迈阿密，名字叫卡拜罗航空货运公司（Cabello Air Freight）的飞机租赁公司。这家美国公司据说向毒品组织提供飞机服务。从那时起，汇丰集团关闭了几千个这类账户。现在还不知道卡拜罗航空货运公司是否包括在被关的账户当中。但不管怎么说，到 2014 年，汇丰墨西哥银行在开曼群岛上的那个办事处还有 24 000 个账户，总计账户余额为 65 700 万美元。

发现汇丰在墨西哥合规问题的导火索是银行客户卡萨迪堪比奥斯（Casa de Cambios）。表面上看，这是一家提供外汇服务的公司。2007 年 5 月，在被美国政府指控为毒品组织洗钱后，这家公司发现它在迈阿密和伦敦的 1 100 万美元的资产被查封。人们注意到，从 2005 年至 2007 年仅仅 3 年时间，这家公司的外汇业务从 1 800 万美元增长到 11 300 万美元，足足增长了近 10 倍。

几星期后的 2007 年 7 月，汇丰集团的合规部门提出这家公司在汇丰的账户应该全部关闭。汇丰墨西哥银行的合规部开始还质疑这个要求。7 月末前，当时的汇丰墨西哥首席执行官保罗·瑟斯顿同意全部关闭这家公司的账户是必要的。但是直到 4 个月后的 11 月，汇丰墨西哥银行在收到墨西哥司法部长查没所有这个账户余额的命令后，才将这家公司的账户关闭。

这种拖延说明了一个事实，合规程序在汇丰银行总部和其墨西哥分行是不一样的。即使汇丰银行总部的一位高级合规经理发出了合规命令，也不能百分之百保证这个命令能够在汇丰的海外市场上立即得到执行。多种复杂原因导致了这种情况。可能一些分行经理不愿损失客户，他们希望能增加利润以便自己可以得到更多的奖金。另外还有一个不幸的原因，那就是毒品组织对不听话银行职员的威胁和银行职员对毒品组织残酷、凶残手段的恐惧。毒品组织在行贿银行职员的同时，也经常绑架银行职员。

让事情变得更糟的是，当汇丰墨西哥银行正在努力改变它从国际银行继承过来的不合标准的合规程序的时候，它发现它的合规部门的员工成了它的问题。2005 年，在汇丰墨西哥银行员工通过举报热线举报了银行反洗钱委员会伪造每月工作报告并向墨西哥当地的监管部门提交了这些伪造的报告之后，汇丰银行接受了反洗钱部主任卡洛斯·罗迟（Carlos Rochin）的辞职，虽然伪造每月工作报告的事是向罗迟汇报的一位中层经理干的。罗迟是汇丰银行找来专门负责加强其合规部门管理的。

2005 年 7 月，在 5 月访问了汇丰墨西哥银行后给他同事的一封电子邮件里，汇丰集团拉丁美洲合规部主管约翰·卢特（John Root）说："（合规）项目已经开始，但离完成还有很长的距离。"2005 年 12 月，汇丰墨西哥提交了一份 55 页的合规报告。这份报告的结论是：合规部门的工作还没有达到"可以接受的标准"。这份报告特别指出，这些没有达标的工作包括没有追踪外国汇款，没有持续关注可疑账户以及识别危险客户。

这份报告终于在 2006 年春季公诸于世。2007 年 5 月，卢特在给另外一位合规部同事的电子邮件中讨论了这个报告的内容："这个报告最引人注目的是，我们明显缺少基层从事反洗钱工作的员工。这在像墨西哥这样的地方是个危险的警报，因为那里的毒品组织非常强大并且无所不在。"

2007 年 7 月 17 日，卢特给汇丰墨西哥合规部主管雷蒙·加西亚·吉布森（Ramon Gacia Gi bson）发了一份措辞严厉的电子邮件，批评汇丰墨西哥每月的反洗钱委员会会议就是"在不能接受的风险上加盖橡皮图章。"卢特说："我非常担心，你们的反洗钱委员会没什么作用。我甚至已经听到警报声了，我快要拿起电话给你们的首席执行官（瑟斯顿）打电话了。"

2008 年 2 月 23 日，瑟斯顿在给当时汇丰集团首席执行官迈克尔·吉奥海甘[①]的信中告诉后者汇丰墨西哥合规部的工作还没有达到标准。这个问题越来越急迫了，"因为墨西哥总统卡尔德隆（Felipe Calderon）已经向毒品组织和犯罪宣战，司法当局也已经将调查金融机构当做他们调查工作的重点。"

瑟斯顿接着说："汇丰银行从前和现在的合规记录比其他银行都差。所以我们已经成为关注的重点。墨西哥新的金融情报部门的主管就曾对我们说，他的属下告诉他，过去 4 年，在索要准确和及时数据方面，汇丰银行是最不配合的银行。"

瑟斯顿同时告诉吉奥海甘，为了改变松散的合规状况，他已经公布了对继续在没有开户人个人信息的情况下为客户开立银行账户的分行经理实施严厉纪律措施的决定。汇丰墨西哥"每个星期要收到超过 1 000 封"来自墨西哥监管部门要求补齐还没有提交的账户信息的信。

2008 年 2 月，汇丰银行合规部主管大卫·巴格雷为对汇丰墨西哥合规部门工作非常不满意的反洗钱部主任巴隆索（Leopoldo Barroso）做离职审计。巴格雷的笔记显示，巴隆索"相信汇丰墨西哥存在一种不惜一切代价追逐利润和经营目标的文化。事实上，最近在标准控制和政策制定方面没有什么改进。同时，合规部至少缺 35 个人手"。

在 2008 年 2 月 19 日的电子邮件中，吉奥海甘将他对汇丰墨西哥合规现状的担心告诉了他的高级同事，包括汇丰董事会主席史蒂芬·格林。根据卡尔·莱文领导的美国参议院特别调查委员会的报告，一位汇丰的

---

① 迈克尔·吉奥海甘（Micheal Geoghegan），中文名字叫纪勤——译者注。

内部员工在 2005 年就曾向格林举报过合规问题并对此提出过警告。但在 2009 年年中之前，汇丰银行没有进行过任何核查、识别可疑账户活动的工作。

2008 年 11 月 26 日，吉奥海甘去墨西哥城跟墨西哥的监管部门举行高级别的会谈。会谈中，墨西哥监管部门告诉他和坐在他旁边的汇丰其他高级经理，他们对汇丰墨西哥的一些情况非常担心，包括汇丰墨西哥银行开曼群岛办事处客户账户的余额总量、松散的合规程序以及通过汇丰墨西哥返回到美国的美元数量。墨西哥和美国的监管部门担心这些都是毒品资金。墨西哥监管部门甚至还掌握了一个著名毒枭建议使用汇丰墨西哥银行作为毒品组织银行的电话录音。

吉奥海甘迅速采取了行动。当天晚上，他就给汇丰墨西哥银行总裁埃莫森·阿隆索（Emilson Alonso）发了封电子邮件。吉奥海甘在这封邮件里说："我觉得，我们应该停止任何汇出美元和接受美元支付的业务，除非这些业务是通过我们的客户账户完成的。我们也应该停止运送美元现钞。"第二天，汇丰墨西哥银行保证，从 12 月 1 日开始，所有汇丰墨西哥的分行将停止买卖美元，并且在 2009 年 1 月 1 日前，停止将美元现钞存入客户美元账户的业务服务。

两天后，2008 年 11 月 28 日，在给墨西哥当地合规员工发的另外一封电子邮件里，吉奥海甘说："如果哪家分行反复破坏银行客户账户规定，不管银行会蒙受多少客户账户损失，这家分行将被关闭，员工将被解雇。"2009 年 1 月，汇丰墨西哥宣布它将关闭两家分行。

阿隆索对改变提出疑问。但汇丰集团合规部主管大卫·巴格雷在 2009 年 6 月 9 日给他的电子邮件里说："我们继承的洗钱风险依然很高，没有任何其他一家汇丰集团的分支机构像汇丰墨西哥那样，周围的街上到处都是为毒品发生的战争。"一周后，汇丰墨西哥银行的风险等级被汇丰美国银行从最低风险等级调至到最高风险等级。

美国参议院特别调查委员会承认汇丰集团总部在控制其墨西哥分支机构经营方面的确有困难。它说："汇丰集团总部的高级经理和其合规部的职员努力在汇丰墨西哥银行建立符合标准的合规文化，但他们的努力反复被无视集团反洗钱政策和程序的墨西哥当地员工所抵制。墨西哥当地员工不按时提交'了解你客户信息'① 的报告，延迟关闭可疑客户账户以及延误向当地监管部门报告可疑的账户活动。"

2009 年初，在监管部门的压力下，汇丰银行采取断然措施，禁止汇丰墨西哥银行买卖美元，将经营有瑕疵的分行全部关闭，并且准备关闭几千个缺少开户人信息的客户账户。但即使采取了这些措施，汇丰集团也在内部承认："汇丰墨西哥银行因洗钱给整个汇丰集团带来的风险依然存在。"

汇丰的墨西哥问题并没有因为监管部门在 2009 年的介入而告终止。2011 年，它成为使用旅行支票洗钱骗局的中心。从 2011 年 4 ~ 6 月 3 个月的时间里，188 张由没有被披露名称的一家美国银行签发的连号旅行支票，被在多家汇丰墨西哥银行分行兑付。因为这些支票上的签字均难以辨认，所以被兑付了旅行支票的现金收款人也无从查起。在这期间，有两位男性曾 14 次在同一家汇丰墨西哥银行分行购买了很多本旅行支票，每次购买的总金额均在 1 万至 14 万美元之间。3 年内，这两位男性购买了总计 190 万美元的旅行支票。

2012 年之前，人们对汇丰墨西哥银行的问题知之甚少（公平地说，汇丰银行向美国参议院特别调查委员会提交了大量相关信息，为此美国参议院特别调查委员会还赞扬了汇丰银行，虽然它对汇丰银行的总体评价不是那么有利）。即使汇丰银行已经在美国货币监管办公室（Office of the Comptroller of Currency）、司法部、外国资产管理办公室（Office of

---

① 了解你客户信息（KYC – Know Your Customer），是银行按标准格式汇总的关于其客户信息的报告。

Foreign Asset Control）和美联储严密的监视之下，但当时汇丰的股东、分析师和客户都不知道汇丰在美国政府那儿出现麻烦已经有一段时间了。在其公布的2010年和2011年年度报告中，汇丰集团对跟墨西哥监管部门的对立只字未提。这些报告只是说2010年有43家、2011年有77家汇丰墨西哥银行的分行被卖掉，两次报告的重点集中在汇丰银行提款机和信用卡如何为汇丰带进了更高的手续费上。

2012年对汇丰银行来说绝对算是个"灾难年"（annus horribilis）。2月，汇丰银行在向美国证券交易委员会提交的年度报告中说，它可能会收到来自多个不同美国监管部门的"巨额罚单。"汇丰银行当时看起来经营状况良好，其1月报告显示利润总额为138亿英镑，增长了15%。但在它向美国证券交易委员会提交的报告中，汇丰银行谨慎地说："因为目前的那些调查，我们很可能会遇到某种正式的刑事或民事强制性的措施。"但报告没说哪些措施会对汇丰银行诚实的声誉造成多大损害。

但不管怎么说，汇丰银行以务实的苏格兰人道格拉斯·费林特（Douglas Flint）为董事会主席，和以斯图尔特·古立文（Stuart Gulliver）为首席执行官的新的管理层还是得处理不但是墨西哥同时也包括全球市场的合规问题。汇丰的一份内部文件就说："我们必须采用并且坚持统一的全球合规标准，要达到此目标，我们必须将这个统一合规标准在世界各地加以实施。"它强调，这意味着汇丰银行的合规标准要符合严格的美国法规，但如果世界其他地区有更严格的法规，汇丰愿意按照更加严格的法规修改自己的合规标准。虽然没有人从顶层向下大声喊出这些内部文件里的话，人们在汇丰银行入口处也看不到提示牌（巴克莱银行就在它位于伦敦金丝雀码头的总部门口竖起了巨型提示牌），但这些内容被安静地传达给汇丰银行的各位高管。这个内部文件导致一向不留情面的卡尔·莱文领导的参议院特别调查委员会表示：汇丰（的做法）为世界著名金融机构作出了表率。

2012 年 7 月 17 日，纽约股市开盘的时间刚好和汇丰高管被命令前往美国参议院常设特别调查委员会（US Senate Permanent Subcommittee on Investigation）作证的时间相吻合。美国参议院常设特别调查委员会一直在要求美国的银行，特别是高盛，对创造导致金融危机的那些衍生产品和市场环境负责的事情上异常积极。对英国国内媒体来说，时间对汇丰不能再糟了。那时正是巴克莱银行、鲍勃·戴尔蒙德和伦敦银行同业拆借利率丑闻遍布新闻头条的时候。银行又回到聚光灯下了。

同一天，美国参议院常设特别调查委员会公布了引人注目的汇丰银行报告。报告指责汇丰在 2001~2009 年已经成为"毒枭和流氓国家"在一些国家，包括墨西哥、沙特阿拉伯、伊朗的资金通道。当美国参议院对汇丰银行的听证会开始的时候，汇丰合规部主管大卫·巴格雷宣布辞职，从而结束了他在汇丰银行 20 年的银行工作生涯。面对这么庞大的银行帝国，有人可能会说大卫·巴格雷的工作实际上是个不可能完成的任务。但用辞职来牺牲自己的方式，巴格雷起码暂时减轻了公众对银行高层的压力。他的离职声明很短，他说："现在是由一位新人来接替集团合规部主管工作适当的时机。"

汇丰美国的首席执行官艾琳·多纳（Irene Dorner）想通过道歉的方式来缓解一下听证会给银行带来的压力。她说她为汇丰银行没有达到监管部门、汇丰的客户、汇丰的员工和社会大众的要求"道歉。跟其他银行的道歉相比，这个道歉不太令人满意。

美国参议院常设特别调查委员会在报告中提及沙特阿拉伯和伊朗，说明让汇丰头疼的不仅仅是墨西哥。这也让人们了解了对像汇丰这么庞大的银行来说，在世界各地规范银行业务操作是件多么不容易的事。墨西哥给汇丰出了一道难题，但沙特阿拉伯和伊朗也给汇丰出了一道难题，并且它们的难题跟墨西哥的截然不同。墨西哥的难题是毒品走私。在沙特阿拉伯和伊朗，难题是恐怖主义。

汇丰银行跟沙特阿拉伯的渊源有很久了。它跟沙特的那些资产高达几千亿美元的主要银行在 25 年前就开始了商业往来。

汇丰银行在沙特阿拉伯的问题是从 2001 年"9·11"恐怖袭击后开始的。2002 年 3 月，调查人员在一个沙特组织驻波斯尼亚的办公室内发现了一份人名单。虽然后来这个沙特组织被美国财政部从其恐怖组织名单上拿下，但当时这个沙特组织被美国财政部认定是恐怖组织。因为怀疑人名单上的人是向基地组织捐钱的人，这个办公室里的计算机、光盘以及几百份文件随即全被抄走。

美国中央情报局在它 2003 年的一份报告中说，某些沙特金融机构（汇丰跟其中一些金融机构有联系），起码从 20 世纪 90 年代中期就被伊斯兰恐怖主义者用来完成交易结算。报告说那个被怀疑的沙特组织知道并默许了跟恐怖主义组织的联系。报告还说，在 2000 年，一些沙特组织的信使向印度尼西亚叛乱组织提供了用于购买武器和生产炸弹的资金。同时，一些恐怖组织"命令"其在阿富汗、印度尼西亚、巴基斯坦、沙特阿拉伯、土耳其和也门的人员必须使用指定的金融机构进行交易结算，而汇丰银行跟其中的这些金融机构都有历史渊源。

根据 2003 年汇丰银行自己金融情报部门的报告，一家沙特非盈利组织可能跟基地组织和其他一些计划刺杀克林顿总统和教皇，以及 1993 年对纽约世贸中心攻击的恐怖组织有关系。

而沙特的一家金融公司为这个非盈利组织开立了银行账户。在"9·11"恐怖袭击中，劫持了美国航空公司客机并实施恐怖袭击的多个恐怖主义者的银行账户也都跟沙特的金融机构有关联。

汇丰加强跟沙特金融组织的关系是从 1999 年 5 月收购美国纽约共和银行（US Republic Bank of New York）之后开始的。这次收购是由前董事会主席约翰·邦德爵士主导的，被收购的这家银行恰巧有很多富有的沙特客户。汇丰银行向这些沙特客户提供多种不同的金融服务，包括资产管理（asset management）和贸易融资（trade financing），以及向这部分客户提供大量美元。同时，汇丰银行还跟一家沙特外汇公司进行合作。

汇丰银行对在2002年出现的、它在石油富庶国的合作伙伴可能跟恐怖主义组织有联系的担心的第一个反应就是在这年的3月，将一个重要账户从汇丰私人银行业务部（HSBC Private Banking Department）转至能更好地监视账户活动、位于达拉维尔（Delaware）的汇丰机构银行业务部（HSBC Institutional Banking Department）。同月，一个汇丰美国银行的职员在一封给其同事的电子邮件中说："我们最近的担心是，从这个账户中发出的3笔小额电汇（50 000美元、3 000美元和1 500美元）的收款人姓名跟参与'9·11'对世贸中心恐怖袭击中的一个人名字相似，但不完全吻合……这个账户的电汇数量在'9·11'后增长了2倍，旅行支票的数量也很大，虽然面值比较小，同时还有一些现金和存款的活动。"虽然这个账户跟"9·11"恐怖袭击者可能有潜在联系，但这位银行职员说："汇丰中东和汇丰美国的高级人员强烈支持保留这个账户。"

但从2005年开始，气氛开始有了变化，起码在美国是这样。1月28日，汇丰美国银行合规部主管特瑞沙·派斯（Teresa Pesce）在一封给她同事的电子邮件中说："在考虑了很久之后，在目前监管环境下和按照美国司法部门的要求，集团合规部建议切断跟这些客户的所有联系……请着手做适当的安排。"但伦敦和其他地区却有不同的想法。汇丰的一些部门，比如汇丰在中东的分支机构，还在继续跟沙特的公司进行交易。在过去20年一直向中东提供美元的伦敦现钞部门请求汇丰不要放弃这部分有利可图的现钞生意。

2005年5月，汇丰集团合规部做了一点儿让步，它说虽然伦敦的汇丰分行已经加强了合规程序，但英国之外的部门如果愿意，可以跟阿拉伯的银行进行交易。这个让步让沙特的那些现钞合作伙伴非常高兴，即使那时汇丰美国银行依然坚持不同它们进行现钞交易合作。当"9·11"

受害者亲属对包括沙特银行的法律诉讼被一个美国法官驳回后，汇丰现钞部门和汇丰银行在中东的分支机构又开始要求重开跟中东地区的现钞交易。

2006 年 11 月 17 日，在伦敦办公的汇丰美国银行现钞部主管史蒂芬·艾伦（Stephen Allen）在一封给他同事的电子邮件中说，汇丰在中东的现钞交易伙伴"已经等的没有任何耐心了，除非我们能够完成'了解你的客户'（KYC – Know Your Customer）的手续，并在 11 月底前通知他们。否则他们将终止跟汇丰所有产品的合作——我相信损失将是巨大的。"

一个月后的 2006 年 12 月，在沙特阿拉伯一个金融公司高管威胁终止跟汇丰的所有商业关系后，汇丰银行允许这个金融公司重新开始从汇丰银行购买美元现钞。但这个决定在汇丰内部引起不小的争议。汇丰银行机构银行业务部主管伯斯·费舍尔（Beth Finsher）拒绝在这个决定上签字。另外一位高管，阿兰·凯特莱（Alan Ketley）只是在附加了一系列先决条件之后，才签字同意实施这个决定。

在以后的 4 年里，一个沙特的现钞交易伙伴每月从汇丰银行买走 2 500 万美元，四年里，它积累了 9.77 亿美元现钞（这期间它只卖出了 800 万美元现钞）。很明显，这个沙特金融公司在囤积美元。但之后人们发现，这些美元的一部分通过旅行支票的方式转到跟恐怖组织有关系的人手上。

当美国中央情报局那份被诅咒的关于沙特金融机构业务活动的 2003 年报告内容于 2007 年在美国被披露后，负面报道接踵而来。

在汇丰集团决定完全终止美元现钞交易业务后，汇丰美国银行在 2010 年第二次终止了它跟沙特现钞交易商的合作关系。汇丰的这个决定是在收到美国货币监管办公室给它的一封长信之后作出的。美国货币监管办公室在那封信中批评汇丰银行违反《反洗钱法》中有关现钞交易的规定。美国参议院的调查人员在其 2012 年 7 月的报告中也指责汇丰美国银行和汇丰集团的高级员工在"意识到"这家沙特金融公司的问题后，"依然同意为这家公司保留在汇丰的账户或向这家公司提供账户服务"。汇丰的主要考虑看起来是"一个账户能给汇丰带进多少收益"。

美国参议院特别调查委员会对汇丰跟沙特阿拉伯的业务合作批评得如此激烈的部分原因也是因为汇丰银行在伊朗的活动。伊朗因为被怀疑支持恐怖组织和从事原子弹研究在联合国遇到了麻烦并受到华盛顿和其他西方国家的制裁。伊朗问题在国际社会已经引起普遍的担心。美国财政部外国资产控制办公室将发生在 2001~2007 年、超过 28 000 次、总金额在 197 亿英镑的交易界定为"敏感"交易，这其中有 25 000 次，总金额为 194 亿美元的交易跟伊朗有关。

就好像墨西哥的毒品组织和中东的政治动荡还不能让汇丰银行感到头疼似的，汇丰突然发现它在一个没太可能给它添堵的国家也遇到了麻烦。这个国家就是日本。

汇丰银行跟日本的关系是从 2001 年一家日本地区性银行——北陆银行（Hokuriku Bank）成为汇丰美国银行的客户银行开始的。这是家规模不大的日本银行，成立于 1877 年，有 185 个分行，2013 年这家银行的职员人数为 2 800 人。

从 2005 年开始，这家日本银行向汇丰美国银行提交了大量美元旅行支票，到 2008 年，这些旅行支票的总金额已达 29 000 万美元。2008 年，这家日本银行曾经每天向汇丰美国提交 50 万至 60 万美元的旅行支票。这些旅行支票面值多为 500 美元或 1 000 美元。旅行支票经常是连号整本提交。旅行支票的签名和副署全是一个人，并且签字不太好辨认。所有这些旅行支票要么支付给公司（总计有 30 家公司收到过旅行支票）要么支付给在二手汽车行工作的个人。美国货币监管办公室的专业人员在深入调查后，发现其中一个叫 SK 贸易公司的二手汽车行每天收到旅行支票的数量达到 50 万美元。从 2007 年 11 月到 2008 年 10 月，SK 贸易公司和其他跟二手车交易有关的公司通过旅行支票共收到 6 100 万美元。

美国货币监管办公室在这些旅行支票上的备注栏里看到，这些支票和其兑付现金的用途是"商业目的。"SK 贸易公司的网站上显示这是一家 1984 年在韩国成立的公司。但进一步调查发现，这家公司跟一些有着俄罗斯姓的人有关系，这些人从俄罗斯银行或者位于英属维京群岛（British Virgin Island）汇出现金。这个跟俄罗斯的联系立刻引起美国人的警觉。

美国认为俄罗斯跟洗钱有很大关系，也是最高风险名单上的国家。2008 年美国外交部在一份报告中说："因为巨大的自然资源财富，俄罗斯很容易受到有组织犯罪，以及据说是程度严重的腐败的侵蚀。"这个报告引用了俄罗斯金融情报部门的信息，称俄罗斯人的洗钱数量在 2007 年可能达到 110 亿美元。

那家日本北陆银行证明不是一个可以获得信息的渠道（汇丰美国在 2012 年 5 月关闭了它在这家日本银行的账户）。引用日本银行保密法，这家日本银行只透露了非常有限的开户人信息，比如交易中心人员的职业、商业类型以及参与公司等情况。而汇丰美国银行这时也派人去俄罗斯并通过 SK 贸易公司跟一家当地银行建立了银行间的业务联系。美国参议院特别调查委员会相信它知道这中间发生的事。它说："汇丰美国银行在 4 年的时间里，帮助俄罗斯人使用一家规模相对比较小、反洗钱机制比较弱的日本银行，获得了超过 2.9 亿的美元。"

汇丰美国银行有两个处理旅行支票的中心，一个在布鲁克林（Brook-lyn），另一个在纽约州的水牛城（Buffalo）。审核旅行支票的员工应人工检查大笔、连号的旅行支票，然后将这些旅行支票提交给汇丰银行的合规人员做进一步检查，但在实际操作中，因为审核旅行支票的员工认为他们的首要目标是在每天下午 5 点前，尽可能多地处理旅行支票，他们有时会省掉向合规人员的提交程序，直接让旅行支票通过审核系统。那种审了又审的要求让这些银行职员觉得太麻烦：他们必须联系在另外一个写字楼的合规人员，等待回复，然后才能继续下一步的操作。这些都必须在下午5点前完成。

2005年，在看到布隆伯格刊登的一篇关于汇丰银行卷入为伊朗、利比亚、苏丹和叙利亚洗钱的文章后，史蒂芬·格林激烈地为汇丰进行了辩护。他说："这是一篇对银行的国际合规程序奇怪的、完全不负责任的文章。"

但负责调查这些问题的美国参议院特别调查委员会却不这么认为。除了墨西哥、沙特阿拉伯、伊朗和日本，美国参议院特别调查委员会还发现汇丰在其他一些国家，比如古巴、苏丹、缅甸和朝鲜，操作了一些违反美国制裁决定的业务。2012年，汇丰美国银行为跟美国政府和解后者对它的洗钱指控，同意向美国监管部门支付19亿美元的罚金。这个罚金数额是巴克莱银行为其操纵伦敦银行同业拆借利率所支付罚金数额的4倍。

面对这种情况，在2010年接替格林出任汇丰银行新的董事会主席的道格拉斯·费林特和新的首席执行官斯图尔特·古立文迅速采取了补救措施，以期使银行少受影响。在有问题的中东市场，汇丰两年内把那里的合规员工人数增加到了3 500人。汇丰2012年年度报告显示，2010~2012年汇丰全球合规成本增加了2倍，已经超过5亿美元。汇丰银行同时告诉它的股东，银行已经为补救措施花了2.9亿美元，并计划对汇丰集团全球所有客户账户进行一次审查。审查会历时5年，耗资7亿美元。同时，银行还准备将之前介入过合规业务主要高管的数百万美元延后奖金收回。更加重要的是，古立文彻底改变了过去权力分散的银行结构。

一向宣扬自己是当地银行，可以在它有分行的社区提供一些不一样服务的汇丰银行变成了权力集中的银行。所有职能部门都集中在位于伦

敦金丝雀码头的汇丰总部，业务管理中心则集中在香港（但集中的程度
稍微低些）。财务、IT、市场和作为公司窗口的公司网站全都搬回伦敦。
这些改变都是以静悄悄的方式完成的。但即使这样，汇丰银行依然面临
在其全球所有分支机构内严格执行合规程序的挑战。

作为世界最大银行之一（如果不是最大的银行），有着比英国经济总
量还大的银行资产（汇丰银行的资产总量为巨大的 2.5 万亿英镑），拥有
8 900 万客户，在 89 个国家设有分支机构，员工数量在 25 万左右的汇丰
银行，保证合规程序在所有地区被严格执行既是一个必要的目标，也是
一个非常雄心勃勃的目标。

汇丰银行并不是唯一一个因为洗钱跟美国执法部门发生碰撞的银行。
活跃在新兴市场上比汇丰名气小点儿的英国渣打银行（Standard Chartered
Bank)① 也在 2012 年突然发现自己成了被告。

渣打银行很特别。虽然银行总部在伦敦，但几乎全部银行业务是在
英国国外。它在新加坡市场占据主导地位，在香港，渣打银行是汇丰银
行的主要竞争对手，渣打在印度、中东和非洲也有很多分支机构。渣打
银行在伦敦的机构主要为国际客户提供比较复杂的金融服务。

渣打银行有让人尊敬的历史。在 1853 年创建了英国经济学人杂志
（Economist magazine）的苏格兰人詹姆斯·威尔逊（James Wilson），在苏
伊士运河（Suez Canal）于 1869 年开通后，为他的英国皇家特许银行
（Chartered Bank）设计了向东的主要发展战略。这家银行后来的伙
伴——标准银行（Standard Bank）于 1862 年在南非的开普敦省成立，主

---

① 渣打银行（Standard Chartered Bank，简称 StanChart），是由两家银行，Standard Bank 和 Char-
tered Bank 于 1969 年合并而成。Chartered Bank 是在 1853 年维多利亚女王将皇家特许经营权授予詹姆
斯·威尔逊（James Wilson）时建立的。之后，Chartered Bank 于 1858 年在上海、孟买和加尔各答建立
分行。它在香港的分行建于 1859 年。Standard Bank 由苏格兰人约翰·帕特森（John Paterson）于 1862
年在南非开普敦省（Cape province）建立。是当时非洲主要银行之一，曾在世界黄金、钻石领域的信
贷服务中占主导地位——译者注。

要向南非金伯利（Kimberley）市和其周边的钻石企业提供信贷服务。

20 世纪 90 年代初期，渣打银行的声誉因为一次大错受到打击。1992 年渣打孟买分行的员工挪用客户存款，在印度股票市场上进行投机。渣打为此付出了 3.5 亿英镑的损失，这个数字是当时渣打银行市场价值的 1/3。同一时期，渣打也因为在它的主要市场，马来西亚和菲律宾，被控行贿而备受压力。渣打银行的经营弱点一直是它将被收购谣言的根源（谣言涉及的收购者包括苏格兰皇家银行）。

2001 ~ 2006 年，渣打银行在首席执行官威尔士人默文·戴维斯（Mervyn Davies，后在 2006 ~ 2009 年担任渣打银行董事会主席）的领导下，声誉逐渐恢复并被认为是根基牢固的向世界其他地区出口英国金融服务技术的银行。由不爱炫耀、小个子的威尔士人主导的改革，在新的首席执行官彼得·桑斯（Peter Sands，就任前为渣打银行财务总监）于 2006 年上任后并没有停止。桑斯是财政部宝特营救计划（Balti bail-out——通过部分国有化挽救苏格兰皇家银行和劳埃德银行计划的非正式名称）的主要设计者。那段时间他常在财政部边吃外卖边思考营救细节。在其他银行都面临险境的时候，桑斯提醒人们关注被认为是"了然无趣"的渣打银行。桑斯相信对那些想将自己的钱投给保险的银行的投资者来说，渣打银行肯定是个不错的选择。有人说，桑斯跟他前任的性格差不多，都有亲和力，但实际上，这两个人的性格完全不同。有着松散白发的桑斯给人的感觉是非常自信。

2012 年 8 月，渣打中期财务报表显示，其税前利润增长 9%，达到 39 亿美元，这是个非常好的营运表现。桑斯说：我们的业务"跟别的银行比起来，看上去好像是'了然无趣'，但是人们可以从这些'了然无趣'的业务中看到道德。"

但仅仅两个星期之后，事情就没那么"了然无趣"了。8 月末前，由不留情面、年轻的本杰明·劳斯基（Benjanmin Lawsky）领导的纽约金融服务局（Department of Financial Services）指控渣打银行在 2001～2007年跟伊朗进行了 6 万次总金额达 2 500 亿美元的"秘密交易"。渣打银行被纽约金融服务局说成是"流氓银行"。不仅如此，纽约金融服务局指责渣打"使美国的金融体系在面对恐怖分子、武器掮客、毒枭和腐败政权时，显得很脆弱，并且剥夺了美国执法人员赖以追踪各种形式犯罪活动的线索"。

渣打银行刚开始采取了强硬立场，"坚决否认"劳斯基的指控。渣打说"99.9% 跟伊朗的贸易符合美国法律，只有 1 400 万美元的交易可能不符合（美国法律）。"渣打还说，劳斯基对渣打业务的理解"从法律角度来说，不正确"。私下，渣打银行努力游说投资人、媒体和政治评论员，希望这些人能支持渣打的立场。劳斯基被说成是只想让自己和他的部门出名的调查者（因为跟华盛顿的参议院特别调查委员会和为这个委员会工作的人员相比，没多少人知道纽约金融服务局和劳斯基）。

初期，渣打的确赢得了很多朋友的支持，但当更多的交易细节浮出水面时（那时世界很多国家都在试图孤立伊朗），人们开始怀疑桑斯否认监管部门对渣打银行的指控是否明智。年底前，在 3 万页包括详细证据的调查报告被公布后，渣打银行承认了自己的失误。之后，渣打向 3 个美国政府机构，纽约金融服务局、美联储和司法部，支付了 6.67 亿美元的罚款。

在汇丰违规调查中起着关键作用的参议院特别调查委员会主席，参议员卡尔·莱文对本杰明·劳斯基和纽约金融服务局对渣打银行采取的强硬立场赞赏有加：

"纽约金融服务局向人们展示了不需要用好多年跟违规银行谈判罚金数量。监管者只要有足够的勇气告诉违规银行罚金是多少就够了。纽约的监管行动向市场传递了一个清晰的信息：美国不会容忍外国银行向流氓国家，比如伊朗，提供秘密使用美国金融体系的行为。"

从在 1979 年推翻亲西方的伊朗国王并建立穆斯林政府开始，美国就对伊朗实施了金融制裁。这些制裁在 1983 年里根政府和 1995 年的克林顿政府时期得到了加强。2000 年之后，美国的制裁更加严厉，同时，其他国家，包括英国，也对伊朗实施了相似的制裁措施。但当 2001 年伊朗的中央银行（Markazi）主动跟渣打银行接触，请求渣打做伊朗国家石油公司每天石油出口收入（当时这家伊朗公司每天石油出口收入为 5 亿美元）的结算银行时，渣打银行同意了。渣打银行呼入销售①部主管在 2001 年 2 月 19 日给他同事的一封电子邮件里称被伊朗指定为其石油收入结算银行会使渣打"更加受人尊敬"，因为这实际上让渣打成了伊朗中央银行的"司库"。

渣打银行希望跟地位显赫的伊朗公司的这份服务协议可以让渣打获得更多伊朗国内的商机。的确，渣打银行不久就又跟另外两家规模比较小的伊朗私人银行签订了结算服务协议。伊朗中央银行告诉渣打银行，跟渣打银行清算协议的核心是使其每天的石油美元能够迅速通过金融系统。

伊朗中央银行急于解决石油美元结算问题是有原因的。那时，伊朗使用的结算通道既费时又费力。1995～2008 年，美国政府允许伊朗使用 U 型方式使其美元支付通过美国的金融体系。这就使在美国以外的银行可以为伊朗提供美元支付服务。这种支付服务可以使伊朗用于结算的美元在美国国内完成美元结算后离开美国。但美国又规定为伊朗提供支付服务的银行必须在相关支付凭证上明确标出那笔支付是为伊朗银行完成的。现实操作中，伊朗的结算货币在进入美国结算中心时，必须先交给美国监管部门——外国资产管理办公室（Office of Foreign Asset Control）。

---

① 呼入销售（inbound sales）是指卖方向已经熟悉同类产品或服务的潜在客户（empowered customers）推销自己的产品和服务。和其相对应的是外呼销售（outbound sales）——译者注。

在那里，监管人员会用几个星期、几个月甚至是几年来审核这些跟伊朗有关的支付。最后，外国资产管理办公室可能还会不同意这些支付。面对这种情况，伊朗中央银行一直在寻找能绕开这种结算机制的办法。当渣打银行跟伊朗签署协议时，它对此了如指掌。

2001年3月23日，渣打银行的法律顾问在一封电子邮件中告诉他的同事："在我们为我们的客户（指伊朗）准备的支付指令中不要提伊朗或支付目的。"渣打银行的方式在他们内部称为"纠正"（repair），即在支付跟单中，抹去任何跟伊朗有关的文字，代之以虚假信息。"纠正"操作由渣打的员工完成，如果支付被美国政府的外国资产管理办公室拒绝，则支付货币将被返还给伊朗，由后者对支付跟单作过修改后，再连同支付货币发给渣打银行并由后者再次将修改后的支付跟单提交给美国政府外国资产管理的办公室。

支付由渣打银行在纽约的分行负责办理。渣打纽约分行每天要为它的国际客户办理总金额高达1 900亿美元的支付。为此，渣打银行为它的员工提供多个操作指南以保证伊朗的支付能被正确"纠正"。其中一个指南的名称叫"伊朗银行正确操作程序"。随着跟伊朗的业务量的增加，纽约金融服务局发现渣打银行不但让整个"纠正"自动化，并对每个伊朗客户有"具体的'纠正'安排"。

从2006年开始，美国监管部门开始注意到以上情况。渣打银行美国地区的首席执行官也开始担心起来。2006年10月5日，他给他在伦敦的同事发了以下电子邮件：

"首先，我们相信我们需要立即在集团层级重新审视（伊朗的业务）以评估其回报和战略利益是否值得可能的对集团声誉严重的甚至是灾难性的破坏。第二，同样重要的是，是否值得让我们的管理层（比如说你跟我）在美国或英国承受个人声誉受到破坏以及可能的法律责任潜在的风险。"

这个警告发出没多久，媒体就报道了一位没被披露姓名的渣打银行主管那段非常著名的，带有鄙视口吻的回复："你们这些傻 X 美国佬，你们算老几呀来告诉我们和整个世界，不能跟伊朗人来往。"（桑斯后来坚持说媒体的报道不准确。）

在这段时间里，纽约金融服务局说，渣打银行说服了德勤（Deloitte & Touche）在其向美国监管部门提交的报告中淡化渣打在反洗钱控制方面的问题。2013 年 6 月，（在渣打承认错误后）德勤被纽约金融服务局罚款 1 000 万美元，同时，因为没有对渣打银行进行不受干扰的独立审计，德勤被纽约金融服务局暂停在纽约州从事任何会计服务一年（德勤的其他部门没有受到这个决定的影响）。

2006 年 9 月，纽约的监管部门要求渣打银行向其提供过去 12 个月伊朗 U 型支付的数据。这些数据包括总金额为 160 亿美元的 2 626 次交易。渣打银行美洲区首席执行官在 2006 年 10 月 5 日给集团的电子邮件中，极力反对向美国监管部门提供这些数据。最终，渣打只向美国监管部门提供了 4 天的 U 型支付数据。

2008 年 11 月，在得出 U 型支付被滥用的结论后，美国财政部命令银行停止使用 U 型支付方式。同时，美国监管部门没有终止对渣打银行的调查。这个调查最终导致了 2012 年对渣打银行 3.4 亿美元的罚款。纽约金融服务局在其起草的罚款通知书中，根本没有顾及渣打银行的脸面。它说：

"贪婪的驱使，让渣打银行在过去至少 10 年里，不在乎其恶意欺骗行为给它带来的法律上的、声誉上的和国家安全的后果。在最高管理层的领导下，渣打银行设计和实施了一个非常精细的计划，即用其纽约分行做平台，跟伊朗进行被禁止的交易。这些交易无疑对世界和平和稳定造成了威胁。原则上，任何从事了这些交易的银行都是不安全和不健全的。"

渣打银行说它从 2007 年就停止了跟伊朗的交易。它还说银行已经完成了"全面的审查"，升级了合规系统和程序，并为纽约和中东的分行增加了合规人手。

尽管被罚和进行了内部调整，但渣打的蔑视还是很明显。当桑斯在 2012 年到访《每日邮报》（*Daily Mail*）时，就将违规的程度尽可能地降低。他暗示被披露的数字被大大夸大了。2013 年 3 月，渣打银行那位和蔼和坦率的董事会主席约翰·皮斯爵士再次试图降低渣打银行的违规程度。3 月 5 日，在跟媒体记者的一次电话会议上，这位银行的头儿说："我们没有故意躲避制裁，你们知道，我们犯了错误，但那只是一些文秘上的过失，我们去年谈过一些带有明显文秘疏忽和错误的业务……"

暗示破坏制裁和更改跟单信息只是文秘疏忽，对美国监管部门来说无异于在公牛面前抖落红布。这让美国的监管部门觉得渣打银行是在逃避责任，即使渣打先前准备认错、认罚和同意实施补救措施。人们现在担心渣打会面临新的监管调查，甚至有谣言说渣打银行在美国的营业执照会被吊销。事实是，渣打找错了打斗对象。跟慵懒的英国金融服务局和欺诈重案办公室的人不同，美国人对法规和执法异常认真。在纽约证券交易委员会、监管部门和检查机关工作的人，都是美国最好的和最聪明的、希望自己的工作能为自己带来好声誉的人。执法工作被视为今后进入私人企业并在那里获得财富的通道，或者是为获取政治权力沿着升迁阶梯向上爬的一节。

曼哈顿地区法官要求渣打银行道歉。3 月 21 日，皮斯没有别的选择只能收回他那些不太谨慎的话，他说："我说的渣打银行没有故意躲避制裁的话是错误的，这同渣打银行在延迟起诉协议和所附事实证词里同意承担责任的说法完全不符。"他还说："明确地讲，渣打银行及其员工毫不含糊地认识到和接受它因为明知故犯美国制裁法律和规定所应承担的在延迟起诉协议里写明了的责任。"

曼哈顿地区法官办公室的女新闻发言人对渣打银行的认错表示满意，她说："我们要求他们公开收回他们说的话，他们照办了。"

美国政府对英国银行的积极调查在 2013 年初被认为是美国人在精心挑选外国金融机构调查对象以保护自己的金融机构。考虑到墨西哥湾漏油灾难①后人们激烈抨击英国石油公司（BP，British Petroleum）的情形，这种猜测似乎也还说得过去（奥巴马总统就一直坚持用英国石油公司的全称，即 British Petroleum，而不是其简称 BP，称呼英国石油公司，以强调是英国的石油公司造成了墨西哥湾漏油灾难）。

但在对事实做过仔细调查后，人们就很难认同以上的那种猜测了。苏格兰皇家银行在美国的分支机构，国民银行（Citizens），也因为有洗钱嫌疑被美国政府盯上。更重要的是，那些认为美国人反英的人忽略了一个基本事实，"9·11"事件后，虽然外国银行可以自由地在中东政治很敏感的市场开展业务，但没有任何一家美国银行这么干过。美国的反恐战争还没完，包括地面战争和在金融市场上的战争。美国人是铁了心切断任何能向伊朗和恐怖组织提供资金的通道。通过追踪和关闭资金来源，美国希望能够断绝外国恐怖分子的资金生命线。所以，当渣打银行把跟伊朗中央银行的关系看成是个商机时，美国则认为它是在跟敌人做生意。

有人可能争辩说，美国人对英国银行要比对美国银行严厉多了。比如 2010 年，被富国银行收购了的美国瓦乔维亚银行（Wachovia Bank），同样涉及为墨西哥毒品组织洗钱的问题，但只被美国监管部门罚了确实不太多的 1.6 亿美元。但人们应该记得汇丰银行的洗钱案子横跨多个国

---

① 墨西哥湾漏油灾难，又称英国石油公司漏油灾难（BP oil disaster）。2010 年 4 月 20 日，英国石油公司在墨西哥湾的钻井平台发生爆炸，导致平台倒塌，致使海底石油外喷长达 87 天，直到 2010 年 7 月 15 日被最终堵住。爆炸中失踪的 11 个人至今尚未找到。这次事故给附近海域带来极大污染，被认为是历史上最大的海上石油泄漏事故——译者注。

家，而汇丰对美国政府调查的初期反应不那么令人满意。而渣打银行的错误是它留下了精心设计躲避法律的文件线索。其实，对渣打的处罚有可能会更重。

世界通讯集团（WorldCom）和安然（Enron）倒闭之后，美国执法部门和检查机关对其违法违规人员，包括公司高管及咨询顾问，进行了严厉的惩处，其结果就是一些违法者被送进监狱。

在银行危机期间，美国检察机关采取了不同的方式，他们认为保持银行体系的稳定和安全比把个人和银行送上法庭重要得多。大多数被美国检察机关起诉的案子大多跟内部交易有关，而不是不合规矩的金融操作和恣意妄为的银行交易。

2012 年 12 月，美国司法部刑事局主管兰尼·布鲁尔（Lanny Breuer）公开说，他曾经考虑起诉汇丰银行，但最后还是放弃了这个想法，因为他担心法律行动会影响银行的长期发展，同时也会影响就业市场和美国的经济。他的这个说法印证了一部分人对一些庞大国际金融机构的那种它们"太大了，不能（让它们）倒"（too big to fail）和它们"太大了，不能把所有违规的银行经理全都关进监狱"（too big to jail）的观点。但这并不等于这些国际金融机构不能被触碰。比如，2010 年 7 月，投资银行高盛因向其客户包括后来被苏格兰皇家银行收购了的荷兰银行（ABN Amro）销售没有说明证券目的的有价证券（即阿巴卡斯交易，Abacus transaction），就被证券交易委员会开了一张 5.5 亿美元创纪录的罚单。证券交易委员会执行部主任罗伯特·库泽米（Robert Khuzami）说："以这种方式解决问题，就是要让那些在华尔街上的公司明白，不要用产品太复杂，投资人没能力理解来逃避因违反诚信服务和公平交易基本原则被开出高额罚单的命运。"即使那家高贵的摩根银行也因为 2012 年的"伦敦鲸"事件和 2013 年贝尔斯登和华盛顿互助银行（摩根银行在银行危机中挽救了这两家金融机构）销售和交易次贷抵押产品被开出高额罚款。

而后者，让摩根银行付出 130 亿美元的罚款，这是历史上最大的罚款数字。

很多银行被说成是欺骗和背叛了它们的客户。但公平地说，即使是汇丰银行的批评者也承认汇丰的文化本质上是小心和谨慎的。由任命形成的银行最高层都具有很强烈的传统银行意识，他们通常是错误一经发现，就快速予以改正。那些人，比如史蒂芬·格林所犯的错误是单纯和漫不经心造成的，而不是像人们在其他地方经常看到的因腐败导致犯错。但整个洗钱丑闻说明，即使是具备良好意愿的银行，在寻找容易得到的利润的过程中，也可能非常严重地偏离正确的航道。一些人会说，汇丰和渣打偏得更严重一些，因为在这些批评者的眼里，它们的行为帮助了罪犯并损害了西方国家的利益。

8

金融街上的误导销售：
支付保证保险和其他丑闻

2008 年，住在赫特福德（Hertfordshire）50 岁的公交车司机迈克尔·汉普顿（Micheal Hampton）想为自己找一处新的住处。在看了多个不同价位的房子后，他的目光最后落在了索布里奇沃思市（Sawbridgeworth）一处一个卧室带家具的公寓房上。但要保证能拿到这间公寓房，汉普顿必须得先向房东交 3 个月 2 500 英镑的保证金。为此，他来到已经用了 10 年的阿比国民银行①，希望为交保证金和购买一些生活必需品向银行贷款 5 000 英镑。阿比国民银行那时被人们称作"阿比"，非常痛快地答应了汉普顿的贷款申请，同意按 5 年的还款期限和每月 122 英镑的还款数额向他提供贷款。同时，"阿比"还向汉普顿卖出一份"支付保证保险"（PPI – Payment Protection Insurance）的保单。保单规定汉普顿每月需支付 43 英镑的保费。虽然汉普顿需要为这个 5 年期的保单支付相当于他贷款金额一半的保费，但"阿比"的人说，买了支付保证保险可以保证汉普

---

① 阿比国民银行（Abbey National Bank），2004 年被西班牙的桑坦德银行收购。

顿今后一旦生病不能工作以致出现没有收入来源的时候，不会发生贷款还款违约的情况。

汉普顿后来回忆这件事时，还记得当时那位阿比银行的女销售是多么努力地面对面地向他推销这个保险计划。"她不停地跟我说，买一个那种保险能对保护我本人多么地有好处。她保证，只要我买了那份保险，银行同意我的贷款申请的速度肯定就会更快。那时，我需要找一个住的地方，所以我就同意了在申请贷款的同时，买一份'支付保证保险'。"

之后 5 年，汉普顿一直在哈洛（Harlow）和斯坦斯特德（Stansted）机场之间的 510 高速公路上以及市内的 2、3 和 4 号公交线路上开公交车，他总共在抵岸公交车和火车公司（Arriva）干了 12 年。在这期间，即使金融行业的坍塌以及随之而来的英国经济衰退不断在他周围出现，汉普顿一直想方设法每月按时支付 165 英镑的贷款还款和支付保证保险的保费。

当然了，支付保证保险的主要作用是，保单持有人一旦生病不能工作以致没有收入来源支付贷款时，保单会代替持有人向银行支付每月的贷款还款数额。但汉普顿不知道的是，他的雇主已经为他可能意外生病做了安排。抵岸公司向其所有员工提供上至 8 个星期病假工资。同时，当汉普顿为公司工作 10 年后，病假工资可以增加到 26 个星期。这就是说，当汉普顿已经从他的雇主那儿获得了足够的还款保证后，他每月还要为另外一份还款保证支付费用。

2013 年 6 月，汉普顿又搬了一次家。为重新装修一下新的住处，他开始整理他的一些文件。就是在这个过程中，他发现了跟"阿比"签的贷款协议的原始合同。看着这个合同，他突然想起最近在电视上看到的个人财务专家网站（moneysavingexpert. com）百万富翁创建者马丁·刘易斯（Martin Lewis）的一个节目。在那个节目中，刘易斯谈到了客户被误导推销"支付保证保险"产品问题，并建议买了这种产品的消费者向推销方讨回已经支付了的保险金。

虽然汉普顿的"阿比"贷款只剩下两次支付，但他还是决定采取行动。"我觉得我得努力一下。我从网上打印了申诉表、按要求填了然后寄了出去。"这证明是个正确的行动。5 天后，将"阿比"重新命名了的桑坦德银行，给汉普顿回信说会将 2 628.61 英镑退还给汉普顿。对此，汉普顿接受了。他后来说。"我知道在 2011 年，这个支付保证保险产品是个导火索。当我给他们写信时，他们已经知道他们输定了。我觉得这得来来回回耗几个月，但没想到一个星期就搞定了。"他接着说，"我一想到我的银行居然这么骗我，我就非常生气。这让我变成了一个谨慎的消费者。现在电费和天然气的价格已经上涨了，但我得仔仔细细地看，等所有大的能源公司在 1 月全亮出他们的价格，再从他们里头挑一家对我来说最合适的。现在没必要换，免得换完了发现新换的比原来的还贵。"

在汉普顿 2008 年第一次接触支付保证保险之前，这种产品已经在市场上存在好多年了。但对这种产品是否对消费者合适的质疑也从这种产品一经问世就没断过。购买者和向购买者误导销售这个产品的公司都觉得这个产品太贵了。同时，当人们觉得只有投资银行才跟近期那些不规范的银行操作有关时，很不幸，他们在零售银行领域也碰到了这种情况。

在英国经济增长期内，即从 20 世纪 80 年代中期到 2000 年中期，银行的投资部门一直被认为是愿意为巨额利润冒险的部门。那些收入高的和由鼓励机制驱使的银行投行部门的职员把在零售银行①部门工作的员工视为谨慎和乏味的一群，这在银行界已经是公开的秘密。人们的观念是，银行是依靠其投资银行部门寻找商业机会的。银行的零售服务被认为只是简单地接受客户存款，然后将这些存款以房屋抵押贷款、消费贷款或商业贷款的方式放贷出去，仅此而已。

----

① 零售银行（retail banking）是银行服务的一个领域，区别于投资银行（investment banking）商业银行（commercial banking）或者批发银行（wholesale banking），零售银行的主要业务包括客户储蓄/定期存款、活期存款、房屋抵押贷款、个人信贷、借记卡和信用卡服务——译者注。

但从20世纪90年代零售银行部门被要求贡献更多的利润后，情况发生了变化。为了向银行贡献更多的利润，银行零售部门开始将注意力放在增加向零售业务客户推销更多的金融产品上面。银行零售部门知道，每种金融产品都意味着可观的手续费和为银行增加收入。被苏格兰皇家银行收购了的国民西敏寺银行的分行经理们对这种新的商机特别兴奋。当银行零售部门变得特别热衷向其客户推销新的金融产品后，它们就觉得它们的员工需要超市营业员那种推销技巧。在这个背景下，哈利法克斯银行找来一个连锁超市的首席执行官安迪·洪比（Andy Hornby）来担任银行高管被认为是个令人鼓舞的消息，而对此，人们没有表现出太多吃惊。

这是一段疯狂追逐利润的时期。这段时期，银行的零售服务部门因为掌握数以百万计、可以被"诓着"购买貌似吸引人产品的客户，变成了可以为银行产生利润的机器。而那些银行的客户就像是被关起来的人，对银行推销的产品失去了选择能力。据统计，虽然变换银行非常方便，但人们平均每26年才更换一次银行。这个数字远低于他们更换房屋住宅的时间。毕马威财务服务部主管比尔·迈克尔（Bill Micheal）说："银行对待他们的客户就像对待被抓住的天鹅。被抓住的天鹅可以被强行灌食，对银行客户来说就是被强行销售产品，也不管客户是否需要这些产品。"

支付保证保险从20世纪90年代就在英国市场上开始出售。这种产品如果运用得当，可以为那些拿到房屋抵押贷款的人、无抵押个人贷款的人或信用卡持有人解除后顾之忧。这也是销售者极力宣传的这种产品的作用。这种产品成为问题是在银行觉得它能成为自己的赚钱机器而开始疯狂地向客户推销这种产品，以便达到营销目标和为自己带来高额佣金之后。那些从银行高层分配下来的营销目标，要求分行的员工、私人银行经理以及个人信贷专员把向他们客户销售尽可能多的金融产品作为他们工作的一部分。

这种疯狂对客户的销售行为是银行危机前银行文化的一部分。就像我（作者）在前面已经提到的，2007～2008 年金融危机爆发前的利率水平很低，大量资金涌入了资本市场，对商机的竞争异常激烈。同时，利率差距，即银行信贷利率和它的信贷资金成本（即银行支付给存款客户的利息或从资金市场借入资金的利息）之间的差距已经下降到 2%～3% 水平以下。这就是说，虽然银行争先恐后地抢夺商机，但这些抢来的商机因为利率差距的缩小，并没有为它们带来太多的收益。当然，银行可以免费使用那些客户放在活期账户里暂时不用的钱，但这部分钱终归还是太少。这也是一段英国人为"自由银行"① 概念着迷的时期，银行必须外出寻找更多的利润来源。

其结果，就像银行投行部门在利润的引诱下，进行风险极高的产品投资（比如次贷产品投资）一样，一些银行的零售服务部门也开始在利润的引诱下，向银行客户销售他们完全不需要的产品。购买具有不同用途和期限的支付保证保险，可以使借款人的借款成本增加 20%～50%。这在 20 世纪 90 年代后期，对急于想增加收入的银行绝对有很大吸引力。特别是在"9·11"恐怖袭击后，随着银行贷款利率的进一步调低（银行的贷款收益也随之进一步下降），这种吸引力就变得越来越大。

在桑坦德银行收购了阿比银行后成为"阿比"主管的安东尼奥·胡塔—奥索尼奥（Antonio Horta - Osorio）回忆说，当他在接手桑坦德英国分行后，在查看个人无抵押贷款情况时，立刻被他所看到的数字吓得不轻。他曾在劳埃德银行，他现在的雇主，位于格雷沙姆街（Gresham Street）漂亮的总部大楼的办公室里对我（作者）说：

"我是 8 月到的。我的第一个决定就是停止个人无抵押贷款业务。这

---

① 自由银行（free banking），是指中央银行在货币发行和作为最后贷款者的作用淡化。中央银行也不向市场提供存款和纸币发行保证。银行可以根据自己或市场的需要发行它们自己的纸币，而支持这些纸币的工具包括黄金或中央银行提供的有限支持工具——译者注。

些贷款的利息是3%，但银行为这些贷款也必须准备3%的准备金（即银行每年需要准备贷款总额3%的现金，以防贷款出现问题）。所以银行在这个业务上肯定亏钱。更糟的是，3年后这个3%的毛利又被每年减少6%。但人们告诉我别为3%的无抵押贷款准备金担心。我们卖给客户的支付保证保险非常有利可图。这就是我决定停止个人无抵押贷款服务的原因。支付保证保险漏洞太多，它好像是在为银行的个人无抵押贷款服务提供补贴。这个产品有问题，绝对的。"

苏格兰皇家银行在其向英国议院银行标准委员会（Parliamentary Commission on Banking Standards）提供的证词中说：

"在那段时间里，个人贷款的利息太低了，银行光靠利息根本不能覆盖它向客户提供的信贷服务的成本。换句话说，如果没有一些支付保证保险的销售支持，银行根本不可能向客户提供只有那么低贷款利率的贷款。"

在劳埃德银行成为英国市场上销售支付保证保险的领先者时担任其首席执行官的埃里克·丹尼尔斯（Eric Daniels）承认："信用卡利率和个人贷款利率低于这些产品的经济价值是千真万确的。"

但不管银行觉得他们向客户兜售支付保证保险多么得有理，那些销售人员推销这个产品的方式肯定会引起社会严重的质疑。银行客户在贷款申请表上签字时经常不知道支付保证保险会附在贷款协议之后。有些银行职员告诉客户，如果不买支付保证保险，要想使他们的贷款申请获得通过几乎没可能。而其他一些银行职员则尽力说服那些明显不具备还款能力的贷款申请人，比如自由职业者，购买这种产品。银行会向有销售压力的员工提供销售指南，并告诉他们不带支付保证保险的贷款申请，对银行没什么吸引力。没几个银行职员会跟他们的潜在客户提消费者保护法，那就是即使他们没买支付保证保险，在出现不能还款的情况时，他们也会被法律允许更多的时间归还欠款，因为只要银行职员们这么一说，就没几个人会从他们那儿购买支付保证保险了。

英国金融督查服务局①首席执行官纳塔丽·基尼（Natalie Geeney）在 2012 年 12 月作证时说："客户可能说：'我真不想要这个支付保证保险'，但银行信贷专员的回答往往是，'你的确需要，这符合你的最大利益。'"银行职员会反复四、五次重复这句话。我们知道银行在其业务指南里建议的销售方式，用"敦促"客户来描述这些销售方式那就太温和了。

1998 年，《什么》杂志②开始披露支付保证保险的问题。它说这种产品的问题并不仅仅是向不需要它的客户推销这种产品，即使购买了这种产品的客户真的需要使用这种产品时，他们也会发现申请使用程序非常缓慢和复杂。人们经常用冷嘲热讽的口吻说，这个支付保证保险产品就是为了不为购买它的消费者提供支付保证保险设计的。据估计，银行仅对 15% 购买了支付保证保险的客户提供了实际的支付支持。这使支付保证保险成为比汽车和房屋保险更有吸引力的保险产品。2001 ~ 2012 年，共有 3 400 万份支付保证保险被卖出，在其鼎盛时期，每年为销售者带进 50 亿英镑的收益。

《什么》杂志刊登的关于支付保证保险问题的披露文章引起消费者群体和政府监管机构对这种产品的注意。其中一个民间组织"公民咨询"（Citizens Advice）在 2005 年就误导销售支付保证保险向公平交易办公室③提交了一份集体投诉书④。这年，英国金融服务局接管了监管保险业务包

---

① 金融督查服务局（FOS - Financial Ombudsman Service），是英国政府机构，其主要职责是调解消费者和金融机构之间的争执——译者注。

② 《什么》杂志（"Which" magazine），英国消费品杂志——译者注。

③ 公平交易办公室（OFT - Office of Fair Trading），根据英国 1973 年公平交易法（Fair Trading Act 1973）成立，是负责保证消费者权益和企业公平竞争的部门——译者注。

④ 集体投诉书（super - complaints），是由被政府认可的消费者组织代替消费者就市场行为向公平交易办公室提交的投诉书，公平交易办公室收到投诉书后，必须对投诉书的内容进行调查。

括支付保证保险业务的工作。但金融服务局对监管却采取明显的、具有其不作为特征的"点到为止"的方式。1997 年到 2003 年担任英国金融服务局主管的前英格兰银行副行长霍华德·戴维斯爵士（Sir Howard Davies）说："我们不是价格的监管部门。"面对金融服务局（FSA – Financial Service Authority）的不作为，当听到一些人将它称作"完全懒惰局"（FSA – Fundamentally Supine Authority），我们不会觉得很奇怪。

金融服务局也曾经委托 3 家市场调研机构通过从银行和其他金融机构购买支付保证保险来看看这种产品是怎么卖的和它到底有什么问题。2005 年的第一个调研报告显示，这个产品的销售确实存在瑕疵。2006 年的第二个报告显示这种产品的销售方式是这种产品主要问题的根源。2007 年的第三个调研报告显示，销售人员在告知购买者险单价格和细节以及是否对购买者合适方面改进不大或者根本没有任何改进。2013 年 6 月，前金融服务局零售市场部执行总经理克里夫·布莱奥特（Clive Briault）终于承认监管部门"不了解商业街上的那些零售银行从销售支付保证保险业务上到底赚了多少钱"。

公平竞争的监管部门——公平交易办公室，这时也开始了它自己的调查，并在 2007 年将"公民咨询"的集体投诉书转至另外一个政府部门——竞争委员会①。竞争委员会在完成其调查后，终于在 2009 年建议：银行在接收贷款申请时，禁止推销支付保证保险产品，同时，禁止要求这种产品的购买者一次性付清保单保费（卖方要求保险产品的购买者在购买时一次性付清保单费用的目的是防止购买者今后更换保险公司）。

第一次大规模要求银行对误导销售支付保证保险作出赔偿的呼声在 2007 年之后开始出现。金融督查服务局首席执行官纳塔丽·基尼说：

---

① 竞争委员会（Competition Commission），负责调查合并以及受竞争法（Competition Law）约束的行业行为，以确保能使经济和消费者最终受益的良性竞争环境。

"要求赔偿的数量在 2007 年前不多。但在媒体曝光这种产品的问题以及民间组织提交了集体投诉书后，所有消费者团体都在谈论这个产品。加之金融督查服务局和竞争委员会的调查，就使要求赔偿的数量大幅增加。"

2009 年，巴克莱银行和劳埃德银行在司法体系内的竞争上诉法庭（Competition Appeal Tribunal）质疑竞争委员会的调查发现，竞争上诉法庭的裁定是：竞争委员会必须对禁止在分行网点销售支付保证保险会给消费者带来的不便做更进一步的调查。与此同时，竞争委员会和金融督查服务局在其 2000 年的报告中，明确这两个部门将审查过去几年已经卖出的这种产品的保单，看看其中是否存在误导销售的情况。由于担心这种情况的发展趋势，由英国主要银行主导的英国银行家协会在 2010 年 12 月决定通过法律诉讼对这种产品做全面的审查。英国银行家协会相信进攻是最好的防守。

只要回忆一下主要银行在 2010 年处于一种什么样的危险境地，我们就能理解英国银行家协会为什么要通过这种方式来拖延对问题的解决。比如劳埃德银行，就是安东尼奥·胡塔—奥索尼奥马上要在 2011 年接手做首席执行官的那家银行，就是误导销售支付保证保险的"惯犯。"劳埃德扛过了 2007 年第一次信贷坍塌风暴。事实上，在 2007 年，如果英格兰银行提供了合适的勇气和一些保证支持，劳埃德银行是准备营救北岩银行（Northern Rock）的。但这之后，首席执行官，美国人埃里克·丹尼尔斯和董事会主席维克多·布兰科爵士为跟正在泥潭里挣扎着的苏格兰哈利法克斯银行的合并开了绿灯。跟工党有关系的布兰科，通过当时的首相戈登·布朗为合并铺平了道路。而面对这么大的交易（合并将使劳埃德银行在一些市场上的市场份额上升至 30%），布朗并没有按照规定，将劳埃德的请求转至负责审查这类合并的竞争委员会。

2008 年 9 月 17 日，劳埃德银行收购苏格兰哈利法克斯银行的消息被宣布。时间的限制使劳埃德只对苏格兰哈利法克斯银行进行了非常有限的尽职调查。但没过多久，丹尼尔斯和布兰科就发现苏格兰哈利法克斯银行的财务状况异常糟糕，并且苏格兰哈利法克斯银行的坏账规模足以将一直很平稳的劳埃德这条船掀翻。仅仅一个月之后，2008年10月13日，作为营救英国银行计划的一部分，戈登·布朗政府向合并后的银行注入了170亿英镑的资金，同时获得了43.4%的银行股份。但在资金注入之前的几个小时，苏格兰哈利法克斯银行的提款机上已经没有现金了，英格兰银行因此也开始秘密地向这家银行注入营救资金以保证它不致倒闭。

政府收购的劳埃德银行的股份后来被转入英国财政部的一个新的机构——英国金融投资公司（United Kingdom Financial Investments）。安东尼奥·胡塔—奥索尼奥后来在一次跟我（作者）的谈话中说："当劳埃德买了苏格兰哈利法克斯银行，我就跟桑坦德英国的行政委员会说'这是一条蛇在吃一头有毒的公牛，那头公牛会让那条蛇的日子不好过。'要是我，我可能会买苏格兰哈利法克斯银行的一些分行或者它的存款生意，但绝不会买下整个苏格兰哈利法克斯银行。特别是它的信贷部门。"在这个背景下，人们就能理解那时的英国银行为什么那么不愿碰支付保证保险的问题。

在英国银行家协会将金融服务局告上法庭后，对支付保证保险的司法审查终于在2011年1月开始。当时的英国银行家协会首席执行官安吉拉·奈特（Agela Knight）曾在私下表示将金融服务局告上法庭的方式不太合适。2013年1月，奈特告诉议院银行标准委员会，在英国还在被银行制造的金融危机折磨的时候，英国银行家协会采取这种方式使她"非常担心"。她接着说："那时的情况是公众非常关注支付保证保险问题。事实上，这个产品也的确存在一些严重的问题，我本人并不觉得将金融服务局告上法庭能对解决问题有任何帮助。"但英国银行家协会一直坚持要求法院对支付保证保险进行司法审查，因为对银行有利的法庭裁定将使它们节省几十亿英镑的赔偿。

但是，司法审查的结果让银行家们大失所望。2011 年 4 月，司法审查裁定支持了金融服务局要求银行对误导销售的支付保证保险支付赔偿金的决定。英国银行家协会收到这份裁定后，决定上诉。

在这期间，安东尼奥·胡塔—奥索尼奥作为银行非执行董事第一次参加了劳埃德银行的行政工作会议。他被他听到的吓了一跳。"那是一种自鸣得意的体制，他们不知道银行已经又到悬崖边上了。银行以借来的 3 000 亿英镑支持着 7 000 亿英镑的信贷。用借来的 1 500 亿英镑支持着银行的长期房屋抵押贷款。"他后来说："劳埃德又犯了导致银行出现危机的错误：短借长贷，它用从短期资本市场上借来的钱支撑着 25 年房屋抵押贷款。"

2011 年 5 月，在成为劳埃德银行首席执行官仅两个月，胡塔—奥索尼奥就作出了一个不但震动了英国银行界也对英国经济有很大影响的决定。他决定终止劳埃德银行在过去 13 年跟消费者组织和监管部门在支付保证保险问题上的纠缠。他在 5 月 5 日宣布，第一，劳埃德银行退出由银行业出钱支持的英国银行家协会对金融服务局的法律诉讼；第二，劳埃德银行将拿出 32 亿英镑以支付合理的误导销售支付保证保险的赔偿要求。他这么做是想为支付保证保险画一条线并打消市场对劳埃德银行未来的疑虑。

一个星期后，英国银行家协会投降了。"为保证向消费者提供稳定的银行服务，参与银行以及英国银行家协会决定放弃上诉。"这是一次具有划时代意义的退却。随后，另外三家主要银行相继宣布它们也将拿出资金来赔偿消费者：巴克莱银行拿出 10 亿英镑，汇丰银行拿出 2.69 亿英镑，苏格兰皇家银行，这个拥有 18% 支付保证保险市场份额的第二大支付保证保险销售商，拿出了 10.5 亿英镑。

第一个为被误导销售了支付保证保险的消费者鸣不平的《什么》杂志，对银行在这么长的时间里通过各种方式拒绝认错极其气愤。杂志的首席执行官彼得·维卡瑞—史密斯（Peter Vicary–Smith）说："银行先是误导销售这种产品，然后又用10年的时间调动整个行业错误处理对这种产品的投诉。英国银行家协会为这个产品打官司首先就是大错特错，这让银行的声誉在公众那儿更加不值钱。"

"焦聚消费者"（Consumer Focus）的亚当·斯科尔（Adam Scorer）也说："这件事让那些大银行颜面尽失。"他还曾经很有预见性地提醒人们，想从银行那里得到赔偿会非常困难。他说："向几百万消费者提供几十亿英镑的赔偿不是件容易的事，但如果处理不当，则无异于向伤口上撒盐。"

没人知道赔偿的数额到底有多大。金融服务局在2011年曾经预计银行和其他金融机构的赔偿数额会在45亿英镑左右。但这个预计的数字在2014年初就涨到200亿英镑，并且还在不断上涨。苏格兰皇家银行在为应付可能的赔偿准备了10亿英镑后承认："对这种产品的赔偿数额和处理方式目前还不太能确定。"这个200亿英镑的数额不但使20世纪90年代误导销售私人退休金的135亿英镑赔偿金额相形见绌，也超过了同时期误导销售养老保险房屋抵押贷款的150亿英镑赔偿金额。支付保证保险是英国有记载的最大消费服务产品丑闻。

如果误导销售支付保证保险支持了一个行业，改正这个错误则创造出另外一个行业。根据人力资源公司（Manpower）的数字，截至2013年3月，处理支付保证保险的索赔申请创造出了2万个工作机会。这家人力资源公司的总经理马克·凯希尔（Mark Cahill）说："虽然表面上，人们可能觉得我们正处在繁荣时期，但那些工作机会实际上是误导销售支付保证保险和利率掉期产品①的直接结果。这些丑闻创造出了一个行业来处理丑闻带来的后果。"

已有的和潜在的索赔数量让人吃惊。根据"公民咨询"（Citizens Advice）的数字，从2006年到2011年，大约有1 100万份支付保证保险被卖出。金融服务局说，从它接手负责监管这个行业后，它已经收到超过150万份索赔要求。在银行输掉司法审查诉讼后，法庭命令银行立即处理另外20万份被它们以等待法庭裁定结果为由搁置起来的索赔要求。但这仅是冰山的一角。

2012年，大量索赔要求以每天7 000份的数量涌入银行。金融行为监管局说，仅2012年一年，它就收到430万份误导销售支付保证保险的投诉。这年，银行每天要送出的赔偿支票有时高达一万张，平均的赔偿金额为2 750英镑。

这时，市场上也相继冒出了一些专门为购买了支付保证保险的客户向银行申请索赔的公司：索赔管理公司（CMCs – claims management companies）。这些公司通过广告和电话联系它们潜在的客户。几百万条短信被反复发出，其目的就是让购买了支付保证保险的人使用它们的申请索赔服务。被索赔申请弄得焦头烂额的银行不得不增加其呼叫中心的员工数量。同样，政府在这个领域的仲裁机构——金融督查服务局，也在为应付来自消费者个人、索赔管理公司和银行的激增投诉案件大量增加人手。没多久，银行就发现它在跟索赔管理公司抢生意。为此，银行不得不向买了支付保证保险的客户发出大量信函，恳请这些客户如果希望申请索赔，要直接跟银行联系，因为像索赔管理公司这样的代理公司的手续费有时可高达赔付金额的25%。这期间，索赔管理公司的数量一度增

---

① 利率掉期产品（interest – rate swap），也称为利率互换产品，是由银行卖给中小企业的金融衍生产品。但一些银行在卖出这种产品时，不跟买方详细说明因经济或金融市场条件的改变导致的巨大损失会威胁到买方企业。

加到 800 家，它们每年花在广告上，主要是白天的电视广告上的费用高达 2 400 万英镑。即使到了 2014 年，它们那些没完没了的短信和电话也没有任何减少的迹象。

2012 年 12 月，广告标准局[①]在收到 3 个人的投诉后，命令位于印度孟买的向索赔管理公司提供客户数据的公司停止向英国国内的居民发送"未经请求的和误导性的"手机短信。这些短信通常都包括这样的内容："我们的记录显示，您可以因为您的意外得到 375 英镑的赔偿。希望得到免费申请赔偿服务，马上回复'回复'。不需要免费服务，请回复'停止'。"这种短信非常具有误导性，因为没有一家索赔管理公司提供免费服务，只不过它们是通过按比例截留索赔金额的方式获取它们的手续费罢了。

广告标准局注意到这个问题。"我们清楚收到这些短信的人最近没有出现过什么意外或认为他们有资格申请支付保证保险的赔偿。人们也不知道这些短信是从哪儿发过来的。"

银行也在抱怨说它们收到了许多假的索赔申请，它们更谴责索赔管理公司的业务方式。劳埃德银行的首席执行官安东尼奥·胡塔—奥索尼奥说，他也收到了一条说他符合向他自己的银行申请支付保证保险赔偿条件的短信。他说 4 个申请劳埃德银行支付保证保险赔偿的人中就有一个根本没从银行买过这种产品。

根据艾瑞瓦（Arriva）公司公布的数字，在它访问的统计样本中，有 75% 的受访者说他们曾经收到过索赔管理公司的短信。CBI 的总经理约翰·柯里德兰德（John Cridland）2012 年 11 月在《时代》周刊（The Times）上撰文说："我坚决相信我们应该为支付保证保险画一条线，银

---

① 广告标准局（ASA – Advertising Standards Authority），即管理广告内容、产品广告推广和直销的机构。

行每天都在发出几千张赔付支票，但现在有一种感觉好像那些不劳而获的索赔管理公司在主导赔付。"一份由"公民咨询"做的调查发现，索赔管理公司已经从代理支付保证保险赔付申请的服务中赚了50亿英镑，在使用索赔管理公司服务的人当中，有39%的人根本不知道他们自己就可以直接向银行申请索赔。

截至2013年，超过250万人收到了总金额达80亿英镑的赔付。在劳埃德，为赔付准备的资金翻了一倍多，从32亿英镑上涨到67亿英镑。2013年1月，英国银行家协会将2014年4月定为申请支付保证保险赔偿的最后日期。它说为了让消费者知道这个新的期限，它愿意为这个期限登一年的提醒广告。但索赔管理公司也加大了它们的营销强度。其结果就是向银行提交赔付申请的数量再次大幅度增加。面对这种情况，人们甚至有些同情那些造成这么大赔付申请海啸的银行了。

并不是所有银行都支持为索赔申请设置最后期限。有些银行担心再次让公众意识到支付保证保险问题可能会引出新的索赔浪潮。金融服务局对英国银行家协会的态度也是不冷不热。它说："我们的首要任务就是保证消费者的利益。金融服务局需要确信所有建议全都符合消费者的利益。"2014年2月，金融行为监管局首席执行官马丁·怀特雷（Martin Wheatley）在财政部特别调查委员会的听证会上对为赔付申请设置最后期限持怀疑态度。他说："我们在过去三年反复讨论过设置最后期限的问题。我们的问题是：通过这种方式剥夺消费者权益的好处何在？这是问题的关键。"

虽然赔付申请看起来没必要拖得那么长，但银行应该清楚这种情况主要是由于它们误导销售支付保证保险的行为造成的。很简单，很多人根本不知道他们的贷款中被嵌入了支付保证保险。因为消费者在购买支付保证保险之后的6年时间里，都可以提出索赔申请，所以，即使没有英国银行家协会设定的最后索赔期限，只要完成购买这种保险产品的时间没有超过 6 年，消费者依然有权提出索赔申请。这要感谢索赔管理公司（CMCs）和金融督查服务局（FOS）的介入，因为他们的干预才使被误导销售了的消费者得以继续申请赔付。

被索赔管理公司烦死了的银行说，索赔管理公司只是将能找到的购买了支付保证保险的人全部收集起来，然后将这些人的信息发给主要的信贷服务机构，说这些人被误导销售了支付保证保险。但索赔管理公司马上对这种说法予以反驳，说那些被误导销售了支付保证保险的消费者可能已经忘了他们的贷款是由哪家信贷服务机构提供的。索赔管理的行业协会主席安东尼·索坦（Anthony Sultan）对银行没有丝毫的歉意。他说："看看用了多少年银行才最终同意支付索赔。"他还说："如果银行举手投降，就不会有这么多索赔。"金融督查服务局首席执行官纳塔丽·基尼基本同意索坦的说法："索赔管理行业能够发展，就是因为过去多年银行对消费者的伤害。像在支付保证保险的案子里，银行一直不承认这个产品有问题，也没做多少认真的调查。"

但如果以最近发生的一些事情作为评判依据，那对银行的批评就似乎有些道理。2013 年夏季，《时代》周刊派了一名调查记者混入了为劳埃德银行代理索赔业务的德勤会计师事务所。之后，这位记者就这种代理生意披露了一些让人担心的发现。据这位记者说，这家公司的新员工被告知，被它拒绝的索赔申请人，只有很少一部分会去金融督查服务局投诉银行（在被劳埃德拒绝赔付后向金融督查服务局投诉的人当中，84% 获得了金融督查服务局对其索赔要求的支持。这是金融督查服务局接受对银行的投诉案件里比例最高的）。索赔申请接待员被要求不要假设劳埃德银行误导销售了支付保证保险。这很有意思，因为劳埃德银行的头儿一直在批评银行在支付保证保险销售上的错误行为。

面对批评，劳埃德银行终止了跟德勤的合同。那时，德勤在伦敦的代理索赔部门每天要处理 1 300 份索赔申请。劳埃德同时也保证要使其员工的工作"符合银行政策和程序"。但议院银行标准委员会却不领情。"如果被查实,那么这些批评证明银行在执行金融行为监管局规定的行为标准方面非常不达标。一些主要银行和一些银行高管还在否认误导销售支付保证保险的错误程度。他们在很长一段时间里对来自消费者组织、监管部门和议院关于误导销售支付保证保险的警告不理不睬。他们甚至使用法律手段企图拖延和破坏金融服务局、金融督查服务局和竞争委员会对他们采取的行动。"

在误导销售支付保证保险的丑闻里,人们很难听到什么好消息。但这个丑闻也制造出一个意想不到的、小小的积极结果。根据英国国家经济和社会研究院(National Institute of Economic and Social Research)研究人员提供的数据,截至2012年5月,共有50亿英镑的误导销售支付保证保险产品的赔付金额放到了消费者手上。如果最后的赔付金额真的能达到200亿英镑的水平,则它将能帮助英国国内生产总值增加0.2%。如果真是这样,则从误导销售支付保证保险丑闻"衍生"出来的购买力对英国经济的短期影响,就有可能持平甚至超过伦敦奥运会对英国国内经济增长的短期影响。因为成千上万收到银行赔付的消费者比银行更愿意花这些通过赔付得到的钱。贝伦伯格银行(Berenberg Bank)的经济学家发现,新车销售跟消费者收到的赔付之间有很强的关联性。政客们总是说,银行在金融危机期间不太愿意放贷。但通过支付赔付金,银行不经意地将现金放在了大量英国家庭的家庭预算本上。

银行零售服务的普通个人客户并不是唯一被银行误导销售产品的群体。当关于支付保证保险产品的争吵逐渐离开人们的视线,450万英国的中小企业(SMEs – small and medium – sized enterprises),特别是那些小微企业,开始觉得他们也有理由相信那些大银行在他们当地的分行,在向他们推销金融产品的时候不是很诚实和公平。

银行跟中小企业的关系一直是英国经济的基石。在其他西方国家,比如美国，中小企业有很多种融资渠道，包括一些精于向中小企业放贷的中间商。但英国的中小企业（除了通过自己家庭融资外）没有很多融资途径。其结果就是，不管他们是需要流动资金、机器设备贷款、房屋抵押贷款或是发展所需要的额外资金，他们都非常依赖英国的银行向他们提供他们需要的信贷服务。我（作者）太太依然记得劳埃德银行提供给她爷爷的 1 万英镑贷款。正是这个贷款帮助了她刚移民到英国、开了一家杂货铺的爷爷在英国逐渐建立起一个连锁百货公司的事业。从那笔贷款开始，她爷爷将他公司的工资支付、进货结算、外汇、不动产投资以及其他很多生意，全给了劳埃德银行。

从 2001 年开始，银行零售业务部门开始向跟银行借钱的中小企业，特别是小微企业，强力推销利率保护产品（IRHP，interest–rate hedging products），即利率掉期产品（interest–rate swap）。表面上，这些产品是向从银行拿到贷款的中小企业提供一旦市场贷款利率上涨，他们的贷款利息不会增加的保证。一定程度上，这种产品跟银行向个人推销的支付保证保险很相似：它让借款人觉得，即使一旦有不能预见的事情发生，比如市场上的利率上升了，他们也会很安全（即不会支付更多的贷款利息）。

这种利率保护产品的原理一点都不新鲜。圣经时代（Biblical times，大约从公元前 1250 年开始），就有种植橄榄和石榴的农民在收获前使用固定价格先将这两种产品卖给中间商的记载。他们这么做，就是要避免他们将来的收入不受一些情况比如说气候变化的影响。而银行向贷款申请人推销的利率保护产品据说也可以帮助中小企业达到不因市场利率变化而多付贷款利息的目的。银行鼓励在其分行工作的中小企业专员把走进银行大门、希望申请贷款的中小企业客户介绍给银行带有"赌场"特点的投资银行部门。在那里，投行的人会向这些企业客户介绍两种不同的保护产品：第一种产品是（利率）封顶产品（Caps），即只要利率不超过规定的水平，利率保护产品就可以保证借贷客户不因利率上涨而向银行支付更多的利息；第二种产品是区间浮动产品（Structured Collar），即只要利率浮动不超出一个规定的范围，借贷客户就不用为其银行贷款向银行支付更多的贷款利息。

但其实，这两种产品都是为了防备一种情况即利率上涨而设计的。它根本没有考虑利率有可能下降的因素。但在2007～2008年金融危机对世界经济造成冲击后，利率下降成为利率市场上的普遍现象。那时中央银行都在竞相降低利率。拿英格兰银行来说，2008年10月，它就把它的主要银行利率调低了1.5%。之后它又连续4次继续调低利率，直到利率在2009年3月被调降至0.5%的低水平。而这个利率水平一直保持了5年。2013年8月，新任英格兰银行行长，加拿大人马克·卡尼（Mark Carney）明确宣布，为向借款客户提供一个长期稳定的借款环境，他准备将0.5%的利率水平至少保持到2016年。但稍后，当面对英国经济每年以3%的速度快速增长，失业率降到他定的7%目标水平以下时，卡尼不得不在2014年收回他曾经作出的这个承诺。虽然利率在2015年开始上涨，但其上涨幅度和速度都非常缓慢。

但伴随着利率在金融危机后的大幅下降，购买利率保护产品的借款客户每月为这种产品支付的服务费却反而增加了。大约4万个在2001～2008年被劝说着买了利率保护产品以防备利率上涨的英国中小企业，从炸鱼店（fish－and－chip），到小旅馆和小酒馆，开始面临一个新的财务压力。他们发现当初他们买利率保护产品时，根本没有注意到这个产品协议中还有一个"反向规定"①。跟那些被误导购买了支付保证保险的银行个人客户一样，这些银行的企业客户在申请企业贷款时也被告知，只

---

① 反向规定（downside clause），是指投资人或借款人会因利率没有按照规定方向变化而受到的金钱上的损失。

有在他们买了利率保护产品之后，他们的贷款申请才有可能被批准。更糟的是，对利率造成下行压力的经济灾难，让2009年的经济产出量从前一年的高峰值下降了7%。中小企业面临着双重打击：一个是他们没有任何准备的低利率，另一个是糟糕的商业环境。

渐渐地对利率保护产品的投诉开始增加。已经陷入支付保证保险产品赔付和伦敦同业拆借利率丑闻的银行想尽快了解此事。银行高层知道他们不能再让银行的声誉遭受另一次的打击。2012年6月，巴克莱银行、汇丰银行、劳埃德银行以及苏格兰皇家银行跟金融服务局达成协议，这四家银行准备拿出30亿英镑来赔付受到利率保护产品影响的银行客户。

但这并不是说，所有这些银行当时都觉得这个协议是必需的或是必要的。一家主要银行的董事会主席在2013年跟我（作者）的交谈中公开表示，向中小企业推销利率保护产品没有半点儿错误。他的观点是，协议中有一个"买主当心"（caveat emptor）条款。企业购买这种产品时就应该知道。他说：

"我想对利率保护产品的歇斯底里有些过分了。我对购买了这种产品的人没有任何同情。信贷产品和利率保护产品是两种不同的产品。但大家会很容易说：'我不知道如果利率下降了，银行不会把我的利息减少一点儿。'有些可怕的事情会在金融服务领域发生，在那里风险有时会超出你的控制范围。这就是我们所说的末端风险。"

但他承认支付保证保险和利率保护产品没给银行的零售业务带来好的声誉。

经过两个月对利率保护产品的审查，金融服务局的结论是：90%这种产品的销售合同似乎都存在误导销售的问题。那时将要成为金融行为监管局首席执行官马丁·怀特雷认为这种利率保护产品是"荒谬可笑的复杂产品"。他说，这种产品对企业来说好像是没什么成本，但实际上这些产品最后都给购买者带来巨大的负担。他接着说："补偿问题解决后，企业将会被恢复到（在没有购买这种产品的前提下）应有的经营状态之中。"

这时英国银行家协会的态度变得多少有些悔意。协会新的首席执行官，当过新闻记者的安东尼·布朗（Anthony Browne）宣布："所有银行同意，什么时候客户在银行遭到不公平的对待，什么时候银行就会立即纠正错误。"

金融服务局要求银行必须为它们误导销售利率保护产品，无条件地向符合以下条件的中小企业提供赔偿：年营业收入小于 650 万英镑、员工人数少于 50 人或资产总量小于 330 万英镑。其他企业的索赔申请则需要经过一个独立机构的审查。任何企业如果不同意金融服务局的这个决定，可以向法庭提起告诉。为了避免败诉尴尬，银行通常都跟提起告诉的企业达成庭外和解，一些庭外和解的金额高达 1 600 万英镑。

但问题是，银行支付赔付的时间是一个痛苦和漫长的过程。2012 年至 2013 年秋季，只有 32 家公司收到了总计 200 万英镑的赔偿。马丁·怀特雷认为银行是在故意拖延。他在 2013 年 10 月说："如果银行家们认为，向 32 家企业支付了 200 万英镑就能万事大吉了，那他们是在自己骗自己。"怀特雷要求银行加快赔偿速度。

科恩山谷高尔夫球俱乐部（Colne Valley Golf Club）的例子清楚地说明了银行向中小企业误导销售利率保证产品在前，拖延支付赔偿在后的行径能对企业经营产生怎样的影响。2001 年，詹妮弗·史密斯（Jennifer Smith）联合她弟弟和儿子用 120 万英镑将坐落在埃塞克斯郡（Essex）、伊尔斯科恩（Earls Colne）地区、占地 200 公顷有 18 个洞的高尔夫球俱乐部买下。这个俱乐部除提供高尔夫球娱乐外，还向公众提供婚庆和社交聚会的场地和服务。俱乐部有 400 位会员，每年的会员费为 800 英镑。非会员可随时过来，交 25 英镑后，打一场高尔夫球。这在一个只有 5 000 个居民的村子里是一个很不错的生意。

在 3 人买下俱乐部之后，生意出现了一些波动。但他们不太担心。他们觉得只要追加一些投资，对俱乐部的设施和服务进行一些改进，生意会逐渐好起来。詹妮弗和她弟弟都有不错的管理经验。她弟弟经营着一个非常赚钱的汽车公司。而詹妮弗本人 1984 年前在一家酒店工作。1984 年她辞掉酒店工作在埃塞克斯郡开了一间茶楼，在她于 2000 年将她的茶楼生意卖掉的时候，茶楼的数量已经增加到 11 间。詹妮弗的儿子托马斯是高尔夫球场管理员，曾在多家高尔夫球俱乐部，比如贝尔弗莱（Belfry）高尔夫球俱乐部和西埃塞克斯（West Essex）高尔夫球俱乐部工作过。詹妮弗说："我负责招待客人，托马斯负责球场。我想我们能把这个买卖干好，然后，我就把它传给我儿子。我已经准备退休了。"

俱乐部的生意慢慢好了起来，俱乐部的设施得到了改善，会员人数也增加了。"我们在发展。"詹妮弗说。但不幸的是，詹妮弗的弟弟在2000 年被查出得了多发性硬化症。2007 年詹妮弗的弟弟宣布他想把他的俱乐部股份卖给他姐姐和托马斯。

这时，詹妮弗正在计划在俱乐部旁边建一个有 14 个房间的小旅馆以支持更多的俱乐部业务，并为获得小旅馆的规划证花了 75 000 英镑。在获得规划证后，詹妮弗从她用了 10 年的巴克莱银行，拿到了一个 130 万英镑的贷款，贷款条件是：利率比基准利率①高一个百分点，为期 15 年。

但在谈判贷款条件的过程中，负责詹妮弗俱乐部的分行经理把她介绍给了巴克莱投行部门的同事。2007 年 12 月，詹妮弗、托马斯、分行经理跟这个巴克莱投行部的人在詹妮弗的高尔夫球俱乐部见面谈了一个多小时。那个巴克莱投行部的人向詹妮弗和她儿子介绍了利率保护产品——区间浮动产品。他说这个区间浮动产品保证只要利率浮动不超出

---

① 基准利率（base rate），即金融市场上具有普遍参照作用的利率。在英国，基准利率有时也指英国中央银行（英格兰银行）公布的它向银行提供隔夜拆借贷款的利率——译者注。

4.75%（下限）和6%（上限），詹妮弗的贷款利息可以在7年内保持不变。2007年12月的英国利率为5.5%。从2000年2月开始，就没有超过6%。

巴克莱投行部的那个人介绍的利率保护产品只覆盖詹妮弗贷款期限一半的时间。詹妮弗原来的计划是：她已临近退休年龄，7年后她将把她手上的股份卖掉，然后用其中一部分归还剩余贷款。但在跟巴克莱投行部的那个人开会的时候，詹妮弗感受到了压力。"我觉得我好像是被排除在讨论之外了。我听不懂他说的话，虽然我儿子装着听懂了，但我相信他也没听懂。我怀疑我的那个巴克莱分行经理听懂了，因为他自始至终没说一个字。整个过程，巴克莱投行部的那个人只字没提如果利率降了，银行是否会补偿我们。他老是反复、不停地说利率会涨。我过去从银行拿到的贷款都是浮动利率，因为我想跟着市场走。如果市场利率降了，那太好了，如果涨了，那么你就得工作得更加努力点儿。"

詹妮弗为了这个贷款的事考虑了好几个月，但最终她还是在贷款协议和利率保护产品购买协议上签了字。为什么一个那么有经验的职业女性会在她不懂的文件上签字？"詹妮弗说："在12月的那次会议上，巴克莱投行部的那个人说我太传统了，还说现在的贷款就是这么做的。但他说的一句最有分量的话是："如果不买利率保护产品，我们就不会拿到贷款。"

拿到贷款后的第一年，情况还好。詹妮弗从她罹患多发性硬化症的弟弟手上买下了他持有的俱乐部的股份，并且按计划开始了俱乐部旁边的旅馆建设。但当利率在2008年至2009年大幅下降后，一切都变了。俱乐部每月还要用11 000英镑支付贷款利息。2008年1月，巴克莱银行突然从俱乐部的银行账上划走了4 000英镑。

詹妮弗不知道巴克莱银行将钱划走的原因，心想这可能是个错误。她于是给她的银行经理打了电话，后者听了后，也觉得是银行搞错了。

但之后，当巴克莱的分行经理了解了情况后，他告诉詹妮弗，银行没错，因为詹妮弗签的购买利率保护产品协议中有一条：当利率降至 4.75% 以下时，詹妮弗必须向银行多支付一部分费用。这个协议只保证利率在 4.75% ~6% 浮动时，詹妮弗每月支付的贷款利息不变。这个购买协议的荒谬之处在于，当市场利率下降到一定程度，购买这个产品的人就要向银行多付钱，因为这个协议还有另外一个参与者，即一个承担利率上涨风险的公司，在利率降至 4.75% 以下后，这家公司瞬间变成了受益人。听到这个解释后，詹妮弗想终止这份协议，但被告知，终止协议可以，但必须先交 29 万英镑。"4 000 英镑是我们的辛苦所得，这份协议让他们不费吹灰之力就把我们的辛苦所得抢走了。"詹妮弗说。

为节省开支，詹妮弗不得裁掉两个俱乐部的工作岗位并减少了其他员工的工作时间。小时工也减了不少。同时，她还停止了旅馆的施工和为俱乐部添置设备。在此期间，为使俱乐部能够正常运行，詹妮弗向银行申请了另外一个 30 万英镑的个人贷款，并从她投资的物业收入中挪出一部分支持俱乐部的运营。

意识到俱乐部出现了经营压力，2009 年 1 月，巴克莱银行启动了贷款协议中的特别条款，这意味着银行将任命毕马威来全面控制所有俱乐部的支出和商业计划。"毕马威的人告诉我们，我们的肥料用得太多了，我们必须减少。我们必须得听毕马威那些人的，但肥料一少，草皮就出现问题了，最后我们不得不再使用过去的（肥料）量。看到这种情况，毕马威的人又要求我们提高价格，但价格一提高，客户就不来了，我们又不得不把价格往下降。"詹妮弗后来回忆道。

詹妮弗的支票开始出现跳票，这在过去是从来没有的事。她说她从当地的一家糕点店买糕点已经 20 多年了，但当她的支票跳票后，糕点店拒绝再跟她做生意。"2008 ~ 2009 年是最困难的时期，我确实想过我可能会破产。我想我会疯掉。"詹妮弗说。

在忍无可忍之后，詹妮弗终于在 2013 年 1 月终止继续执行那份利率保护协议，她告诉巴克莱"我不再履行那份协议，如果银行不同意，可以过来拿俱乐部的钥匙。"

银行并没有过去拿钥匙。但每个月，银行还在继续把 4 000 英镑加到詹妮弗的未付贷款上。

在俱乐部提交了 25 万英镑的赔偿申请后，2013 年 5 月，詹妮弗和充当独立仲裁员的德勤会计师事务所开了 3 个小时的会。詹妮弗要求的赔偿数字包括欠款、巴克莱银行坚持的詹妮弗必须支付的因其终止利率保护协议导致的银行审查和咨询费用以及其他一些补偿费用。

但到了 2013 年 10 月，詹妮弗还在等巴克莱银行的决定。她说："这个问题还在影响我们。俱乐部的会员听说问题已在 2012 年得到了解决。他们问我们为什么我们还没重新装修更衣室。我告诉他们，问题还没有解决。我想他们觉得我们不太诚实。"

利率保护产品不但使我们的商誉受损，同时也影响到我们家庭成员的关系。"俱乐部失去了发展势头，要想恢复太困难了。我们是个联系紧密的家庭，但利率保护产品使我跟我弟弟和儿子的关系变得紧张了，这还波及我们的其他家庭成员。"詹妮弗从她的这个经历当中得到了一个简单，同时也许是显而易见的教训：不要在你不懂的文件上签字。

前英国中央银行副行长安德鲁·拉齐爵士（Sir Andrew Large）曾经对苏格兰皇家银行的中小企业信贷政策做过一个调查。2013 年 11 月 1 日公布的调查结果显示，苏格兰皇家银行没有一个总领、协调向重要的中小企业提供贷款服务的部门。因为拥有被收购的西敏寺银行的分行体系，苏格兰皇家银行宣称它的中小企业客户数量比其他任何银行都多，但这家银行对这些企业的信贷审批程序却非常缓慢，并且，只有 25% 的中小企业贷款申请能够得到批准。只要想一下中小企业对英国的经济多么重要，你就会知道这个数字是多么的令人担心。

在拉齐报告公布不久，我（作者）在一次纪念活动中见到了坚定的银行批评者，英国商务大臣文斯·凯博（Vince Cable）。凯博对拉齐报告中的发现很吃惊，并且对政府拥有84%股权的苏格兰皇家银行没有能对英国经济复苏作出相应的贡献同样吃惊。他对我说："我们得干点儿什么。"2013年11月25日，在凯博那儿工作的企业家顾问①劳伦斯·汤林森（Lawrence Tomlinson）公布了他的调查报告。这份调查报告对苏格兰皇家银行信贷业务操作方式的批评异常激烈。在这份报告公布之前，没几个人知道汤林森是凯博的顾问。他出名是因为他参与建设了连锁老人护理院。

汤林森说他拿到了大量关于苏格兰皇家银行分支机构全球重建集团（GRG，Global Restructuring Group）的证据，并且发现了这家银行让人担心的、能够破坏营运良好和合理的英国企业的行为模式，即苏格兰皇家银行先使用其产品让运营良好的企业不能还本付息，然后，再通过收取手续费或者将这些企业用作抵押品的资产卖给它的资产管理分支机构（West Register）来赚钱。这份报告说：

"全球重建集团追逐利润的想法，使它帮助暂时遇到困难，但有希望的企业克服困难并能够重新申请使用银行服务的初衷大打折扣。它那种抢夺企业资产并通过卖掉这些资产以盈利的倾向非常清楚。"

汤林森在其报告中，使用激烈言辞对苏格兰皇家银行的指责让公众觉得这家银行的行为几近欺诈。这使政府必须作出反应。金融行为监管局立即宣布对苏格兰皇家银行进行调查。听到银行要被调查的消息，苏格兰皇家银行信贷首席执行官、看上去没精打采的新西兰人罗斯·麦克伊万（Ross McEwan）给伦敦顶级律师事务所——高伟绅律师事务所（Clifford Chance）打了电话，请求高伟绅律师事务所过来查查，看看苏

---

① 企业家顾问（entrepreneur in residence），原来是风险投资公司的职位，在这个职位上的人负责对风投项目提出关于行业、市场、经营等的咨询。目前很多大公司甚至政府部门也设置了这个职位——译者注。

格兰皇家银行的全球重建集团是否存在行为失当的问题。高伟绅的律师在查看了 1 200 个卷宗、40 万份文件，并跟 138 个全球重建集团的客户和 45 个全球重建集团的职员谈过后，于 2014 年 4 月 17 日公布了调查结果。

高伟绅律师事务所的调查结果显示，没有证据证明苏格兰皇家银行故意"做局"以欺骗中小企业。这直接否定了汤林森报告的结论。麦克伊万看到高伟绅调查报告后，终于松了口气，说："汤林森报告中对苏格兰皇家银行内部系统'做局'欺骗中小企业的指责，将银行置于公众信任危机的境地。"

但高伟绅律师事务所并没有说苏格兰皇家银行的全球重建集团没有任何问题。它发现有些客户觉得全球重建集团的手续费不透明。有些客户对苏格兰皇家银行员工的行为使用了"贬损"语言。但不管怎么说，迫于公众舆论，苏格兰皇家银行宣布它将关闭被汤林森报告所诟病的它的资产管理机构。公众一直认为苏格兰皇家银行将作为重建核心的中小企业贷款抵押资产卖给它的这个分支机构有利益冲突的嫌疑。这实际上是承认了这个基本上是国有的银行并没有在以高标准经营银行。

欺诈重案办公室主任大卫·格林在 2014 年 4 月告诉我，他对使用伦敦城里著名律师楼来跟政府平行调查企业内部行为的做法很担心。因为现实中，当那些来自著名律师楼里的律师跟主要当事人谈话时，他们会从法律的角度说些让这些人担心的话。然后，在政府工作人员再找这些人谈话时，被调查的公司以及当事人就可能以什么个人法律权利为理由对调查予以搪塞。这也是政府调查人员鲜有从被调查的公司那儿拿到完整有用信息的原因。格林的话让人们理解了为什么政府监管人员对银行和银行家采取严厉措施是那么的困难。

支付保证保险产品、利率保护产品和中小企业信贷丑闻发生在一个特定的时期，即银行要保证其在经济衰退期和低利率环境下的利润。但当银行的一些问题操作被披露，银行又会马上大声向公众保证："教训已经吸取。"我们的问题是，在经济周期的每个节点上，我们都会碰到一些不诚实的银行业务操作和让人侧目的交易。

比如，拿在房地产繁荣时期销售只付利息的房屋抵押贷款（interest - only mortgages）这个产品来说，这个信贷产品的文字描述清楚地表明，这是个只付贷款利息的房地产抵押产品。但很多申请到这种贷款产品的借款人并没有被告知他们在贷款到期时，还必须归还贷款本金。

再有，客户每月要支付 5~25 英镑服务费的优质账户（premium account）服务也存在问题。银行向这种账户所有者提供的服务缺少详细细节，同时银行对这些账户的透支收取的手续费也比一般活期账户高。银行会经常向开立这种账户的客户提供诸如汽车、手机和假期保险的附加服务（20 世纪 90 年代，每五个成年英国人当中就有一个，约 1 000 万人，被银行说服开立了这种账户。目前这种账户的市场价值大约 15 亿英镑，银行提供的优质账户种类也从 2007 年的 39 个增长到 2013 年的 70 个）。这似乎比较吸引人，特别是假期保险服务。但很多人不知道，他们可以从别的途径拿到具有更好条件、更便宜的假期保险。《什么》杂志在 2011 年曾经做过一项调查，它发现开立了这种账户的人有 30% 根本没有使用这种账户提供的任何附加服务。优质账户可能对银行有好处，但对消费者个人则未必。

银行销售新产品的方式也值得商榷。银行的电话销售员总是不停地给有钱人打电话，"催促"他们将账户升级到更具增值元素的账户类型。银行客户每月账单只简单地将银行扣除的所有费用标注在"账户管理费"下，也不提供任何购买明细。金融服务局政策室主任茜拉·妮可（Sheila Nicoll）在 2012 年就曾对此表达过她的担心："银行总是说升级了的账户可以享受这些产品，但你将你的账户升级后发现那些产品对你根本没用。"《什么》杂志的调查结论是，那些所谓优质账户"根本不值钱"。

根据金融督查服务局的统计数字，对优质账户的投诉数量增加得很快。2013 年的投诉数量为 3 500 份，比上一年增加了 75%。在金融督查服务局加强了对这类银行账户的监管之后，客户可以就银行通过这些账户进行的误导销售向银行申请赔偿，而银行对客户的赔偿金额经常在 2 000 英镑或之上。

2013 年 3 月，英国金融服务局公布了规范银行推销银行账户服务新的规定。新的规定明确要求所有银行在推销银行账户时，必须确认客户是否符合账户服务（包括账户附加服务）条件。银行必须让客户清楚所有账户信息。同时，银行必须每年向客户提供银行销售的保险产品要求的条件和客户能从购买这些保险产品中获得哪些帮助。

2012 年 12 月，劳埃德银行在约束其员工销售行为的同时，终止了通过分行和电话销售中心向客户推销银行账户及其服务的业务（但劳埃德银行的客户可以通过其网站选择账户类型）。桑坦德银行在 2012 年 3 月宣布停止向客户推销银行账户及其服务的业务后，于 2013 年 7 月又宣布将目前所有优质账户的客户移至其他零售银行账户。桑坦德银行零售业务主任瑞扎·阿塔—扎德赫（Reza Atta – Zadeh）说："我们想简化我们的服务。更少的产品能让我们能集中精力提供更好的服务。"

劳埃德银行前首席执行官埃里克·丹尼尔斯曾向英国议院银行标准委员会抱怨说："在跟监管部门连续不停的沟通中，我们曾经以为，我们已经被天使原谅了。我们曾经以为我们已经听从了监管部门的要求并作出了反应。我觉得这段时期，我们的董事会和管理层都是负责的，对监管部门的要求也一直是认真对待的。"

丹尼尔斯说得的确很好听。但人们也应该牢记英国议院银行标准委员会的话："误导销售支付保证保险和利率保护产品丑闻显示着银行是如何将其责任不停地外包给了监管部门。这种情况也适用于银行的优质账户操作。那种认为银行这么多年一直行走在什么能被接受和什么应受谴责边缘上的看法，目前依然存在。"

9

执法者：努力建立一个
新的金融世界

2013 年夏季的一天，英国中央银行副行长安德鲁·贝里以及他的监管团队和互助银行的高管们在位于柴郡（Cheshire）克鲁区（Crewe）郊外 1816 号如克瑞厅（Rookery Hall）豪华的石砌乡村酒店里展开会谈。作为审慎监管局的负责人，贝里需要了解互助银行是否持有足够应付危机的资金，如果没有，互助银行的所有者——互助集团会采取什么样的应对措施。这段时间，每当贝里的同事向互助银行询问有关应对危机的资金问题的时候，互助银行的人总是说他们的资产和其流动性都没有问题，并且互助集团的现金有几十亿英镑。

这一天在仔细查看互助银行资产负债表和努力搞清楚目前互助银行的财务状况中很快过去了。晚上，面色红润、看上去很严肃的互助银行董事会主席保罗·富劳尔斯牧师邀请贝里和他的同事一起在舒适的酒店宴会厅共进晚餐。作为东道主，富劳尔斯牧师端起他面前桌上由他的同事为晚餐点的红酒，在尝了一下后，立即用非常夸张的方式拒绝用这种红酒在晚餐上招待贝里和他的团队同事。之后，富劳尔斯牧师重新要了酒水单，点了上面一瓶最好和最贵的红酒。看着眼前的这一幕，贝里和他的团队同事觉得这个注重道德的银行的文化里好像有些挥霍的成分。

对互助银行的调查是在更大范围内了解英国银行体系到底需要多少资金和资产流动性有多大调查的一部分。英格兰银行确信只有英国的银行有充足的资金和银行的资产负债表脱离了险境，恢复英国银行的安全状态和重新开始向企业提供信贷服务的双重目标才能实现。贝里和他的同事相信，英国的几家顶尖银行和可以提供信贷服务的建筑协会要达到国际清算银行（Bank for International Settlements）巴塞尔协议Ⅲ①中的标准，至少还需要 271 亿英镑。这中间最让他们吃惊的是，他们发现巴克莱银行还需要另外 128 亿英镑才能保证其营运资金要求并在 2015 年下半年安全地向企业提供信贷服务。同时，他们在互助银行的调查也证实了他们先前的判断：互助银行也有资金短缺的问题。

虽然对银行资金是否充足的调查精确程度显示着英国政府对银行监管态度正在发生变化，但从 20 世纪 90 年代开始的对银行不进行严厉监管的想法还是很盛行。2013 年，前英国金融服务局首席执行官哈格特·圣斯（Hector Sants）在巴克莱银行位于金丝雀码头的总部接受我（作者）的采访时说："坚定相信银行可以自己约束自己的想法使政府采取了对银行的放任政策。在英格兰银行和金融服务局分别承担不同的监管责任的背景下，政府里的一些人和政府制定公共政策的指导思想还是觉得最好对银行采取鼓励的方式，而专横的政府监管会为银行的发展带来消极因素。"

现在，仅仅才过了几年，想法就改变了。作为反对党，大卫·卡梅

---

① 巴塞尔协议Ⅲ（Basel III），包含国际清算银行巴塞尔银行（业务）监督委员会于 2010～2011 年在瑞士巴塞尔市为银行制定的资本充足率，压力测试和资产流动性的一系列标准。巴塞尔协议共有 3 个部分，巴塞尔协议Ⅰ（Basel I），巴塞尔协议Ⅱ（Basel II）和巴塞尔协议Ⅲ（Basel III）——译者注。

伦和影子财政大臣乔治·奥斯本非常清楚英国金融机器存在严重的问题，必须进行大修。2008年，奥斯本请英国银行界的大佬，曾在投资银行沃伯格（S. G. Warburg）工作过很长时间，并在戈登·布朗政府的财政部任过职的詹姆斯·萨逊（James Sassoon）对金融界存在的问题做一次彻底的评估并提出解决办法。萨逊这时已经离开财政部，正在负责香港贸易公司怡和洋行（Jardine Matheson）在伦敦的业务。萨逊被他自己的评估结论吓得不轻。后来他告诉我（作者）："这个国家存在大面积的监管缺失，一些问题的积累最终导致了2007～2008年银行危机。"

萨逊的解决办法听上去让人有些吃惊。他说，英格兰银行在危机前没有尽到应尽的责任。要解决问题，必须让英格兰银行像1997年前那样重新承担领导责任。这不是奖励这家银行过去的缺失，而是要求它马上采取必要的监管行动。萨逊建议重建英国中央银行的银行业务监管体系（一些在财政部特别调查委员会作证的人已经提到过这个建议）。2013年4月，英国中央银行监管银行和保险公司的核心业务部门——审慎监管局（Prudential Regulation Authority）成立，安德鲁·贝里成为这个新的监管部门的第一任主管。

经常被忽视的英格兰银行金融稳定政策部门被升格成金融政策委员会（Financial Policy Committee）。这个委员会的主席由英格兰银行行长兼任，日常业务则有副行长乔恩·康利佛（Jon Cunliffe）管理。作为前财政部官员，康利佛延续着英国央行起码要有一个政府部门官员担任副行长的传统。虽然看上去康利佛是在一个他没有经验的金融领域担任要职，但人们应该还记得作为英国驻欧盟的大使，康利佛对欧元区金融危机以及之后欧盟加强对欧元区内银行监管的努力都有直接的了解和经验。金融政策委员会当时的首要任务是研究房地产市场泡沫对英国的影响，以及全球趋势性问题，比如地下钱庄井喷式的增长对银行的影响问题。

在这期间，作用被加强了的英格兰银行迎来了它的新行长马克·卡尼。由于长得像演员乔治·库隆尼（George Clooney），卡尼被人们称作乔治·库隆尼行长。他接替已在折磨人的行长任上待了两届并计划在2013年7月退休的默文·金让人一点儿也不觉得意外。之前在担任加拿大中央银行行长期间，面对世界银行危机和其南面邻居美国国内糟糕的经济形势，卡尼成功地使加拿大免受危机影响，安全度过了那些不太平的日子。卡尼有理由宣布，虽然在金融市场完全停止其融资功能的时候，加拿大中央银行也向其国内银行提供过紧急资金援助，但没有一家加拿大银行在金融危机期间遭到重组的命运。

2011年，卡尼被20国集团选为金融稳定委员会[①]主席。金融稳定委员会的一个职责就是设计一个能避免全球金融危机再次爆发的世界金融监管框架。被选为这个委员会的主席证明了20国集团对卡尼的信心和对卡尼维护金融稳定能力的认同。

2013年8月，我（作者）在卡尼作为英格兰银行新行长在英国进行巡视的过程中，在诺丁汉采访了他。卡尼以他特有的快速语速告诉我："银行机器的核心部件已被修复，虽然它还没有达到我们的要求。英国中央银行还有一系列亟待解决的问题，其中之一就是银行系统本身的问题。但我们已经尽力在对它进行修补。其次是银行的透明度问题。你根本就不知道那个系统内正在发生什么事，为此我们改进了银行报备的透明度。"但他也承认那些工作还没有完成。他说："我们还需要继续努力改进衍生品市场，这是个巨大的、有几万亿美元市值的市场。"

卡尼的一个副手，熟知英格兰银行内部事务的安德鲁·贝里，被非常明确地赋予保证英国主要银行和金融集团安全的职责。剑桥毕业、体型富态的贝里态度和蔼，处处体现出英国式的淡定。他被认为是近期从

---

① 金融稳定委员会（Financial Stability Board），经济总量占世界经济总量85%的20国集团（The Group of Twenty），在2009年4月的伦敦峰会和稍后的匹斯堡峰会上，将其原来的20国集团金融稳定论坛（Financial Stability Forum）升级成金融稳定委员会。

英国央行等级制度中脱颖而出的最好和最聪明的央行官员。但人们不知道，他表面随和的脾气下掩藏着他一次性解决英国金融领域诸多问题坚强的决心。

在贝里的领导下，英国审慎监管局明确警告英国国内的金融机构："别打算跟审慎监管局谈条件。"它的职责就是要评判英国的银行是否安全，它不会理睬金融机构的争辩，也不会理睬过去经常发生的来自央行上层和政府官员的关说（求情的意思）。后来的事证明贝里说话算数。审慎监管局不但对互助银行态度明确、坚定，在要求巴克莱银行和金融街上其他主要银行立即将其资产负债表恢复到可以接受的健康状态上同样态度明确、坚定。2013 年 7 月，在发现巴克莱银行的筹资计划不足以应对它当时的危机后，贝里强迫巴克莱向其现有股东发行了它非常不愿发行的 58 亿英镑配股有价证券。

由马丁·怀特雷领导的金融行为监管局（FCA，Financial Conduct Authority）对被它监管的金融机构同样采取了严厉政策。怀特雷明确宣布，他的部门不接收罪犯（即罪犯一经逮到，就会被立即就地处决）。并说他的部门被赋予"先开枪，再问话"（shoot first, ask questions later）的权力。建立金融行为监管局的目的是为了保证金融机构能够尊重消费者的权益，为此，金融行为监管局被赋予调查经济犯罪和否决新的金融产品的权力。人们可以从 2013 年 5 月公布的、由怀特雷主导完成的金融行为监管局的第一份公告中，看出他将这个机构的工作重心放在保护消费者权益上面的决心。在这个公告中，金融行为监管局要求那些仍然持有"只付利息"房屋抵押贷款的借款人，立即向相关银行提出索赔申请。2013 年 12 月，当金融行为监管局发现劳埃德银行以香槟酒或升职奖励那些向消费者销售"有毒"金融产品的员工后，果断地向这家银行开出了 2 800 万英镑的罚单。

但金融行为监管局也遇到过麻烦。2014 年 3 月底，当媒体爆出金融行为监管局将审查被一些已经转型了的"僵尸"企业掌握的 3 000 多万份险单和养老金凭证的消息后，股市随即发生剧烈波动。金融行为监管局也成为众矢之的。保险公司要求怀特雷辞职。财政大臣奥斯本也说他对事件"非常担心"。财政部特别调查委员会也开始调查此事。

但不管在创建初期出现什么样的问题，包括了多个监管机构在内的新的监管体系坚定地显示出它不会被利益集团所左右的决心和坚决根除银行系统、金融服务领域和市场上根深蒂固问题的勇气。它不但措辞严厉，并且行动坚决。

金融行为监管局面临的问题实在太多了。好多年以前的许多问题还没有解决，新的丑闻又不断出现。但其问题本质似乎没有改变（人们只要通过过去遗留下来诸多问题中的一个问题，即那个使 15 家全球银行和英国中央银行自己的交易部门名誉受损的操纵利率丑闻，就可以了解银行系统内问题的本质）。那个没完没了上演着娱乐"大戏"的互助银行也让金融行为监管局忙得不可开交。误导销售依然在市场上横行。开始出现的房地产市场过热的迹象也让监管人员担心。但什么时候市场出现危机，监管部门都表现出直面危机的勇气。

为解决利率操纵丑闻暴露出的问题，2014 年，卡尼说服了虽在埃及出生，但在英国受教育的国际货币基金组织前副总经理纳迈特·沙福克（Nemat Shafik）出任英格兰银行副行长，专门负责监管金融市场的工作。但对沙福克的任命，对已经明确监管职责的英国央行监管系统也带来了一些困惑，同时不可避免地会出现管辖权重合的情况。有些人指出，伦敦有势力的金融机构可能利用管辖权重合的情况，拉一边打一边，从而达到自己从中渔利的目的。另外一些人认为，让英格兰银行（英国的中央银行）享受那么大的监管权力，无异于把它变成了英国的美联储，这跟传统上的一切权力归白厅（Whitehall，英国政府机构所在地）和威斯敏斯特（Westminster，英国议院所在地）的宪法安排不相符。这些人认为，虽然受到英国议院特别调查委员会不停的监督，但英国政府赋予英国中央银行那么大的监管权力，让人觉得英国政府为实现经济健康所采取的措施有点儿不民主。

重新排列组合后的英国中央银行的监管是否有效？显然，陪审团已经到位，但公众离听到他们的裁定还有很长的一段时间。

美国的银行监管部门在危机刚开始的果断行动也在后来引起了不小争议。当然，在向处在悬崖边上的美国金融机构提供救援资金方面，美国人远比英国人缜密和坚决。美国政府要求美国的银行必须进行非常严格的压力测试。向银行提供的大量救援资金都是经由问题资产救援计划（TARP，Troubled Asset Relief Program），这个由乔治·布什总统于2008年10月签署成为美国法律包含7 000亿美元的救援资金平台释放出去的。截至2013年中期，美国政府使用了这个救援计划中的4 000亿美元，并且所有获得美国政府救援资金的美国主要银行全都向美国政府完成了还本付息。

但美国的救援工作成绩单并不是都那么耀眼。截至2014年1月，仍有83家获得救援资金的美国中小银行欠美国纳税人21亿美元。美国政府问责署（GAO，Government Accountability Office）的统计数字显示，其中未还的15亿美元救援资金集中在10家银行，它们当中有6家银行没有按时支付资金使用利息。另外，还有47家银行依然被美国二线银行的监管部门，联邦存款保险公司①（FDIC，Federal Deposit Insurance Corporation）认定为问题银行。

虽然在奥巴马总统和国会于2009年5月任命了一个10人金融危机调查委员会（Financial Crisis Inquiry Commission）后，政府和国会对金融市

---

① 联邦存款保险公司（FDIC，Federal Deposit Insurance Corporation），由美国国会于1933年建立，其目的是避免发生对银行存款的挤提。联邦存款保险公司向所有活期存款、定期存款和大额定息存单（CDs）提供上至25万美元的存款保证——译者注。

场加强监管有了一个好的开始，但在银行危机刚过就开始对银行进行强势监管被证明不是一件容易的事情。金融危机调查委员会由加利福尼亚州前财政厅长保罗·安吉莱斯（Paul Angelides）领导。2011 年 1 月这个委员会公布了它的调查报告。

与此同时，由参议员卡尔·莱文领导的美国参议院常设特别调查委员会（US Senate Permanent Subcommittee on Investigation）也在进行跟金融危机调查委员会的调查相似的调查，并在搜集、分析了大量证据后，于 2011 年 4 月公布了"金融危机：对金融崩塌的分析"（Financial Crisis：Anatomy of Financial Collapse）的调查报告。金融危机调查委员会和参议院常设特别调查委员会公布的两份调查报告后来成为《多德—弗兰克金融改革法案》的基础。

《多德—弗兰克金融改革法案》触及了导致金融危机的各个方面，从消费者保护到信用评级机构，再到禁止银行从事某些有利可图但风险极大的投行业务的"沃尔克规则"，几乎无所不包。《多德—弗兰克金融改革法案》赋予美国监管机构没收和关闭出现危机的大型金融机构的权力，也赋予美联储更大权力以保护借款人免受房屋抵押贷款机构、信用卡机构和其他金融机构的欺负。同时，《多德—弗兰克金融改革法案》将衍生品市场纳入了政府监管范围之内。法案也赋予公司股东在决定公司高管薪酬方面更多的发言权。《多德—弗兰克金融改革法案》的确是一个从富兰克林·罗斯福（Franklin D. Roosevelt）总统从 20 世纪 30 年代推行新政以来，真正具有革命性的金融改革法案。

美国国会在 2010 年 7 月通过《多德—弗兰克金融改革法案》后，新增了多个监管机构，包括负责监管信用评级机构的信用评级署（Office of Credit Ratings），负责保护金融产品消费者权益的金融产品消费者保护局（Consumer Financial Protection Bureau），负责监督金融机构监管部门的金融稳定委员会（Financial Stability Council），以及负责支持金融稳定委员会工作的金融研究办公室（Office of Financial Research）。奥巴马总统认为，《多德—弗兰克金融改革法案》为更好地"保护消费者和建立更加稳定、坚实的，不断改革、创新和不容易发生恐慌和崩盘的金融体系奠定了基础。"主导《多德—弗兰克金融改革法案》起草工作的参议院银行、住房和城市事务委员会资深民主党议员克里斯托佛·多德补充道："从一开始，我的首要目标就是不但要建立一个跟我们生活的 21 世纪特点相符的金融体系和金融结构，而且要在金融市场上重建信心和信任。"

但通过法案证明要比实施法案容易得多。仅政府和议会的工作人员制定的体现法案精神的实施细则就有 5 万多页。对这个法案的热情也因为对奥巴马总统的诸多积怨而逐渐减弱。2013 年 7 月，2/3 根据《多德—弗兰克金融改革法案》精神制定的 398 项实施细则还没有得到实施。

2013 年 8 月，奥巴马总统在白宫召见美联储主席本·伯南克、财政部长杰克·卢（Jack Lew）以及证券交易委员会主席和商品期货交易委员会主席玛丽·怀特（Mary Jo White）和杰瑞·根斯勒（Gary Gensler）。奥巴马总统的话很简单："加快实施这个法案。"白宫的新闻公报说："总统赞扬了监管部门的工作，但他强调为使大衰退不再发生，我们必须尽快将这个旨在改革华尔街的法案还没有付诸实施的部分尽快地付诸实施。"

说得非常好，但还是那句话，做起来很难。实际上，监管部门是在两条战线上同时遇到了实施阻力。共和党拖延实施进程，并且拒绝同意监管华尔街金融机构的监管部门的财政预算。他们说这个包罗万象的法案，给了监管部门太多的随意监管的权力，这同美国宪法相冲突。众议院金融服务委员会主席（Financial Service Committee）得克萨斯州人杰布·亨萨林（Jeb Hensarling）在 2013 年 8 月说："《多德—弗兰克金融改革法案》是个让人难懂的法案，它对还在挣扎的美国经济没有帮助。我们必须否决它。"与此同时，由大量银行资金支持的院外游说团体也在极力争取弱化这个法案的一些关键条款或干脆将这部法案全盘否决掉。金融改革团体"更好市场"（Better Markets）首席执行官丹尼斯·凯勒赫（Dennis Kellerher）在 2013 年 9 月说："一些由华尔街支付酬劳的代言人，可以是任何人，几乎每天只要议员一上班，他们就会出现在议员办公室的门外。"

另外一些为金融机构游说的组织走得更远：为改变衍生品交易合同金额限制的规定，他们将商品期货交易委员会告上了法庭。即使不那么具有党派色彩的人物也对法案抱有异议。担任美联储主席超过 18 年的艾伦·格林斯潘在 2013 年 3 月说："监管人员被赋予预测和防止所有他们不想看到的市场情况发生的权力，没人有这个能耐。监管环境已经跟过去大不相同了。"他还说："是不是解决现代金融问题的途径就是让我们重新使用像 50 年前那样的更加简单的银行产品？但如果我们希望保持我们目前的生产和生活水平，那样也许不成。"

截至 2014 年 4 月 21 日，280 个符合最后期限要求的《多德—弗兰克金融改革法案》实施细则被通过，但其中只有 152 个实施细则真正得到实施，另外 128 个实施细则完全没有被实施。除此之外，尚有 98 个实施细则需要不同的监管部门向美国参、众两院提交。不用说，看到大量实施细则堆在议员们的桌子上，《多德—弗兰克金融改革法案》的支持者用不同方式表达了他们的担心。联邦存款保险公司主席茜拉·布耶尔（Sheila Bair）说："等的时间越长，实施细则被弱化的可能就越大，被加进允许例外的条款也会越多。人们对危机的记忆逐渐消退，压力已经不在了。"

但如果你因此认为政府会不作为，那你就错了。2012 年 6 月，美国监管部门因伦敦银行同业拆借利率丑闻处罚了巴克莱银行。渣打银行和汇丰银行也因洗钱受到美国监管部门的调查和处罚。但如果有人认为美国监管部门只调查和处罚外国银行，那他们就会看到美国监管部门在

2013 年因"伦敦鲸"和（在银行危机前）误导销售房屋抵押有价证券等违规操作，对摩根银行进行的一系列处罚，包括罚款和要求摩根银行向消费者支付赔偿。2014 年 4 月，摩根银行董事会主席杰米·戴蒙在给摩根股东的一封 32 页的信函中，通报了监管部门监管重点的变化。一直给人以沉默寡言印象的戴蒙在信中说，不同监管部门对摩根银行大量的法律诉讼，是他在职业生涯中从未碰到过的。那些法律诉讼是"痛苦、困难和让人心惊胆战的"。

一些主要银行在看到潜在的风险后，选择以行动代替等待。比如当美国金融编年史专家迈克尔·刘易斯（Micheal Lewis）在他的书中披露了高盛在股市上的一些做法后，高盛就立即关掉了其股票交易部门。让即使是华尔街最大的公司一想到执法和监管部门会对它们采取"灾难"性的措施就害怕，可能是一个很好的有效吓阻手段。

不管怎么说，美国政府的监管部门依然面临巨大挑战。但他们跟他们的英国同行相比，则有更大的优势。美国人不用建立一些在创建初期会出现问题全新的执法机构，他们可以使用在 20 世纪 30 年代大萧条时期（甚至更早）就已经存在的监管机构。美国监管机构现在的监管权力更大、监管范围更广并且监管内容更细。在英国，一切都要以原则为基础的思维方式，使得当原则不是足够的清晰或直接的时候，监管力度可能就不会达到预期的效果。但美国人以规则为基础的监管，也容易让他们成为复杂规则的牺牲品，更别说因这些复杂规则而引起的没完没了的内部争吵了。

如果美国和英国起码还在解决一些问题，那欧洲看起来就是在回避问题了。在关键的 2009～2011 年，因回避解决问题导致的不作为和不确定感的程度曾让很多大的机构投资人非常怀疑一些欧元区内的银行是否还能生存下去。对一些欧元区内国家忽视其积累的大量债务的担心，使投资人推高了欧元区内经济弱小国家的借款利率。当时市场上流行的看法是，如果那些国家重新使用它们原来的货币，那欧元区的部分解体就会在所难免，因为这些国家会在重新使用它们的货币后，立即实施货币贬值，以使它们的出口产品价格更便宜、更有竞争性。

那些在波士顿、苏黎世或香港管理着大量资金的基金经理们也因为害怕违约拖欠，开始不太愿意向欧元区内银行和国家提供贷款。欧盟的官员们因此从2009年至2011年用了2年的时间，努力让全世界对欧元区银行的安全性放心，并通过实施压力测试来支持他们的努力。但这些压力测试后来证明不具备严格的美国压力测试标准，它只是一个经常变化和没有多大意义的欧洲式的估计。

比如欧洲银行监管委员会（Committee of European Bank Supervisors）在2010年做的压力测试结果显示，只有7家银行没有通过测试。它们当中5家是西班牙的银行，2家是德国的银行。他们需要筹集35亿欧元以保证其银行能维持正常的业务运行。但高盛的调查结果显示，欧元区有10家银行存在危机风险，它们需要的资金量为376亿欧元。投资人认可高盛的数字，拒绝了欧洲银行监管委员会的数字。人们普遍认为欧洲银行监管委员会严重低估了欧元区政府债券的违约程度。

金融服务公司坎托·菲茨杰拉德（Cantor Fitzgerald）的首席全球股权分析师史蒂芬·波佩（Stephen Pope）在评论欧洲银行监管委员会的压力测试时说："我没看到这个测试有任何压力，它就像是让那些银行家们过了一个舒服的周末。"伦敦著名律师事务所艾伦·奥瓦莱（Allen & Overy）的律师理查德·格兰菲尔德（Richard Granfield）也说："没有证据证明银行在经常进行压力测试，即使进行了，它们的测试结果的可信度也不高。这就是在浪费时间。"我们可以用两家通过压力测试的欧元区银行来说明他们的测试可信度问题。联合爱尔兰银行（Allied Irish Bank）和爱尔兰银行（Bank of Ireland）都通过了欧元区的压力测试，但仅仅过了4个月，爱尔兰的银行体系就开始崩塌，欧盟和国际货币基金组织不得不向都柏林提供850亿欧元救援资金。

2011年，欧盟又努力了一次。那时欧洲银行监管委员会已被位于伦敦，誓言在欧元区实施更严厉的压力测试的欧洲银行管理局（EBA, European Banking Authority）取代。共有21个国家90家银行参加了这次的测试。结果显示有8家银行没有通过测试，其资金缺口为25亿欧元。另外还有一家德国银行（Helaba Bank），因为在资金质量上跟欧洲银行管理局发生了争执，没有提交其测试结果（这家银行被认为是没有通过测试）。在8家没有通过压力测试的银行中，有5家西班牙银行，2家希腊银行和1家奥地利银行。

但这次的测试结果还是没能说服投资人、媒体和大量的金融机构。拿不出如何处理一直停留在银行资产负债表上的政府债券办法的残酷现实，使银行界忧心忡忡。欧洲银行管理局希望银行将其所持希腊政府债券面值减少15%，即使那时希腊政府债券的市场价格已是其面值的一半（当希腊政府2012年1月跟一些私人金主签订借款协议时，所使用的债券价格就是债券面值的50%）。

欧洲银行管理局主席安德里亚·恩瑞亚（Andrea Enria）承认，从欧元区国家的监管部门拿到准确数据非常困难。欧洲银行管理局用"受限制"这一绝妙的官方词汇来描述数据汇集的困难。但即使如此，恩瑞亚表示，欧洲银行管理局计划进行第二次压力测试的决定，促使20家欧元区银行为堵住其可能的资金缺口筹集了268亿欧元。他说："压力测试是促使银行筹集资金的催化剂。"

但市场依然不买账。瑞信（Credit Suisse）的分析师估计欧元区至少有14家银行通不过压力测试，资金缺口高达450亿欧元。经济和货币事务委员会（Economic and Monetary Affairs Committee）成员，保守派议员赛义德·卡茂（Syed Kamall）说："银行对主权债务的敞口是屋子里的大象，无视这个问题可能会影响测试结果的可信度。"诺斯特资本（Noster

Capital）的执行合伙人佩德罗·诺荣哈（Pedro Noronha）干脆说："这就是一个公关练习，作为执法者，欧洲银行管理局在面对危机时的表现太不合格了。"

几个月后的 2011 年 10 月，通过压力测试的法国—比利时合资银行德克夏银行（Dexia Bank）因为出现严重危机，不得不向法国、比利时和卢森堡政府请求 900 亿欧元的援助。这已经是这家银行三年中第二次请求外界对其施以援手。显然，这家银行的问题没有引起欧洲银行管理局的注意。

2011 年，市场估计欧洲银行可能存在 3 000 亿欧元的资金缺口。同时，苏格兰皇家银行的分析师说，欧洲银行的资产将要在今后 5 年缩水 3.2 万亿欧元。资本市场继续对欧洲银行采取观望态度，欧洲银行的股票和债券的交易价格跟美国银行相比大幅度地下降。2010 年至 2013 年底，美国资本市场将其对欧洲的敞口减少了 60%。

欧盟在为其压力测试苦恼的同时，它也提出了一些银行改革建议。但这些建议无一例外全部遭到银行家的反对。美国和英国的政客和监管部门对这些建议的反应也是毁誉参半。欧盟的一个建议是对所有金融交易征收 0.1% ~1% 的金融交易税①。另外一项被银行家激烈反对的建议是将银行职员的奖金金额限制在其基本工资 100% 的范围之内，如果股东同意，这个比例可以上浮到 200%。英国对此项建议的批评者认为，将奖金封顶的建议会直接导致银行经理的基本工资大幅度上升（对奖金封顶的另外一个担心是，一旦在英国实施这项政策，一些银行经理会选择去纽约或香港工作）。

但有些措施的确收到良好的效果。比如 2013 年 7 月，另类投资基金

---

① 金融交易税因为是由诺贝尔奖得主美国经济学家詹姆斯·托宾（James Tobin）在 1972 年首次提出，所以有时也称为托宾税（Tobin tax）。

经理指导意见（Alternative Investment Fund Managers Directive）在英国生效执行。这个指导意见的核心是希望规范和监管对冲基金经理的业务操作和监管巨大的地下钱庄体系。按照这个指导意见，目前所有对冲基金都必须定期向欧洲银行管理局提交包括商业操作、透明度和市场推销内容的正式报告。

2011年12月和2012年2月，欧洲中央银行向欧元区内1 300家银行提供了总计1万亿欧元的资金支持。其目的就是帮助这些银行提高其资产的流动性和鼓励这些银行开始向需要信贷支持、有前景的企业提供贷款服务。欧洲中央银行承认它使用的贷款机制，即长期的以新贷款置换旧贷款的操作①，实际上就是一幅创可贴，不能从根本上彻底解决主权债券和缺少资金这些银行根深蒂固的问题。但欧洲中央银行的这次大胆行动在其央行历史上是空前的。这次行动让面临资金压力的银行"倍感轻松，"也使对欧元解体的猜测暂时停了下来。

这时，马里奥·德拉吉已经在有效地行使着其执法者和央行行长的职责。这跟在美国和英国发生的事情差不多。在这两个国家，经过银行危机，美联储和英格兰银行都被赋予更多的权力。这个意大利籍的欧洲中央银行行长到处宣传要"驱散欧洲银行资产负债表上的乌云"，他说只有这样，银行才能获得更多的资金来支持他们的信贷业务并帮助发展经济。人们要感谢这位欧洲央行行长在2012年作出的"不管付出多大的代价也要挽救欧元"的承诺以及随后欧洲中央银行收购债券的计划。这种以真实行动支持的宣誓的确很有分量。

2013年10月，德拉吉开始了他担任欧洲央行行长后最重要的行动。在这个月里，他和他的欧洲央行同事决定绕开表现不尽如人意的欧洲银

---

① 长期的以新贷款置换旧贷款操作，即长期贷款重组（LTRO – long – term refinance opera-tion）——译者注。

行管理局，自己在欧元区内实施压力测试。欧洲央行进行的这次测试包括了欧元区内 128 家主要银行，参与测试的银行数量大约占欧元区银行体系的85%。参与实施这次压力测试的工作人员达到 1 000 多人，其中不但包括欧洲中央银行的工作人员，也包括各国的监管人员。德拉吉说："这次压力测试对所有欧元区内主要银行使用统一的测试标准。这是欧洲和欧元区经济发展重要的一步。我们希望这次的测试能提升私人投资人对欧元区银行良好经营状况和优质资产负债表的信心。"

　　欧洲中央银行的上述工作是其完成彻底统一以欧洲中央银行为核心和监管者的欧元区银行体系不可缺少的组成部分。2013 年 12 月，欧洲中央银行又向前迈进了一步。这个月欧盟理事会（EU Council）任命丹尼尔·诺依（Danièle Nouy）为第一任欧洲中央银行监事会（欧洲中央银行唯一的监管机构）主席。诺依是法国金融监管机构前主管并在总部位于瑞士巴塞尔的国际清算银行担任过高级职务。对马里奥·德拉吉来说，对丹尼尔·诺依的任命意义重大。他说："对欧洲中央银行监事会主席的任命是欧洲央行在欧元区内建立统一的银行监管机制的里程碑。丹尼尔·诺依女士有 40 年银行监管经验。对她的任命可以使欧洲中央银行监事会尽早地开展监管工作，并为在 2014 年 11 月 4 日前完成所有职能部门的建设提供了保证。"

　　欧洲央行的计划是，从 2014 年 11 月 4 日开始，欧洲中央银行将直接监管欧元区内 130 家大型银行，并且如有需要，有权接管对规模小一些银行的监管工作。欧洲中央银行还表示，它希望创建一个有权关闭和重建不再能正常经营的银行的机构。欧洲中央银行的设想是，在 2014 年前，在包括 18 个国家的欧元区内，建立起一个能帮助加强信贷流动，加快经济发展和避免金融危机统一的银行体系。

　　2014 年 4 月，新的规定在欧元区内银行开始实施。这些新的规定很多已经在英国和美国开始实施。这些规定的核心就是，在下次危机发生时，使银行股东和债券持有人在挽救银行的行动中冲在纳税人前面。英国金融时报（Financial Times）把欧洲央行在欧元区内实施的这些新规定视为"20年里最大的震动"。金融时报的说法让人不会太吃惊，欧洲央行实施的这些措施表明它在思考如何管理银行风险方面确实向前迈进了一大步。

另外一个值得人们注意的机构是国际清算银行巴塞尔银行（业务）监督委员会（Basel Committee on Banking Supervision）。这个机构于1975年2月建立，由世界主要经济体国家的中央银行官员组成，这些人每年在瑞士开三、四次会。国际清算银行建立这个银行（业务）监督委员会的目的就是希望通过实施统一的银行经营标准来提高金融世界的稳定性。刚开始，这个机构只有10个国家参加，但在金融危机之后的2009年，参加的国家和地区增加到27个。虽然巴塞尔银行（业务）监督委员会的决定对各国没有任何法律效力，但因为这个机构包括那么多世界大国，任何银行，甭管它的规模有多大，也不得不遵守这个机构的决定。

巴塞尔银行（业务）监督委员会是世界上最古老的国际金融组织，创建于1930年的国际清算银行的内部机构。80多年来，各国的中央银行官员们经常在巴塞尔讨论如何才能保证金融世界的稳定，这也是为什么国际清算银行被称为"中央银行的中央银行"的原因。

20世纪90年代以来，巴塞尔银行（业务）监督委员会颁布了3个协议。第一个协议（即巴塞尔协议 I，Basel I）于1998年7月颁布，协议主要针对资本缓冲标准。协议要求银行预留风险加权后资产的8%作为风险准备金。换句话说，银行资产负债表上的资产风险越高，银行为这些资产预留的风险准备金额就要越大。

2004年6月，巴塞尔银行（业务）监督委员会公布了对巴塞尔协议 I 的内容进行了修改的巴塞尔协议 II。巴塞尔协议 II 要求，相对于房屋抵押贷款和向政府提供的贷款，银行要为对企业的贷款预留更多的现金准备。巴塞尔银行（业务）监督委员会说："改进了的监管部门对银行资本要求的新的框架，即反映了银行信贷固有的风险也是监管部门适应近几年金融创新的结果。"事实上，巴塞尔协议 II 在设计银行管理标准时，尽可能多地考虑了近期金融市场上金融产品不断增加的复杂程度因素，包括对有价证券的依赖，衍生品的出现和大规模的使用以及银行愿意使用更加复杂融资方式的倾向。但巴塞尔银行（业务）监督委员会将确定资产质量、风险程度和现金准备是否充足的工作完全放给了银行内部的合规部门。这无异于允许银行自己决定它的内部经营标准。

银行当然愿意这样。但因为现金准备不能为银行带来任何收益，它们通常将自己的现金准备降到尽可能低的水平。这种危险的做法，使这些银行在 2007～2008 年银行危机期间自食其果。

巴塞尔协议 II 太相信银行的自我约束意愿了。它实际上是鼓励银行把经营搞得更加复杂并且没有任何节制地大量向市场提供信贷产品。这个协议对银行的风险经营方式视而不见。它实际上帮助了银行从评估客户是否符合贷款条件这一核心功能上加速脱离。

2008 年 9 月，也就是金融世界因雷曼兄弟公司的倒闭发生剧烈震动的那个月，巴塞尔银行（业务）监督委员会开始考虑对巴塞尔协议 II 进行修改，以使这个协议在防止银行出现危机的过程中能起更大的作用。2009 年 7 月，巴塞尔银行（业务）监督委员会公布了对巴塞尔协议 II 的修改部分。但直到 2010 年 9 月，在 20 国集团政治家和金融稳定委员会强力催促下完成的、更有持久性和具有更严格标准的巴塞尔协议 III 才被公之于众。

巴塞尔协议 III 的核心是要求银行采用更加稳妥的资本比率。协议要求银行在 2019 年前，将目前使用的各种准备金比率全部提高 3 倍。在正常年份，为防备类似 2007 年那样的信贷危机，银行应该将持有的足值现金准备时间拉长到 30 天。年景不好时，如果银行没有严格遵守准备金条款，它必须要通过限制分红等措施来补足其现金准备。同时，巴塞尔协议Ⅲ第一次要求银行要按照大于或等于3%的（应急）资本充足率①安排贷款应急准备。英国将实施新的（应急）资本充足比率的时间定在2014年。

虽然国际清算银行和欧元区分别公布了巴塞尔协议Ⅲ和金融改革措施，但被低估了的大量银行问题依然存在。别的不说，欧洲银行管理局实施的宽松的压力测试让人们根本无法准确了解欧洲银行真实的经营损益情况。很多银行在2014年春季还在苦苦挣扎，比如世界最古老的银行，意大利西雅那银行（Banca Monte dei Paschi di Siena），就是在这个时候出现了严重的经营危机。但要恢复银行健康稳定的经营状况，必须要有一个良好的经济复苏和增长的外部环境，而这恐怕短时间内不会具备。就像负责银行改革的欧盟专员迈克尔·巴尼尔（Micheal Barnier）说的那样："我们虽然侥幸躲过了一劫，即侥幸躲过了欧元区金融体系的彻底崩塌，但欧洲还在为上次的危机付出经济和社会的代价。"

人们经常问：全球的银行监管部门在银行危机过后的这些年干得怎么样？这话应该问。如果罚款可以作为一个参照标准，那各国的监管部门的确已经从在危机中对银行的营救转向危机后对违规银行进行坚决的处罚。一项由伦敦经济学院（LSE – London School of Economics）教授罗杰·麦考米克（Roger McCormick）所做的统计结果显示：全球银行监管部门在2005~2012年，对位居世界前10的银行的违规罚款达到1 480亿英镑。这其中，美国银行（Bank of America）被罚了540亿英镑，摩根大通银行（JPMorgan Chase）和瑞士的瑞银集团（UBS）都被罚了近250亿英镑。在英国，劳埃德银行支付的罚款数额最大，达

① （应急）资本充足率计算公式为：$\dfrac{一级资本}{全部敞口}$ $\left(\dfrac{\text{Tier I Capital}}{\text{Total Exposure}}\right)$，结果数值应大于或等于3%。一级资本包括现金（Cash）、留存纯利润（Retained Earnings）和普通股票（Common Stock）等，敞口是指银行贷款规模——译者注。

90.24 亿英镑。

麦考米克在其于 2013 年 11 月发表的一篇文章里说："那些被罚的都是些家喻户晓的银行。"现在我们必须要回答一个重要问题："我们是否能指望银行能从今往后以道德标准约束其业务操作以使监管部门不再对它们开出巨额罚单？如果不能，为什么不能？"

对监管部门是否不再对银行开出巨额罚单的问题，我们可以马上给出"否"的答案。在伦敦经济学院完成了银行道德缺失的调查之后，银行还在因违规操作继续收到监管部门开出的罚单。杰米·戴蒙，那位曾经是不可触碰的摩根大通银行英雄，不得不为"伦敦鲸"在信贷违约掉期市场上的赌博和误导销售次贷产品接受监管部门的处罚（仅因误导销售次贷产品一项，摩根大通银行在 2013 年 10 月就向美国司法部支付了高达 130 亿美元的罚款）。2014 年 4 月，美国银行在承认误导推销信用卡服务（跟英国银行向其客户误导销售支付保证保险产品类似）后，也向监管部门支付了 7.72 亿美元的罚款。

执法者也因洗钱对汇丰银行和渣打银行采取了执法行动。同时，渣打还因为违反对伊朗的制裁条款被执法者处罚。瑞银集团为操纵伦敦银行同业拆借利率被罚 15 亿美元。巴克莱银行甚至因为不规范的业务记录受到美国执法部门的处罚。劳埃德银行也为向其客户强势推销对客户没用的产品付出了巨大的处罚代价。

就银行主管个人来说，虽然人们看到大量的银行高管离职（包括自愿离职和被炒），但只有爱尔兰和冰岛这两个受到金融海啸严重冲击的国家真正将在金融海啸发生前违规操作银行业务的银行高管送进了监狱。2013 年 12 月，雷克雅未克地区法庭判处冰岛最大的银行考普森银行（Kaupthing Bank）前首席执行官海瑞达·施古臣（Hreida Mar Sigurdsson）5 年半徒刑，银行董事会主席西古德·恩纳森（Sigurdur Einasson）也因跟危机有关的内幕交易被判 5 年徒刑。

别的地方的检查机关也没闲着，他们逮捕了一些违规操作的银行高管，特别是在德国和荷兰。在德国，全部德国北方银行（HSH Nordbank）董事会成员因为银行危机前的违规操作被送上了法庭。在爱尔兰，司法机关在 2014 年让益格鲁爱尔兰银行的高管最终尝到了苦果。这家银行前首席执行官帕特里克·瓦兰（Patrick Whelan）和财务总监威廉·麦克阿提尔（William MaAteer）因非法向 10 个投资人提供总计 4.5 亿欧元的贷款以便让这些投资人在 2008 年夏季用这些钱在股市上将益格鲁爱尔兰银行的股价炒高，被都柏林法庭认定有罪。在美国和英国，最有可能被逮捕的人是那些参与操纵伦敦银行同业拆借利率和在外汇市场上进行了违规操作的人。但前面已经说了，除了冰岛和爱尔兰两个国家外，还没有其他国家因跟金融危机有关的违规操作银行业务，将银行高管送进监狱。在英国，虽然政府向苏格兰皇家银行和劳埃德银行提供了 660 亿英镑的救援资金，并且在 2014 年 5 月有传言说英国欺诈重案办公室将要就巴克莱银行 2008 年在卡塔尔筹集应急资金过程中可能的腐败行为，要求多名这家银行的高管包括前首席执行官约翰·瓦莱和鲍勃·戴尔蒙德提供宣誓证词，但到目前为止没有人因为违规操作银行业务被英国法庭送进监狱。

但即使银行因其过去问题违规行为被罚过款，执法者手上也还有大量的工作。很多银行依然没有认真对待其资金缺口，更别说为潜在的风险预留足够的应急准备了。很多银行还在干着那些导致 2007 年金融危机的复杂的交易。所有银行都或多或少地存在抵触监管的情况，他们的抵触理由是：太多的监管会窒息银行业务并对西方国家刚刚开始的经济增长产生威胁。同时，信息透明还没有成为这些银行跟监管部门交往中的常态。

再有，就是那个一点儿都不透明的地下钱庄问题。地下钱庄不但包括发薪日贷款商（payday lenders）和家门口贷款商①，也包括对冲基金和在银行危机后利用银行放贷真空期的机会向个人和企业提供信贷服务但没被纳入监管范围的一些公司。特别是发薪日贷款商，这种贷款商家在英国各处的商业街区里几乎无所不在。同时，有些传统家门口贷款商已经开始借助互联网或手机向潜在客户推销其贷款服务。

在更具商业性的市场上，对冲基金、私募公司和还没有被监管部门纳入监管范围的金融公司发展很快。管理这些公司的大多是曾在大型投行工作过的高管或职员。不管这些人在哪儿工作，从华尔街到欧洲大陆，再到伦敦西边的梅菲尔（Mayfair），他们的一个共同特点就是愿意冒大险，他们的业务暂时还没有受到监管部门的监管。在2007～2008年国际金融危机过后，大约有232家新对冲基金开始向市场提供原来是传统银行服务项目的直接信贷业务。对冲基金研究机构普莱勤（Preqin）在2013年估计，银行危机后，向市场提供直接信贷服务的对冲基金数量增长了3倍半。原来，对冲基金只在市场上对资产和债务可能出现的差价做文章。金融危机后，当他们发现商业信贷领域也有可以利用的机会时，便开始从投资人那里筹集用于直接贷款的资金。2013年11月，英格兰银行行长马克·卡尼宣布："在支持金融领域多元化和灵活性的同时，确认和重视地下钱庄的危险将是英国央行银行金融政策委员会（Bank Financial Policy Committee）2014年及其以后的工作重点。"

对执法者另外一个不同的挑战就是衍生品②和期权合约（options contracts）。这两种产品的市场规模要远远超过地下钱庄的市场规模。目前几乎所有商业交易，从外汇交易到商业贷款上的利率，都使用对冲或保险

---

① 家门口贷款商（doorstep lenders），是经常上门向低收入或信用不好，从银行贷款困难的客户群提供短期、小额贷款的公司。有时这些公司提供的贷款金额仅为100英镑——译者注。

② 衍生品实际上是建立在其他真实资产，比如期货、股票、利率或货币等的移动轨迹和变化程度上的虚拟产品。

工具以防备潜在的损失。使用衍生品为客户提供防备未来损失服务的对冲基金，同样使用衍生品来保护自己不受损失。人们在股票市场上也使用期货或期权来支持专业交易。这些都导致了衍生品的使用规模大幅度增加。目前，衍生品的市场市值已经达到600万亿美元，是世界经济总产量的12倍（2009年以来，衍生品的市场规模增长了20%）。在衍生品最大市场的美国，商品期货交易委员会是监管衍生品市场的监管部门。在英国，这个市场由金融行为监管局负责。英格兰银行的金融政策委员会在某种程度上也在参与着对这个市场的监管。这些不同的监管部门都有其规定的监管内容。

金融世界的执法者现在要面对的不但是不断膨胀和而且是经常变异的金融市场。这有点儿像在清理乱七八糟马圈的同时，还要准备迎接更多新马到来的马圈管理者。

时至今日，金融世界里一直流行的"（它们）太大了，不能（让它们）倒"（too big to fail）的难题依然存在。如果摩根银行或汇丰银行这样的大银行出现麻烦，很难想象美国或英国的政府会袖手旁观。因为像摩根或汇丰这种规模的银行一旦崩塌，无疑会对美国或英国的经济造成巨大的破坏。也正是因为这个原因，这些银行今后如果再从事违规操作，只要达到一定的严重程度，必将会受到执法者的惩罚。

人们可能要问是否可以通过拆分那些大银行的方式解决问题？美国的花旗银行、英国的苏格兰皇家银行以及德国的德意志银行，它们的资产负债表的规模都在1万亿美元左右。即使把这些银行一分为二，拆分后的银行虽然可能不再是万能的，但依然是个庞然大物。所以虽然拆分庞大银行的想法一直在被考虑，实际的拆分还没有真正出现。

虽然美国已经按照"沃尔克法则"在零售银行和投资银行之间架起电网，但即使如此，美国问题资产救援计划（TARP）的设计者和这个计划第一位总监尼尔·博罗夫斯基（Neil Borofsky）还是认为权力的天平目前还是倾向银行。他说：

"我想我们安全了一些，但不是完全安全。《多德—弗兰克金融改革法案》其实应该解决'（它们）太大了，不能（让它们）倒'的问题，但它没有。这个法案只是对现状隔靴搔痒，其结果就是那些超大银行的现状依旧。"

很多人指出，《多德—弗兰克金融改革法案》和巴塞尔协议Ⅲ只是在加固现有的金融体系而没有对这个体系进行全面再评估以彻底根除产生这个体系不稳定性的原因。巴塞尔协议Ⅲ依然允许银行以借入方式筹集它所需的大部分资金以维持其日常营运，并且允许银行只将借入资金中的很少一部分作为应急准备。这种规定实际上是默许银行可以依赖借贷而不是股票发行来维持经营，其结果就是保证了银行股东远离危险地带。这反过来也在鼓励银行本身的既有文化，即银行会奖励成功，但不会惩罚失败。在这种文化下，具有高风险的成功可能永远都会对银行高管产生吸引力。日内瓦大学（University of Geneva）经济学和金融学教授哈罗德·豪（Harald Hau）曾经说过，只有在银行（应急）资本充足率得到严格执行，并且20%的借入资金被用于应急准备，银行才有可能真的实现稳定。但没有任何迹象表明他的建议现在能够实现。

在这段时间里，人们也注意到了银行家们态度的改变。2007年，英国中央银行行长默文·金在伦敦市长官邸的市长宴会上说，那些获得AAA最高信用等级的银行，就像一瓶外观漂亮的香槟，当你打开它时，你就会发现它其实是平淡无奇的（当时在座的很多人对金的这番话非常不以为然）。6年后的2013年，行将卸任英国中央银行行长职务的金在同一地点、同一场合用谨慎的语调对伦敦金融界的精英们说：

"即使有了宽松的流动性规定和政府资金支持，信贷业务还是没有多少起色，风险溢价①依然很高。2008 年以来，虽然我们最大银行的资产负债表的总规模有所降低，但它还是英国国内产值的 4 倍。银行（应急）资本充足率也再次出现下降的趋势，我们的主要银行还在举债经营。当然了，英国两家最大的贷款机构（苏格兰皇家银行和劳埃德银行）依然为政府所有。很难想象这样的银行体系能为我们的经济复苏作出什么贡献。"

金接着说："银行'太大了，不能让它们倒'和'太大了，不能把它的所有经理都送进监狱'，不符合我们的利益。"

人们注意到，跟 6 年前不同，金的这次演讲获得了与会银行精英们的一些认同。

跟他的前任默文·金一样，马克·卡尼也意识到光靠英国政府自己很难继续通过财力支撑英国的银行体系。他说："公平的原则要求终止只有私人企业获利而社会受损的安排。一个简单的经济学原理就可证明，英国政府不能永远托着比它自己的经济规模大好多倍的英国银行体系。"

这就形成了一个微妙的平衡。一方面，银行担心过度的监管会影响经济复苏。另一方面，所有证据显示，在过去的 20 多年里，银行的监管和执法体系根本没有达到预防危机和惩罚犯罪者的目标。政客们永远会在公众的愤怒达到一定程度后，从墙的一边跳到另一边，并高喊着改革。但在银行家们向他们"说明情况"后，这些政客就后退了。这就是在银行大面积出现危机后发生的情况。人们对此不会忘记。

在美国，1929～1933 年，共有 2 500 家银行倒闭，大面积的银行倒闭致使银行信贷萎缩了 1/3。其结果就是股票价格从其峰值狂跌 75%，失业率高达 25%。芝加哥大学布斯商学院（University of Chicago Booth School of Business）的金融教授路易吉·津加莱斯（Luigi Zingales）在

---

① 风险溢价（risk premia）是指风险投资回报和无风险投资回报之间的差额——译者注。

2013 年 10 月调查世界银行现状时说："这些公司在政治上对国家已经变得如此重要，以致让它们不要把它们本身的利益包括在国家政策中非常困难。"

在政客们和执法者努力规范肆无忌惮的银行行为和同纽约的华尔街、伦敦的金融街和其他一些金融中心的权力作斗争的过程中，他们手上能用的武器，虽然有争议，可能就是社会公众的愤怒了。有人可能以为银行危机已经过去五年多了，公众对银行和金融世界的不信任程度可能会开始下降。但在西班牙这个年轻人失业率在 2014 年曾经高达 57.7% 的国家里，在它的一些城市，比如巴塞罗那的大街上，人们依然将银行家们视为有罪的人。对银行家的同样态度在美国也有，在那里经济的复苏产生的新的工作机会比以往任何一次复苏都少。在英国，公众指责银行家们是国家债台高筑（2014 年英国政府的债务总量是其国民生产总值的90%）和生活水平增长缓慢的罪魁。而新近被披露的更多的银行违规行为，从互助银行的诡计到全球性的对外汇汇率的操纵，对改变公众对银行和金融世界的负面看法没有任何帮助。

在这种民意背景下，政治家和执法者如果愿意对银行采用更加严厉的监管措施，他们应该可以这么去做。但他们必须先得决定他们到底需要什么样的银行以及在什么程度上平衡由市场现状导致的高回报—高风险和社会公众对银行安全和稳定的期待。

10

银行界的难题：5个关键问题

银行经理们的薪酬是否太高了？

据说在一次一起喝酒的时候，《了不起的盖茨比》（The Great Gatsby）的作者弗·斯考特·菲茨杰拉德（F. Scott Fitzgerald）对他的美国同行欧内斯特·海明威（Ernest Hemingway）说："那些有钱人跟你我不一样。"海明威答道："是的，他们更有钱。"把海明威的这句话用在时下那些银行经理身上千真万确。

但银行经理们的收入也不是一直都那么高。在英国，20世纪50年代，银行经理的工资水平跟其他行业的从业者，比如医生或者律师，相差无几。美国的情况也差不多。这在一定程度上是因为那时候的商人银行（Merchants Bank）①，现在叫投资银行，一般是以合伙人的方式组成和经营的。这些合伙人用他们自己的钱进行投资。投资成功，他们就能获

---

① 商人银行（Merchants Bank），最初只是向工厂和贸易商提供贷款服务，后来逐渐发展到购买公司股权并向公司提供咨询服务——译者注。

得高额利润，投资失败，他们今后就要有所节制，甚至再自掏腰包增加资本金。很多国际上著名的律师楼和会计师事务所现在还在沿用这个经营模式。英格兰银行负责金融稳定的执行董事安迪·霍丹（Andy Haldane）说，这种模式保证了在银行里工作的人"会谨慎、负责，一直到死。"

但 20 世纪 70 年代初，伴随着为商业银行和投资银行之间竖起栅栏的《格拉斯—斯蒂格尔法案》（Glass - Steagall Act）被逐渐弱化，美国金融监管规定开始宽松，商业银行与投资银行之间的界限开始模糊起来。商业银行开始介入原来属于投资银行业务范围的咨询和交易领域，而投资银行也开始直接参与筹资和企业信贷业务。持撤掉商业银行和投资银行之间藩篱观点的人坚持认为，只有全能银行才能更好地在全球化的环境中向分支机构遍布世界的银行客户提供更好的服务。

很多投资银行放弃了原来的合伙人经营方式，开始通过公开市场筹集资金从而成为（上市）股份公司。这种改变使投资银行可以将更多的投资风险分散、转移到外部投资人身上。还有一些原来的投资公司通过合并方式，使自己成为大的商业银行的一部分。在 1981 年被期货交易商菲利浦兄弟公司（Phibro）收购了的所罗门兄弟公司是第一家寻找商业银行的华尔街合伙人投资公司。①

合伙人投资公司经营形式蜕变的高峰出现在 1999 年。这一年由后来的美国参议员乔恩·科尔辛（Jon Corzine）和后来的财政部长（2006～2009 年）汉克. 保尔森（Hank Paulson）担任共同主席的高盛放弃了合伙人经营方式并成功在美国纽约股票交易所上市。在以合伙人方式经营

---

① 所罗门兄弟公司（Salomon Brothers），成立于 1910 年。1981 年被菲利浦兄弟公司收购，成为所罗门公司（Salomon Inc.）。1998 年所罗门公司被旅行者集团（Travellers Group）收购，在旅行者集团跟花旗银行合并后成为花旗银行投行业务的一个分支机构（Salomon Smith Barney）。由于一系列金融丑闻，2003 年 10 月，花旗银行决定其投行分支机构放弃使用"所罗门"的名字——译者注。

的时候，投资领域最敢冒险和最精明的高盛，可以完全躲开人们的视线。但一旦成为上市公司，那它的收入来源以及从前台到高级经理的奖金，便成为公开的信息。看到这些信息，高盛在年景好的时候的奖金和股票奖励规模立即在华尔街引发了薪金、奖金和福利的"军备竞赛"。

英国投资银行合伙人经营方式的改变是从 20 世纪 80 年代开始的。1986 年，当时执政的玛格丽特·撒切尔政府将伦敦传统的银行结构扫入大海。股票经纪公司和设定价格的证券交易公司的界限被放弃，从而产生了一个全新的市场制造者。同时，商人银行和股票经纪公司的藩篱也被打破。承接英格兰银行发行纸币的承兑银行和贴现银行可以获得特权地位这一伦敦金融街上古老的传统被侵蚀。那些排外的类似兄弟会似的银行家俱乐部的大门被打开，外国投资人蜂拥而入。

随之而来的是银行经理薪金和奖金大幅度的增长。根据普华永道（PricewaterhouseCoopers）的统计，2010 年前，银行经理的收入已经是医生和律师的 6 倍。前些年的银行危机也没有改变银行经理高收入的状况（银行经理的收入在金融危机过后还上升了。英国四大银行，巴克莱银行、汇丰银行、苏格兰皇家银行以及劳埃德银行对其经理的支付总额从 2007 年的 265 亿英镑上升至 279 亿英镑）。2002~2009 年，根据其长期鼓励计划，巴克莱资本（Barclays Capital）每年付给它不断更换的 60 位主要经理的数额达到 1.7 亿英镑。银行一般职员的人数在银行危机期间可能有所下降，但对银行上层经理的支付却一点儿没有减少。

跟其他一些人一样，被巴克莱银行在伦敦银行同业拆借利率丑闻后请去调查其道德缺失的伦敦金融街上的著名律师安东尼·撒尔斯相信，银行已经被吸进了高薪酬的大气缸里，它们根本就没有考虑高薪酬的后果。他在其 2013 年 4 月的调查报告里说："现在回头看看，一些巴克莱银行长期鼓励计划的薪酬和奖励条款真是太大方了。"在巴克莱银行因为伦敦银行同业拆借利率丑闻广受诟病的 2013 年，依然有 428 位经理级员工从巴克莱挣了100万英镑，其中5人的收入还达到500万英镑。

就伦敦在金融世界的地位，人们可能会自然而然地觉得在伦敦的银行经理们的收入就应该高过其欧洲大陆的同行。欧洲银行管理局2013年7月发布的一份调查报告显示，2012年在收入超过100万欧元的3 529位欧洲银行经理中，有2 714位在英国工作。英国挣得最多的银行高管的平均收入（包括工资和奖金）从2011年的140万欧元上涨到2012年的200万欧元（德国银行高管的奖金数量只是他们基本工资的2倍多）。

银行高管们的高收入也对银行一般员工的平均收入水平产生了影响。在员工薪酬比较高的巴克莱银行，平均工资从2007年的54 000英镑上涨到2012年的70 000英镑。同一时期，劳埃德银行员工的平均工资从40 000英镑上涨到50 000英镑。

所有这些都对社会产生了扭曲性质的影响。社会名人罗尔斯—罗伊斯公司（Rolls‐Royce）前首席执行官约翰·罗斯爵士（Sir John Ross）说，这么高的银行薪酬会使经济受到伤害，因为它鼓励那些好的工程师和数学家跑到金融街，而不是在工厂和实验室找工作。银行的高薪也使英国的居住分布发生了扭曲。比如作为金融服务以及律师楼、咨询公司以及其他一些为金融界服务的行业吸铁石的伦敦，已经变成了富人城市的代名词，就像17世纪的威尼斯被认为是商人的城市一样。英国统计局（ONS，Office for National Statistics）的数据显示，2011年伦敦居民在减去税负、保险后可支配的平均收入为20 509英镑，而英国的数值为16 034英镑。两者间相差大约28%。

与此同时，伦敦的房价也在直线上涨。伦敦西区，包括肯辛顿（Kensington）和切尔西（Chelsea）开始被外国的银行家们"入侵"。伦敦优质的银行服务让它已经成为来自俄罗斯、乌克兰、中国香港、中国以及其他一些东方国家银行家的定居地。伴随着经济在2014年的稳定复苏，预计伦敦的房价还会上涨9%，从而使每套房屋的平均价格达到50

万英镑。

很多人认为这些扭曲对整个社会是个破坏，但更多人认为银行支付给高管的报酬水平已经并且还在继续刺激着银行经理们甘冒一些没有必要甚至是自杀性质的风险。正是那个不计后果的冒险文化才让人们见证了 2007 年以来的大量问题。同时，目前还没有当银行经理们的冒险操作没有成功，他们的奖励就被取消了的证据。伦敦经济学院管理学系教授亚历山大·佩博（Alexander Pepper）指出：

"我不反对高风险—高回报。成功的企业家获得高收益是因为他们承担了很大的风险。但人们现在的观点是，银行高管报酬和风险之间的关系被破坏了，对此我也有同感。"

这种观点甚至蔓延到银行的零售领域。当然那里的工资和奖金水平要低很多。在食物链下端的分行经理的年薪大约在 20 000～25 000 英镑，相对比较适中。"销售顾问"的年薪可能会达到 35 000 英镑。但人们发现"胡萝卜加大棒"的银行奖惩政策是导致最近几年误导销售的重要原因。2014 年，金融行为监管局在对劳埃德银行销售行为进行调查的过程中发现，在这家银行，一个年薪 33 076 英镑的中级销售顾问如果在 9 个月内没能完成 90% 其核定的销售目标，则他/她的年薪就会被降到 25 927 英镑。如果销售顾问连降两级，他/她的年薪会降到 18 189 英镑。但如果销售顾问完成了核定的销售目标，则他/她就会获得包括月薪上涨 35% 的"香槟奖金"（champagne bonus）。

在哈利法克斯银行和苏格兰银行（这两家银行现在全为劳埃德银行所有），明星销售顾问能够获得一次性 1 000 英镑的"千元在手"奖金机会。"千元在手"本来是银行交易部门员工给那里的奖金计划起的名字，现在这个"黑话"也在银行零售部门开始流传。

但银行一直在为其薪酬政策辩护。它们说，首先，高薪对吸引人才从事高压和高回报的金融工作很重要。其次，它们必须按照市场价支付高管薪酬，否则这些人就会去它们的竞争对手那里工作。钱对银行经理很重要，特别是对投资银行的经理们，因为这是衡量他们是否成功的一把尺子。苏格兰皇家银行董事会主席菲利浦·汉普顿爵士（Sir Philip Hampton）还记得 2013 年 11 月他跟一个年收入已达 400 万英镑的银行高管聊天时的情景：当那位银行高管一听说跟他干相似工作的另一家银行的高管年收入为 600 万英镑时，立即开始暴跳如雷。在其他行业，如果应聘者或其员工要求超过市场价很多的薪酬，就不会被雇佣或被辞退。在银行界，因为害怕雄心勃勃的银行经理会被其他银行挖走并带走银行的重要客户，所以银行不得不经常跟它的重要经理进行薪酬谈判。

所以，在限制薪酬方面，不但银行肯定不会走在前面，作为一条不成文的规定，它的股东也不会。但巴克莱银行是个特例。在这家银行 2011 年的股东大会上，31.5% 的股东不同意薪酬报告，包括向鲍勃·戴尔蒙德支付 1 700 万英镑的计划。这份薪酬报告让股东对银行薪酬委员会主席艾莉森·康沃斯（Alison Carnwath）极其愤怒。后者于 2012 年辞职（艾莉森·康沃斯在 2014 年被英国皇室授予女爵士）。虽然遭到部分股东的反对，但巴克莱银行在 2011 年还是向它的经理支付了所有奖金。

在前吉百利（Cadbury）首席执行官约翰·桑德兰德爵士（Sir John Sunderland）接替康沃斯成为巴克莱银行薪酬委员会主席后，巴克莱银行利润下降了 32%。但即使这样，桑德兰德照样宣布，巴克莱银行 2013 年奖金总额将是 24 亿英镑，比 2012 年增加 10%。这让他立即成为众矢之的。面对股东们的愤怒和骚动，桑德兰德不得不于 2014 年 4 月 15 日辞职。

地方政府养老金论坛（Local Authority Pension Fund Forum）也是众多想要桑德兰德爵士脑袋的机构投资人中的一员，这个论坛的主席凯尔仁·奎恩（Kieran Quinn）说："让桑德兰德离开是巴克莱银行董事会做的正确决定，但很遗憾，他们的这个决定是在股东的压力下作出的。"他还说："巴克莱银行应该重新审视它的薪酬计划，以使今年和今后的奖金能跟股东应该得到的合理收益同步。"

2009 年，前英格兰银行副行长和前监管部门高官大卫·沃克（他现在是巴克莱银行的董事会主席，这看起来让人觉得怪怪的）建议将数额在 100 万 ~ 250 万英镑、250 万 ~ 500 万英镑以及 500 万英镑以上的职位薪酬信息（包括执行董事的薪酬信息）统一对外公布（但他拒绝按照美国证券交易委员会要求的，公布薪酬最高但不是董事会成员银行高管的名字）。他还建议建立严格的奖励延后规定，以使奖励跟经济周期相匹配，同时，在银行发现经理有违规操作时，可以立即追回发出的奖金。一半的长期奖励，特别是奖金和选择权，将以银行股票形式体现。获得股票奖励的经理 3 年后才能将其中一半股票变现，余下一半要等 5 年才能变现。短期奖励金额应该在 3 年内分次支付，第一年的支付额不能超过短期奖金金额的 1/3。

但即使经理们的当年奖金发放被延后 5 年，但他们依然能在犯错后照样获得奖金。一些误导销售支付保证保险的行为是 10 年前发生的，伦敦银行同业拆借利率丑闻也发生在信贷危机之前，而次贷丑闻则发生在 20 世纪初期。人们可能要用 10 年的时间调查违规操作和最终得出结论。英格兰银行的的安迪·霍丹说："危机前的繁荣期可能能持续 20 年，仅用 3 ~ 5 年的时间来判断银行经理的业绩表现可能时间太短了。"

虽然沃克的很多建议后来被议院银行标准委员会和银行的监管部门所采纳①，但没有迹象表明他的建议能迅速改变银行家们的行为模式。并且，被延迟支付的奖金数量越来越少。汇丰银行延迟支付的奖金占经理

---

① 沃克的薪酬建议后来被半官方的、负责监管银行财务管理是否符合政府相关规定的财务报告理事会（Financial Reporting Council）采纳并被写进银行薪酬指南里。虽然是否使用这些薪酬标准完全由银行董事会决定，但银行股东有权拒绝银行的薪酬报告并有权决定上至银行董事会成员下至银行经理是否违规。

们全部收入的比例从 2010 年的 8% 降至 2012 年的 3.6%。同一时期，苏格兰皇家银行的比例从 8.4% 下降到 5.2%。在所有英国银行中，只有巴克莱银行的比例在这段时间里从 16% 上升到 17.4%。没有银行理会 2013 年 6 月英国议院银行标准委员会建议的将银行经理的大部分奖金延迟 10 年发放的建议。

在欧洲，表面上看，情况有所不同。2013 年欧洲议会计划立法将区内所有年薪在 50 万欧元以上的银行经理奖金金额限制在其年薪数额 1 倍之内（但如果股东同意，银行经理的奖金可以达到其年薪的 2 倍）。由于担心伦敦在国际金融领域内的作用会被因此降低，英国政府对这个立法提出了质疑。但欧洲议会还是在 2014 年 3 月通过了这个法律。但这个法律后来被证明太容易被规避了，以致人们甚至提出为什么欧洲议会要花那么长的时间讨论和通过这个法律。要规避欧洲议会对银行经理奖金数量的规定，银行只要提高经理们的年薪就成了。总部设在伦敦的汇丰银行在 2014 年宣布它将向其高管和主要交易员按月提供工资和奖金以外的"补助"。这让欧洲议会关于银行经理收入的法律在它开始生效时就失去了效力。

银行经理的工资和奖金容易引起媒体的关注，但这只是问题的一部分。高管们除了巨额奖金外，还享受着大笔退休养老金的待遇。前苏格兰哈利法克斯银行首席执行官安迪·洪比的养老金就高达 280 万英镑，并且是以 2 倍于最后养老金—工资比例的方式积累的。北岩银行前首席执行官亚当·艾普格斯（Adam Applegarth）养老金数额为 260 万英镑。苏格兰皇家银行的弗雷德·古德温即使迫于政府压力放弃了他养老金的 1/3，其养老金数额也还有 1 220 万英镑。现在没有任何迹象显示，监管部门会在近期对银行高管们的养老金规模进行限制。

从我（作者）跟那些银行高管的交谈中，我发现即使那些最积极地公开支持银行要按道德标准经营和要对银行文化进行改革的人，比如巴克莱银行真诚的首席执行官安东尼·詹金森，都坚持说，关于银行经理的薪酬，他们没有其他选择，只能加入薪酬的"军备竞赛"，否则他们的银行就会完蛋。看起来银行经理们的高水平薪酬还会继续存在，伴随着这种情况，那些导致过去那么多问题、由银行体系本身产生的利润追逐偏好也将继续存在。

银行能自己进行改革吗？

2011 年以来，英国金融界发生了一系列首席执行官的人事变动，在巴克莱银行，安东尼·詹金森在 2012 年接替了鲍勃·戴尔蒙德；在劳埃德银行，安东尼奥·胡塔—奥索尼奥在 2011 年接替了埃里克·丹尼尔斯；在苏格兰皇家银行，罗斯·麦克尤恩（Ross McEwan）在 2013 年接替了史蒂芬·哈斯特。这些人员变动确实让人们觉得改变即将到来。巴克莱银行的詹金森经常说："一系列的衡量标准，包括公司行为规范，显示着银行正在适应新的经营环境。"2013 年 1 月 17 日，詹金森向巴克莱银行的 14 万名员工发了一封电子邮件，要求他们要么在银行道德准则协议上签字，要么离开。

詹金森的这个要求虽然值得称赞，但巴克莱银行随即就出现了一些行为准则方面的问题。2005 年，当时的首席执行官约翰·瓦莱宣布了银行经营的 5 个原则：为客户着想，一起获益，最好的员工，创新和值得信任。这些像是随机挑选的动人的词汇获得银行上层的一致好评。之后担任巴克莱银行首席执行官的鲍勃·戴尔蒙德也在他的任内在行内所有部门推出了旨在建立最好银行文化的巴克莱第一计划（One Barclays plan）。

但是写一个新的银行行为准则比遵守这个准则要简单得多。互助银行董事会通过的公司章程里就包括行为准则，并保证按照道德标准经营互助银行。但几星期之后，它的董事会前主席也是互助集团董事会的前副主席就因非法购买毒品被逮捕。英国议院银行标准委员会尖锐地指出，巴克莱银行新的行为准则跟安然公司（Anron）2000 年年度报告中的行为准则"非常相似"。但安然公司在 2001 年就因有步骤的财务欺诈被迫申请破产。詹金森本人也在 2014 年说，可能需要 5~10 年才能真正改变目前的银行文化。

20 世纪 70 年代，高盛的高级合伙人格斯·利维（Gus Levy）曾经有过一个非常著名的对银行的忠告："如果银行短期利润跟客户关系发生冲突，为今后获得更大的利润，银行就要放弃短期利润。"2009 年，高盛的商业行为道德规范将"正直和诚信"置于其业务核心。但这个华尔街上最精明的企业又在其商业行为道德规范后面加了一个说明：公司可能会"根据情况，对员工豁免一些条款。"一年后的 2010 年，高盛就因误导客户被证券交易委员会开了一张 5.5 亿美元的罚单。

这说明好听的言辞和良好的愿望可能在改变银行文化方面帮不了太多的忙。其原因就是银行文化最丑陋的部分已经如此根深蒂固，根本没有办法去做任何改变。2013 年 4 月，伦敦金融界著名律师安东尼·撒尔斯在他根据从巴克莱银行和投资银行领域内获得的第一手资料完成的独立调查报告中说："不计任何代价实现利润实际上是有代价的：竞争对手的反应，傲慢、自私以及缺少人性和慷慨。"他在报告中还说："在投资银行工作的人总以为比别人更聪明，这让他们经常对监管人员采取粗鲁的态度，不按规矩进行业务操作，并且用冒险的方式实现他们的业绩目标。"巴克莱资本那位著名的前共同首席执行官（co-chief executive），名字跟他资产状况相符的瑞迟·瑞西（Rich Ricci，Rich 在英文中有"财富"的意思）也承认："我们的文化不喜欢那些惧怕问题的人，我们喜欢能解决问题的人。我想我们可能走得太偏了。"

的确是这样。很多证据显示误导销售、操纵伦敦银行同业拆借利率和外汇市场、洗钱在过去几年已经成为一些银行日常业务的一部分。银行将因上述违规操作而受到的罚款看成是向政府多交的税款。当然，也有几次当罚款数额实在太大时，被罚的银行也会愣一下。摩根大通就是这样。这家银行在 2013 年 10 月，因对消费者误导销售次贷产品以及环绕次贷产品建立的其他金融或理财产品，被美国司法部开出一张 130 亿美元的天价罚单。但即使被开罚单，有些银行高管也不太在乎。他们的观点是：只要利润和奖金不受影响，支付罚金也值得。对巴克莱财富（Barclays Wealth America）的美国分支机构的调查发现，在这家分支机构里存在着一种"恐惧文化"，这种文化"对合规程序非常敌视"，经理们对本部门使用"铁拳管理"，谁要提不同意见，谁就必须被铲除。

面对难解的银行固有文化，英国议院银行标准委员会提出了一个可能的解决办法，今后那些由男性占主导地位的银行交易部门要多雇些女性交易员。国际货币基金组织主席、法国人克里斯汀·拉加德（Christine Lagarde）也曾经提出过相似的建议，她说："我曾开玩笑似地说，喜欢冒险的男人文化是导致全球危机的根本原因。研究结果支持我的这种说法。男性交易员更愿意交易，他们的交易次数比女性交易员多出 45%。同时，冒险的后果也可以从交易大厅的损益表上反映出来。男女混搭可能会对减少冒险有所帮助。有更多女董事的公司，它们的销售额、投资资本收益率和利润都会更高。"

能使银行成为经营规范、安全的金融机构的另一个办法是在其董事会里彻底医治对将更多的股权资本用于应急准备的"过敏反应"。只有这样，银行才能降低因资不抵债或无力偿还导致的破产风险。政府也不至于被逼着在使用纳税人的钱营救银行和任由银行自行倒闭两者间作出选择。但在危机过后，因为有政府在全国范围内对存款客户的存款保险和一些税收优惠政策，银行更愿意将更多的股权资本用于投资以为银行带进更多的收益。在更多的利润和股东收益与较少的利润和股东收益但更加安全、稳定的银行之间作出选择，对银行确实很困难。很多银行高管们选择了前者，而政府监管部门又对强迫银行选择后者比较担心。

其结果就是银行继续使用那些复杂的、短期能为银行带进收益的经营方式。这已经是银行文化不可分割的组成部分。在这个背景下，我们有必要回想一下在 1998 年促成纽约的花旗银行和旧金山的旅行者金融集团（Travellers）合并的约翰·里德（John Reed）曾经说过的话。2013 年，在见证了过去 30 年银行从注重建立业务服务关系到只是不顾一切地追逐收益后，里德说：

"投资人能使用的资金达到了天文数字，所以金融领域的人都在力争发明点儿什么然后引起这些投资人的兴趣。这就是现在的投资银行。他们在努力将产品打包或开发出一些虚拟的东西，然后将它们卖给投资人以期获得比传统投资更好的报酬。"

虽然看起来解决银行问题的确太难了，但最近发生的一些事情似乎又让人觉得地平线那头出现了一缕希望的曙光。2014 年 4 月，巴克莱银行董事会在伦敦南部皇家节日大厅召开的年度股东大会上受到来自股东们的激烈抨击。对银行高层在银行利润下滑并且不断要求股东增加现金投入的背景下，依然准备以牺牲股东红利为代价，继续支付银行主要高管奖金的做法，巴克莱银行的机构投资人和个人投资人完全失去了耐心。到了这年 5 月，在对银行战略做了长时间的思考之后，安东尼·詹金森宣布巴克莱银行将砍掉其投资银行业务部门。导致詹金森决定的部分原因也是因为过去几年，具有赌场性质的巴克莱投行业务对巴克莱整体经营的影响力在逐渐降低。比如，2009 年，巴克莱经营收益为 178 亿英镑，其中 137 亿英镑来自固定利息和外汇服务；再如 2013 年，巴克莱的经营收益下降至 107 亿英镑，来自固定利息、外汇服务以及大宗商品交易的收益占到 55 亿英镑。换句话，投资银行部门已经不能像银行危机前那样继续向银行提供那么多的收益贡献了。

在宣布砍掉投行业务部的同时，詹金森也誓言要解决银行业务员们的冒险行为问题。他说，今后银行对具有赌场性质的业务投入，在风险加权后的、其总量不能超过银行资本的30%（这一数值曾经高达60%，即使在2013年，这个数字也达到50%），对投行业务的资本风险敞口将会被缩小一半。随之而来的是在纽约、伦敦和亚洲等地约7 000名跟投行业务有关的巴克莱银行员工被解雇。很多比较"弱"的银行业务部门，比如欧洲大陆的零售银行和大宗商品交易部门，被合并成一个"非核心"的业务部门，这实际上就是"坏银行"部门，虽然詹金森在跟我（作者）关于改变银行文化的谈话中不太愿意使用这个词汇。

与此同时，由于新的科技浪潮，特别是互联网和移动银行技术的出现，银行的零售业务将会萎缩。为了降低经营成本，巴克莱银行在英国的1 600家分行中的400家将会被关掉，12 000家分行和业务处理中心的职位将被裁掉。在这方面，巴克莱银行跟英国主要银行苏格兰皇家银行和劳埃德银行的做法一样。

"精简对巴克莱来说是一个大胆的决定。"詹金森说。"今后，巴克莱将会继续采取瘦身行动以使银行更加健康、更加平稳从而使银行能够稳步发展并为股东提供更高的投资回报。"

詹金森提出的改变意义重大并且影响深远。他承诺接受更加严格的政府监管（2013～2014年，巴克莱银行曾经在一系列会议上试图说服美联储放松其对投资银行的资本要求，但没能成功）。他也承认银行过去的业务操作过于复杂。砍掉7 000个高薪投行职位，包括解雇一些从事过最有风险，有时也是最吸引人业务的投行经理，肯定意味着巴克莱为发放奖金准备的资金量会大幅度降低。但人们也看到，詹金森没有承诺将对留下来的投行经理的奖金做任何限制。"这是最后的决定。我不想把他们交易出去。"他说。

银行股东能对银行进行改革吗？

20 世纪 80 年代和在戈登·布朗政府改组金融监管部门的过程中，人们知道的政府对银行行为表示不满的一个途径就是英国中央银行行长的眉头。只要央行行长皱皱眉头，就足以让票据结算银行的董事会主席知道央行对他的银行不满意。这种央行的表达技巧在银行危机前完全被忽略了，直到 2012 年英国中央银行行长默文·金要求巴克莱银行的董事会让鲍勃·戴尔蒙德赶紧走人才又被重新重视。但满脑子英国金融业传统的政客们对此非常反感。财政部的特别调查委员会甚至暗示，金让巴克莱炒掉鲍勃·戴尔蒙德是越权行为。

但其实，对银行经营表达不满的一个主要群体是银行的所有者：银行股东。20 世纪 80 年代之前，以在很多伦敦股票市场上市公司中都有投资的英国宝诚集团（Prudential）为代表的一些保险公司，会将股东对他们投资的银行的不满悄悄地告诉银行的董事会主席或银行高管。但年度股东大会是股东们让银行高层直接听到他们声音更有效的场所。比如，在 20 世纪 70 年代末，持续不断的股东诉求就让巴克莱银行放弃了它对实行种族隔离政策的南非的投资计划。

在银行危机之后，起码在英国，股东跟银行高管直接交流的渠道改变了很多。这时英国政府的投资机构——英国金融投资公司（UK Financial Investments）已经成为英国几家主要银行的最大股东。本来，建立英国金融投资公司的目的是让英国政府跟银行保持一定距离，但因为政客们跟银行的紧密关系，所以要达到此目的恐怕不那么容易。政客们现在已经可以在银行内部对银行经营施加影响，比如，运作卖掉政府持有的劳埃德银行股权以为纳税人带来收益就是一例，再比如，乔治·奥斯本在 2013 年参与将苏格兰皇家银行的史蒂芬·哈斯特逐出银行也可作为政客们直接参与银行事务的例证。很难说由政府股东推荐银行高管是好事还是坏事。一些被推荐担任银行高管的前政府官员被证明是考虑全面的改革者和改变银行文化的支持者，但另外一些被推荐担任银行高管的前政府官员则只是希望赶快取得业绩然后上报纸头条。后者的这种想法对制定谨慎的银行经营战略不会有多大帮助。

另外一个银行股东群体是国际投资基金的经理们。现在投资基金对银行的投资规模已经超过保险公司和养老基金这两个银行的传统投资者。很多国际投资公司可能都在英国有分支机构，但这些分支机构的功能大多只是向它们的外国总部提供被投资银行的信息。它们主要关心的是对银行的投资收益。至于银行的管理和文化对这些分支机构来说不太重要。

1969 年，外国投资机构的投资只占英国股市市值的 6.6%。但到 2013 年，这个数值上涨到 53.2%。股权结构的这个巨大变化一方面反映着全球化的趋势，另一方面也反映着英国市场对贸易积极开放的程度。大量像饮水、化学以及能源等英国重要行业的企业，包括英国能源公司（British Energy）以及规模更大的泰晤士水务公司（Thames Water），都被外国投资机构买走。很多英国著名品牌公司，像吉百利（Cadbury）、英国机场运营局（BAA）、半岛东方（P&O）、哈罗德百货（Harrods），以及顶级足球俱乐部曼联和切尔西等，现在也都成为外国投资机构在英国的资产。企业被外国投资机构全部收购以及外国投资机构成为上市公司的控股方，进一步切断了英国企业和它们的最终所有者之间的关系。

英国议院银行标准委员会在其 2013 年的报告中指出："相对于通过建立公司长远的业务成功以获得可持续的投资回报，外国投资人更关注短期业务表现。他们对投资公司管理层施加影响的方式就是卖掉他们所持的公司股票，而不是通过投票程序或跟公司董事会进行交流。"

当然，也有一些不同的投资公司，比如英国的景顺基金（Invesco Perpetual）和美国的富兰克林—汤普立顿（Franklin Templeton）这样的价值基金（value funds），因为相信所投资公司的潜在价值，所以不会在投资后马上撤资离开。

但不管怎么说，由于一些投资基金，特别是一些对冲基金持有被投资公司股票的时间比过去大大缩短，使公司股东结构的变化越来越频繁。英格兰银行的安迪·霍丹说投资人持有银行股票的时间已从 1998 年的 3 年降到 2008 年的 3 个月。

看到这种情况的英国议院委员会说："不愿长持公司股票的投资人不太会关心公司的长期发展，他们只关心所投公司短期的股票价格。"同时，很多银行股票持有人也不愿意太关注银行经营的细节，因为即使是银行自己的董事也未必能看懂银行的资产负债表，更别说一个不懂银行业务的股东了。

投资人在年景好的时候也会跟银行交流。但这种交流经常就是为了力促银行多放贷和多冒险，以便能让投资人获得更多的红利。一旦银行拒绝投资人的这个要求，它马上就会招致投资者的批评。银行危机前，投资者就经常指责英国最谨慎的银行——劳埃德银行，在收购外国银行和在交易领域没能像英国其他银行那样敢于冒险。劳埃德银行的股价也因此经常受到影响（值得一提的是，即使采取了谨慎经营的策略，劳埃德银行的股票收益在伦敦银行界也经常位列前茅）。但劳埃德银行跟苏格兰哈利法克斯银行的短暂"婚姻"结束了劳埃德谨慎经营的传统。

劳埃德银行在它向英国政府提交的关于银行管理的书面证词（劳埃德银行的部分证词后来被包括在英国议院银行标准委员会 2013 年 6 月的报告里）里说："股东在危机前就是专注于力促不能带来持久回报的业绩成长，他们没有意识到因此会给银行带来什么样的风险。股东的要求是形成危机前银行文化的一个因素，而这种文化，虽然有争议，可能导致了金融行业的危机。"

汇丰银行也经历过同样来自股东的压力，其结果就是在约翰·邦德爵士担任董事会主席期间的一系列合并和收购。邦德的一个继任者，在2010 年成为汇丰董事会主席的道格拉斯·费林特在 2011 年 2 月对议院财政委员会说：

"股东们给了我们很大压力。他们就是要获得额外的投资回报。现在回头看，我们的经营模式有漏洞并且它是一个举债比例太高的商业模式。但即使这样，股东们还是指着这个模式对我们说：'你们没有效率。你们的资产负债表根本没有达到我们的要求。别的地方的人做的比你们好太多了。'我们在 2006 ~ 2007 年受到来自股东的巨大压力。"

根据原来的巴塞尔协议，银行股东也必须贡献银行部分经营资金，剩下的大部分银行经营资金则可以来自于债券持有者和客户存款。股东的资金权力（相对于来自其他资金渠道的资金权力）因此被放大了好多倍。同时，在危机前的一段时间里，股东从股票价格的上涨和分红所能得到的收益好像没有任何上限，这也导致了股东们经常强力督促银行进行投资和放贷。从投资者的角度说，在几乎将一些银行一扫而光的银行危机到来之前，他们为获得更多的收益力促银行高管胆子再大点儿的要求也许有几分合理的成分。

但银行债券持有人天生反感冒险。只要能在一个比较长的时间里获得一个稳定的收益，他们就心满意足了。在银行危机爆发前，银行债券持有人普遍的想法是，一旦银行出现危及其生存的严重危机，政府定会出手相救。这就是为什么当互助银行在 2013 年请求其债券持有人为银行的 15 亿英镑资金缺口提供资金帮助时，互助银行债券持有人立即造反并强迫互助银行的最终所有者——互助集团在借款条件上作出让步的原因。

英国议院委员会说："害怕损失使债券持有人极力限制银行进行冒险操作。但当债券持有人觉得风险比较小，或纳税人直接或间接表明在银行出现问题时会施以援手时，债券持有人对限制银行冒险操作的意愿就会下降。这对那些'太大了，不能让它们倒'的银行尤其适用。"

银行危机期间，银行债券持有人损失不大。当银行艰难地完成对其竞争对手的收购、规模又变得越来越大后，很多银行债券持有人觉得"太大了，不能让它们倒"的情况依然存在。他们相信政府也依然会在银行再出现危机时继续提供资金援助。虽然银行债券持有人以及存款客户也有一两次被推上前线的情况，比如我们在前面已经介绍过的发生在互助银行和一些塞浦路斯银行的情况，但这些情况只能算是特例。

特别具有讽刺意义的是，虽然银行股东在银行的冒险操作中起了推波助澜的作用，但他们的确没能获得他们希望的收益。经常对银行的违规操作提出批评的英国中央银行前行长默文·金2013年3月告诉英国议院银行标准委员会："让人吃惊的是，过去投行为银行带进的收益最后都作为奖金发给银行雇员了，股东什么也没得到。"新的巨富银行经理阶层的产生是以银行股东利益为代价的。股东们没有如其所愿获得红利，并且非常无助地看着他们手里的银行股票价格直线下降。

个人投资人和机构投资人跟银行的距离也是造成投资人不能经常跟银行进行交流的原因。银行现在的主要投资人大多是国际投资基金，比如向市场领先产品投资的美国黑石集团（Black Rock），在2014年就管理着近4.3万亿美元的投资资产，包括它投资的银行资产。一些共同基金和信托基金也增加了对银行的投资，这种投资从从根本上切断了银行和最终投资人之间的关系。

在一些地方，比如意大利，银行股东跟银行的关系在银行危机前比较紧密。这是因为大多数意大利银行的所有人是本地的一些知根知底的商家和家族基金会。这些商家和基金会都希望它们投资的银行稳定。但即使是这种紧密关系也因银行危机受到了破坏，因为当地的商家和基金会在银行危机的过程中已经没有能力向银行提供其急需的资金了，它们必须通过在公开市场上卖掉一些它们所持银行股权的方式为银行筹钱。在英国，政府一直努力让银行股东对银行经营承担一定责任。负责上市公司会计管理的财务报告理事会（Financil Reporting Council）在 2010 年公布了旨在加强投资人和被投资公司之间关系的规范条例，并在 2013 年对规范条例做了进一步修改。一些投资人，比如提供资产管理和保险服务的苏格兰地区的标准人寿公司（Standard Life），不但对贯彻这些规范条例特别认真，而且表示愿意对外公布他们对投资企业的批评。但也有一些投资公司，比如对伦敦金融机构投资时间最长的投资者之一的亨德森公司（Henderson），则更喜欢私下跟银行进行交流。

在美国，加利福尼亚州公职人员养老基金①是一个积极参与其投资企业事务的投资者。在摩根大通 2013 年的股东年会上，加利福尼亚州公职人员养老基金跟其他投资人一起强烈要求杰米·戴蒙不能再继续同时担任银行董事会主席和首席执行官。英国的养老与投资研究咨询机构（PIRC – Pension & Investment Research Consultants），这个代表着很多地方政府和工会养老基金的机构，也在参与企业事务方面非常积极并经常投票反对银行的薪酬政策。人们可以从 2011～2013 年发生在巴克莱银行的事情中，看到投资人的这种积极参与对银行所起的作用。在那段时间，前后两任巴克莱银行的薪酬委员会主席艾莉森·康沃斯和约翰·桑德兰德爵士都在投资人反对他们向股东大会提交的薪酬政策后辞职离开了巴克莱银行。

最近几年，银行股东对银行事务似乎开始变得更加负责和更加愿意公开讨论他们对银行事务的看法。但只要银行高管和董事会能够向股东们交出一份漂亮的业绩成绩单，即股东收益得到保证，银行资金得到增加，股东们是不会主动找银行高管或董事会麻烦的。股东责任和股东收益（包括基金经理们的个人收益）之间冲突的结果，往往是收益战胜责任。

---

① 加利福尼亚州公职人员养老基金（Calpers – Californian Public Employees' Retirement System）是加州政府管理的其退休人员养老和医疗保险基金。2014 年，这个基金管理的资产达 3 000 亿美元，是当时美国最大的政府管理的公职人员养老基金——译者注。

政府和监管部门能够对银行进行改革吗？

政府还是要首先决定它们到底需要什么样的银行。政府是否希望以严格限制银行业务的方式，让银行只从事接受存款和发放简单的"香草贷款"①？还是政府希望不对银行做太多的约束，只要银行不出现危机，让它尽可能多地为它的管理层、股东和纳税人赚钱？

大西洋两边的政府和世界其他国家的政府在 2014 年前一直在思考如何使银行成为更安全和更持久的金融服务提供者，以及如何缩小因有些银行"太大了，不能让它们倒"的问题给纳税人带来的风险敞口。银行危机后由 20 国集团成立的、由前加拿大中央银行行长马克·卡尼领导的金融稳定委员会为此制定了一系列规范性的指南。人们的共识是，必须解决银行"太大了，不能让它们倒"的问题。

解决方式大致有两种。第一种方式是严格实施巴塞尔协议 III。如前所述，巴塞尔协议 III 要求银行为可能的危机准备更多的应急资金。第二种方式是立法，即建立银行破产安排。这种方式给予监管部门和法庭拆分银行健康业务部门和有问题业务部门的权力，以便在银行出现危机后迅速（最好只用一个周末的时间）恢复银行服务。第二种方式是以美国的联邦存款保险公司（FDIC，Federal Deposit Insurance Corporation）在银行危机期间的营救模式为蓝本，但迄今为止，这种方式还没被运用到更加复杂的全球金融领域。

虽然很多国家已经立法，但仍有大量工作没有完成。银行增加应急准备的工作还在进行，监管部门还在不停地要求银行加快修复其存在问题的资产负债表和增加股东投入。在英国，将零售银行和其他具有赌博

---

① 香草贷款（Vanila Loan），指仅对有还款能力和信誉好的借款人发放的贷款——译者注。

性质的银行业务部门隔离开的努力才刚刚开始。在美国，《多德—弗兰克金融改革法案》中的很多条款还没得到实施。在欧元区，新建立的区内银行监管机构——欧洲中央银行还在努力恢复区内银行的健康（它们当中还有很多银行依旧伤痕累累）。在中国，人们最大的担心是地下钱庄——这个在银行危机之后在西方主要发达国家盛行的地下金融组织的发展。

　　建立更加安全的银行和加强监管力度与恢复银行健康以支持经济复苏的意义重大。银行到底是什么？它的存在就是为了让它的股东和雇员获益吗？抑或是为了社会大众的共同利益？对这些问题的不确定的回答，或者如何对这些问题作出平衡选择，正是目前各国政府在思考银行政策时不确定因素的根源。其结果就是目前政府小心翼翼的改良式的解决方式。这种方式只对银行危机前的那种政府在银行高管肩上"轻拍一下"的提醒方式做了一些调整以避免让伦敦金融街上的"庞然大物"不高兴或将管理金融服务的责任推给不受监督管理的地下钱庄。当然，政府在危机后，被赋予更多更大干预银行的权力。英国允许检查机关起诉"肆意妄为"银行新的法律规定，为监管机构和执法机构加强对金融机构的监管和执法提供了法律依据。在美国，检查机构在危机过后，彻底改变了对银行的温和态度。

　　但是，政府至今还没有对导致银行危机的根本原因之一——奖金文化发起强势挑战。人们已经看到银行经理们为躲避新的条例、法规和法律发明新的规避工具（比如每月福利）的能力。由动物本能驱使的全球金融市场基本上还没有得到彻底的治理，银行依然比政客们更能主宰关于银行问题的公开讨论。具有讽刺意味的是，在银行危机后，一些超大银行，比如摩根银行、美国银行、桑坦德银行、巴克莱银行以及劳埃德银行，在吃掉一些"得病"的竞争对手后，其规模不但没有缩小，反而越来越大。除非这些超大规模的银行被拆分成若干小银行，那个"太大了，不能让它们倒"的难题将会依然存在。

是否还会有更多的银行丑闻？

　　成功的银行经营的核心就是人们对银行的信任。但近些年，对银行的信任一直处于供应短缺的状态。当这种信任被 2007～2008 年的危机风暴彻底刮走后，其结果就是我们已经看到的对银行存款的挤提（比如发生在北岩银行的挤提）以及银行的倒闭（比如雷曼兄弟公司）或近乎倒闭（比如苏格兰皇家银行和苏格兰哈利法克斯银行）。世界著名公关公司艾德曼博兰公司（Adelman Berland）在 2013 年发表的统计数据显示，只有 50% 的访问样本相信银行，在英国，只有 22% 的受访者说自己信任银行。

　　人们产生对银行的不信任感并不仅仅因为频发的银行丑闻，也是人们对银行文化反感的反映。英国中央银行前副行长保罗·塔克（Paul Tucker）注意到一些金融街上的主要零售银行正在逐渐偏离其注重客户关系（relationship banking）的经营宗旨。他说："别管那些国际投行业务发生了什么，就银行分行经理来说，他们跟客户建立密切关系的能力比 20 年或 30 年前差多了，这是目前银行文化的主要问题。"2013 年 1 月，银行分行职员的工会组织——联合工会（Unite）的地区代表斯图尔特·戴维斯（Stuart Davies）在议院银行标准委员会作证时，对银行新的、强势的销售文化嗤之以鼻。他说：

　　"我们就是担心特别带有侵略性的银行销售文化以及带有侵略性的建立在业绩基础上的银行管理文化。所有电子邮件都围绕着个人是否达到了业绩目标和业绩表现这个议题，黑板上也满是个人的业绩表现的信息。这让员工倍感压力，这种压力可能会使员工对客户进行一些不应该进行的销售，因为他们需要这份工作。"

在劳埃德银行的支付保证保险丑闻被揭露后，一些主要银行减轻了处在第一线银行分行员工的业绩压力。这些银行用一些综合考核指标，包括客户对服务的反馈和分行的发展，代替过去僵硬的销售目标来对分行员工进行业绩考核。但即使这样，好像销售指标依然正式或非正式地在分行和个人考核表中存在。这是需要注意的问题。英格兰银行金融政策委员会成员，巴克莱银行前首席执行官马丁·泰勒（Martin Taylor）指出："你不能周一要求雇员按照专业标准工作，周二就给他们一些销售指标，告诉他们可以不按那些专业标准工作。"

在银行的商业银行业务部门发生大的变化的几率比较小。高风险依然存在，丑闻还在继续被人挖出来。政府和监管部门忙个不停。但正像鲍勃·戴尔蒙德在 2013 年 9 月说的，政府依然没有解决导致银行"太大了，不能让它们倒"问题的根本原因，这实际上是给了那些银行罪犯免费的无罪免罪牌。他还说，现在还缺少一个能在世界主要银行出现危机时按部就班解决危机问题的国际计划。

2013 年夏季，英国议院银行标准委员会成员，有着 11 年石油公司高管经历的坎特伯雷大主教贾斯汀·威尔比（JustinWelby）在圣保罗教堂的圣坛上谈到金融体系时说："对'为什么银行不能成为好银行'的所有分析最大的不足，就是对人类本身认识的不足。"他接着说："好银行的核心是从事银行工作的人必须先得是好人。"

在说这番话之前，威尔比已经听了几个月该为操纵伦敦银行同业拆借利率丑闻、误导销售支付保证保险丑闻以及苏格兰哈利法克斯银行倒闭负责的银行高管的证词。在这个过程中，没有任何东西能让他相信那些银行高管们对他们的过失有任何的悔意（导致这种现象的原因也许是他们曾经服务过的那些银行真的变了，或者银行的业务操作经历过一场什么革命，让过去人们对银行的想法不再适用了）。威尔比对作证的那些银行高管的观察得到了众多道德领袖、政治领袖、监管人员、银行投资人以及一些传统银行家的广泛认同。所以，在经历过本世纪最严重金融危机的痛苦之后，在银行改革的过程中，现在还有大量没有完成的工作。这让人非常担心。

　　看来坏银行还会存在很长的一段时间……

后 记

"即使经历了 2007～2008 年几近死亡的过程，银行在 2012 年前依然继续通过欺诈方式从事着一些危险的操作。由这些危险操作导致的罚款、不断增加的违规成本以及对银行名誉的损害让银行及其股东损失了数百亿英镑的损失。"

以上是一个有活力的、要求银行进行改革的非盈利组织——金融街的新工作（New City Agenda）① 在其于 2014 年 11 月发表的一份报告里的观点。这个组织估计，英国银行用于支付罚款和向消费者提供补偿的金额高达 385 亿英镑（2007～2008 年金融危机以来，全球银行为其违规操作支付的罚金数额为 1 500 亿英镑）。同时，这个组织也注意到，消费者的投诉数量从危机初期 2008～2009 年的 7.5 万份大幅上升至 2013～2014 年的 40 万份。

考虑到银行的违规操作不断地被披露，不断有银行承认他们曾经干过坏事以及庞大的罚金数额，那些消费者的投诉数量一点也不会让人吃惊。比如，2014 年 3 月，桑坦德银行，这家建立在阿比国民银行、联盟雷赛斯特和布莱德福德滨雷废墟上的西班牙银行因为在其分行向银行客户提供不实的咨询服务被送上了被告席。在金融行为监管局发现桑坦德

---

① 金融街的新工作（New City Agenda）是由麦克弗勋爵、大卫·戴维斯议员和沙克勋爵发起成立的非盈利组织。这个组织得到了《什么》杂志、保诚集团、汇丰银行、贝伦贝格银行英国分行、伦敦股票交易所和伦敦金融街集团的支持。

银行在向其客户提供的咨询服务存在"严重问题"后,这家银行被英国监管部门开出 1 240 万英镑的罚单。这对桑坦德银行那位一直在努力提升客户服务质量、极具魅力的首席执行官安娜·博坦(Ana Botin)[①] 无疑是一次沉重的打击。

2014 年 5 月,劳埃德银行被发现为其员工设置了"不可能达到的"销售目标,金融行为监管局认为这些目标会逼使劳埃德银行的员工在销售工作中作出"错误的行为"。事实上,正像《每日邮报》已经披露的,金融行为监管局早在 2013 年 12 月就发现了出现在劳埃德银行的这个问题,但看起来没人采取了能让实施这些"不可能达到的"销售目标的规定停下来的措施。同时被披露的情况显示,即使劳埃德银行的客户明确要求银行不要给他们打任何电话,他们还是会接到那些来自银行强力推销产品,比如消费贷款产品的电话。

同月,2014 年 5 月,因为试图操纵金条价格,巴克莱银行被罚了 2 600 万英镑。仅仅一个月后,约克郡建房互助金融机构和瑞信银行被罚 400 万英镑,其原因是这两家金融机构向它们的客户推销一种非常复杂的投行产品(The Cliquet)。虽然这种产品表面上可以为购买者带来最大程度的收益,但实际上,这种最大程度的收益只有在伦敦金融时报 100 股票指数表现得异常出色时才能实现。这两家金融机构向没有多少金融市场知识的客户推销了这种产品。英国的监管部门确认这两家金融机构使用的产品介绍存在"明显违反产品介绍必须清楚、公平和不误导"的规定的情况,而在推销过程中使用这些产品介绍被英国监管部门认为是"不能接受"的行为。别的先不说,仅就作为具有良好声誉的存、贷款服务机构——约克郡建房互助金融机构也开始向其客户兜售复杂产品来说,

---

① 在其父亲突然逝世后,安娜·博坦于 2014 年离开桑坦德银行英国分行回到马德里,成为欧洲最大银行——桑坦德银行总行的主管。

就特别让人感到不安。

9月，巴克莱银行又有麻烦了：因为巴克莱银行没有按规定将其客户的165亿英镑资金跟银行的其他资金区别开导致这笔客户资金出现了巨大的风险敞口。金融行为监管局在确定巴克莱银行存在控制和系统漏洞后，立即向这家银行开出了3 800万英镑的罚单。这年，银行总能因为这样或那样的问题让自己登上新闻头条，而那些关于银行的新闻报道基本上都是负面的。

2014年12月，我（作者）在伦敦一处豪华的公馆参加一家英国主要银行举办的私人晚餐会。在壮观的壁炉上，象征着节日气氛的蜡烛闪着烛光，桌子上满是丰盛的食物和红酒。但这家银行的首席执行官却显得既好斗又忧郁。他告诉来宾，银行股东要学着适应一种新的情况，即今后银行的利润规模不可能再像2007～2008年危机前那样了。

成本在增加，他说，因为他的银行必须要应付政府的监管大军并且保证不违反任何一项在危机后被议院通过的大量新的监管要求。同时，因为银行要按规定预留更多的应急资金以达到规定的（应急）资本充足率，所以，银行家们为银行带进超常利润的能力被大大地削弱了。

仅仅一个月前，2014年11月12日，那位首席执行官领导的银行在英国金融行为监管局掌握了他的银行和其他世界著名银行操纵外汇市场的确凿证据后，同意向英国监管部门支付创纪录的11亿英镑的罚款。让人们担忧的是，银行这种蓄意操纵外汇市场的违规行为发生在银行操纵伦敦银行同业拆借利率丑闻在2012年夏天被媒体披露之后。

在这次圣诞节前的晚餐会上，这位银行高管还表达了对最近发生事情的厌恶。他相信，更多的政府监管规定，包括从不自律的交易员那里追回已发奖金的规定，对减少肆无忌惮的银行操作远远不够。他说："除非把那些流氓交易员全都抓起来，然后审判他们并且让他们在监狱里待上很长一段时间，这才是最有效的吓阻方式，否则政府根本不可能达到他们想要达到的目的。"

在危机最紧张的时候，我从来没有从一个银行高管嘴里听到过这种观点。但很多重要人物现在已经接受了他的这个观点，这预示着一些在金融界身处高位的高管们的态度已经出现了一些重大变化。那位热情的ICAP 创建者和首席执行官迈克尔·斯班瑟曾经说过要用所有可能的法律来起诉那些操纵了伦敦银行同业拆借利率的人，狱警们应在把那些有罪的人锁进监狱后，立即将监狱的钥匙扔了。

英格兰银行行长马克·卡尼走得更远，对他来说那些违规者不光是筐子里的烂苹果。2014 年 11 月 17 日，在参加完布里斯班 20 国集团高峰会议（在这次会议中，新的稳健的银行业务原则被 20 国集团采纳）返回英国的途中，他在新加坡发表了一次演说。在这次演说中，卡尼指出了存在于银行体系中的更大问题：

银行的领导者和经理应该对建立他们银行的文化负责。但在一些金融机构里，高管和他们应该承担责任的关系变得很模糊，在一些地方，这种联系早已不复存在。

公众有理由对那些播下危机种子的高管以及那些任由促成违规发生的文化发展并在危机后逃避了其应付责任（包括不作为责任）的高管愤怒。

卡尼不但将矛头直指糟糕的银行内部管理，同时他还提出银行高管享受的过度的薪酬待遇应该受到指责。卡尼以中央银行官员特有的平静口吻告诉他的听众：银行的薪酬政策在严重高估了现在的同时严重地低估了将来，这种薪酬政策鼓励了短视和那些盲目的冒险操作。

不单是金融领域的高级经理表达了他们对银行继续保持现状的担心。在美国，曾经担任过高盛集团经济学家的纽约美联储行长的威廉·达德利（William Dudley）同样对银行的薪酬政策持批评态度。他在 2014 年的一次对银行家的演说中说："如果今天在座的金融界管理者不在金融领域进行强势改革，那么坏行为将会继续存在。"他还说，如果不马上开始金融领域的改革，人们会得出那些大银行"太大，太复杂（too big and too complex）了，必须得通过大规模拆分和简化的方式，以使这些银行更好地得到管理"的结论。

但是，看起来那些为银行现状焦虑的高级银行家并不能让关于银行的负面新闻从媒体上消失。当然，有些关于银行的负面报道是关于它们过去几年的违规操作，只是现在才被媒体记者发现并被披露出来。比如劳埃德银行，现在每天依然要应付消费者没完没了的对误导销售支付保证产品的索赔要求以及监管部门对能够刺激银行销售人员向消费者兜售他们根本不需要产品的银行内部奖励政策的调查。当劳埃德银行在 2014 年 7 月公布其上半年的业绩表现时，它承认它已为消费者的支付保证保险的索赔申请花了 6 亿英镑。这使劳埃德银行在这项赔付上的总支出达到 14 亿英镑（英国国内对银行误导销售支付保证保险总的赔付金额已经高达 230 亿英镑，并且还在增加）。同时，因为承认其规模不大的投行业务部在 2006 ~ 2009 年期间操纵了外汇市场，劳埃德银行同意向政府监管部门支付 2.26 亿英镑的罚金。为此，劳埃德的董事会主席布莱克威尔勋爵（Lord Blackwell）为发生在劳埃德银行的违规行为给英格兰银行行长马克·卡尼写了一封私人道歉信，即使那些违规是在他去劳埃德银行之前发生的。布莱克威尔勋爵保证不管使用任何手段他也要从那些实施了违规操作的银行经理那里追回已经发出的奖金。

2014 年 11 月，苏格兰皇家银行以及它的两家分支机构被监管部门罚款 5 600 万英镑，原因是其计算机系统在 2012 年突然发生坍塌导致银行提款器不能正常工作致使银行客户不能正常使用他们的银行账户（苏格兰皇家银行已经为这次银行计算机事故可能导致的客户索赔要求准备了 1.25 亿英镑）。这次计算机系统的坍塌事故是古德温担任银行首席执行官时对银行计算机系统常年疏于升级、维护的直接后果。在意大利，

2014 年 10 月，因在金融危机初期的违规操作，世界最古老银行——西雅那银行的 3 名高级经理被关进了监狱（2014 年 11 月，在欧洲中央银行宣布西雅那银行是欧元区 130 家主要银行业绩表现最差的银行之后，这家世界上最古老的银行因为资金枯竭不得不在公开市场上将自己标价出售）。

在有些地方，时间让一些不那么严重的违规行为也暴露在人们面前。比如 2014 年 11 月，苏格兰皇家银行董事会主席菲利普·汉普顿爵士在压力下为在 2013 年政府监管部门调查苏格兰皇家银行全球重建集团时，向监管部门提供了不正确的信息，向英国下议院财政特别调查委员会道歉。当两位苏格兰皇家银行全球重建集团的高管在 2013 年在英国下议院财政特别调查委员会作证时，他们向议员们保证苏格兰皇家银行的全球重建集团"绝对不是一个利润中心"。对此，汉普顿承认那两位高管的证词跟事实完全不符。但汉普顿同时也说，那两位银行高管只是犯了一个"诚实的错误"。苏格兰皇家银行的全球重建集团在 2014 年 8 月被关闭，随后，英国金融行为监管局开始对其立案调查。

但最近被披露的银行丑闻显示银行界还在不断地制造新的危机。第一个被披露的丑闻发生在没有被监管的外汇市场上。这个市场经常被人比作"美国的西部"① 在这个市场上，每天有让人震惊的 3 万亿英镑（这是英国年产值的 3 倍）外汇被银行卖出和买入，这其中有40%的外汇交易发生在伦敦的金融街上。不可否认，这些外汇交易也包括一般民众去国外旅行需要兑换外汇的交易，但大部分外汇市场的交易发生在投资者（比如养老基金）之间。

2013 年发生的对外汇市场操纵的情况跟稍早发生的操纵伦敦银行同业拆借利率情况相似。考虑到外汇交易规模，操纵这个市场让人觉得不

---

① 美国的西部（Wild West），意思是混乱、无序——译者注。

可思议，因为人们一直觉得银行或外汇公司发布的外汇牌价是有科学依据的。但事实上，一些外汇交易员"集团"内的成员可以彼此串通，人为地使汇率发生小规模的变化。

在世界最大的外汇交易市场——伦敦的外汇交易市场上，外汇价格在每天下午4点被确定，这个价格是由每天下午4点前30秒内的外汇价格决定的。但正像我们后来知道的，正是在这个关键的半分钟之内，发生了扭曲外汇价格的事情。全球各地的外汇交易员通过即时电子交流平台跟踪外汇价格变化轨迹并跟其交易对手交换外汇订单的信息。在这个电子交流平台上有很多以"黑手党""坏蛋俱乐部""卡特尔"以及"一个团队，一个梦想"命名的外汇交易员的朋友圈。这也显示着扭曲、操纵外汇市场的规模。

目前，大约30名在伦敦工作的银行外汇交易员因操纵外汇价格被开除或被终止了外汇交易工作。这些银行外汇交易员正在世界三大洲面临着操纵外汇市场的调查。

很多银行都涉及了外汇交易丑闻，甚至英格兰银行自己的外汇交易部门通过跟其他外汇交易员的非正式谈话，对此也有所了解。为此，独立的英格兰银行督查委员会成立了由格拉比内勋爵（Lord Grabiner）领导的调查小组对英格兰银行外汇交易部门是否也涉及外汇交易丑闻进行调查。调查小组在2014年11月公布了调查报告。虽然调查报告显示英格兰银行的官员没有涉及违法或不当行为，但调查报告也说：

英国中央银行的一位官员知道外汇交易员们在为彼此的"合作"交换他们客户的订单信息。虽然这种行为算不上违规，但它可以增加违规的可能。调查小组对此觉得很不舒服，因为这种情况可能产生外汇交易员彼此的勾结行为并使其他外汇市场参与者处于不利的地位。但即使如此，并没有适当的英格兰银行主管对此种情况采取什么行动。

这是英格兰银行的判断失误，应该受到批评，但这种批评应仅限于对具体经办人员的错误判断上。

那位应该负责的英格兰银行外汇部门的主要交易员马丁·默拉特（Martin Mallett）在调查报告被公布的当天因严重违纪被解雇。但英格兰银行坚称，默拉特是因为银行在调查外汇违规的过程中发现了他的其他违规问题而被解雇的。除此之外，英格兰银行没再说别的，因此，人们并不知道默拉特被解雇的真正原因。作为应具透明特点的公共机构，英格兰银行的做法让人有些吃惊。

从外汇市场上飘过来的臭味让英国政府不得不采取一些行动。2014年6月，在对伦敦金融街高管们的一次展示其决心的演讲中，财政大臣宣布他计划将把在外汇市场、期货市场及债券市场上的操纵行为定成犯罪行为。财政大臣的这个决定是在英国议院在 2013 年 12 月将肆无忌惮的银行操作定成违法行为之后作出的。

五家银行，美国的花旗银行、摩根银行，英国的汇丰银行、苏格兰皇家银行以及瑞士瑞银集团承认它们在外汇市场上进行了欺骗行为并且在 2014 年 11 月同意向金融行为监管局支付总额高达 11 亿英镑的罚款。2014 年 12 月，人们等来了一位最高级别的牺牲者，这个月，负责汇丰银行欧洲、中东和非洲外汇市场的高管斯图尔特·斯考特（Stuart Scott）悄悄地被汇丰解职了。

另外一家被调查的银行——巴克莱银行，不愿参加其他银行跟监管机构达成的和解协议。在操纵伦敦银行同业拆借利率丑闻在 2012 年被媒体披露最初的日子里，巴克莱银行愿意配合政府监管部门的调查意味着它将在那段日子里受到大量指责。它必须以牺牲它的首席执行官鲍勃·戴尔蒙德的方式来平息公众的愤怒。它的董事会主席马库斯·阿吉尔斯稍后也辞了职。但这次，巴克莱不想那么做，它不想跟政府监管部门谈和解条件，它计划跟监管部门战斗。

巴克莱也涉及另外一个困扰着银行界的危机："黑池"交易（Dark

Pool，也称暗池交易）丑闻。"黑池"实际上就是一个进行大宗交易但不会对股票价格产生影响的不被监管的私下交易场所。对那些想在不被市场察觉的情况下进行大规模购买或抛售股票的机构（比如对冲基金或银行）来说，这个私下交易场所是个绝佳的地方。支持者说，"黑池"是高效和低成本的交易平台，因为经营"黑池"交易的投行可以直接将买卖双方对接起来从而使交易在低成本的基础上变得更加快速。相反地，虽然现代电子股票交易系统也可以向交易者提供快速交易股权的服务，但交易成本在一些股票交易市场包括伦敦股票交易市场上相对较高，同时，通过电子股票交易系统买卖股票会使交易者必须缴纳印花税。

但"黑池"交易的批评者则说，这种私下秘密交易破坏了市场的基本准则，即每个人，不管其地位如何，都能有获得公开市场上"最好价格"信息完全相同的渠道。"黑池"交易的批评者同时指出，这种私下交易不可避免地只能让那些大的交易机构获益。因为那些经常进行交易并且非常熟悉计算机系统的机构可以通过一般人不熟悉的知识，包括光纤电缆知识，在市场不知情的情况下进行大量交易活动。

交易机会均等在"黑池"交易的过程中也不存在，仅仅十亿分之一秒的优势就能让一些交易机构大规模地实现利润。这就意味着那些使用更快交易方式进行交易的人永远能赚钱。比如，如果一个养老基金想要从"黑池"大量买进股票，很可能的情况是，那些使用超高速计算机系统的交易者能从他们比别人更快的计算机系统中提前看到这个信息，然后立即大量买入相关股票后再用较高的价格向那个养老基金卖出他们在之前刚刚买进的股票。

"黑池"已经成为巨大的交易平台。在 2014 年的很多交易日里，通过"黑池"交易的股票数量往往超过 9 亿股。买方经常是一些主要银行，比如高盛。传说巴克莱银行的股票交易员几乎根本不使用正常的交易平台而完全依靠"黑池"进行股票交易以便增加他们自己的交易佣金和奖金数量。因为一般情况下，如果交易通过正常交易平台完成，交易则要由银行或股票经纪公司操作完成，这样每笔的佣金就会在参与者之间进行分配。但交易员如果通过"黑池"交易，这种跟别的交易机构分享佣金的情况就不存在了。

2014年，巴克莱银行首席执行官安东尼·詹金森因为公众对其银行的"黑池"交易指控向14万巴克莱职员发了一封备忘录。"我们正在被严厉指责我们在信守我们正在努力建立的银行价值观和银行文化方面完全失败了。"他说："任何情况下，我不会允许任何对我们客户的欺骗和误导行为。欺骗和误导行为一旦被发现，我将对其进行严肃处理。"

巴克莱银行首席执行官的激烈反应显示着他决心根除银行不良恶习的决心。虽然巴克莱银行还是不太相信美国监管部门对它参与"黑池"交易的指控的力度。但它还是按照美国法律传统选择了积极的回应方式。

之后，巴克莱银行开始对美国监管机构进行反击。2014年7月，巴克莱银行聘用律师希望能说服美国法庭撤销纽约总检查官埃里克·施奈德曼（Eric Schneiderman）对巴克莱银行使用被称作"巴克莱LX"的"黑池"系统在高频率交易方面误导其客户的指控。按照巴克莱的说法，它在其宣传册内对"黑池"的介绍根本不存在误导信息。巴克莱坚称，它已经向其客户详细地介绍了"黑池"和它的缺陷，宣传册中的一个图标明确标出9%的"黑池"交易是带有侵略性的（即具有高频率特点的）交易。

在巴克莱银行挑战监管部门的同一个月，高盛因在35万份交易中使其客户因"黑池"交易的影响而蒙受损失被监管部门罚款80万美元，其他使用"黑池"交易的银行包括瑞信银行、德意志银行及瑞银集团也受到监管部门的注意。

外汇交易及"黑池"交易丑闻说明虽然理论上银行应该吸取了金融危机的教训，但银行家们和他们的客户依然我行我素。"黑池"交易特别揭示了另外一个问题，即高科技在交易中所起的作用的问题。贪婪的交易者都在建立更快的交流工具以使自己能比对手更快地获得交易信息以便获取超大利润。同时，交易者使用的更加复杂和更加快速的技术让监管这些交易变得越来越困难。"黑池"交易可以引发股票和指数价格突然和不可预测的变化，这让那些依靠基本价值数据而不是复杂的计算机程序进行交易的一般投资者和基金经理觉得股票市场是一个让人不舒服的地方。

从布里斯班的 20 国集团峰会回来后，马克·卡尼表示银行现在有更加充裕的资金储备，类似导致 2008 年金融危机主要原因的次贷风险不会再被隐藏在复杂的金融产品当中，这是个具有"里程碑"意义的成绩。很多评论员同意他的这个观点。现在银行的资产负债表看上去比过去简单多了，更加便于管理。卡尼说的现在银行开始预留有更多储备资金的情况也是事实，纳税人的风险因此也被降低了很多（有些人会说，风险是被银行转嫁给了养老基金和储蓄机构，因为这些机构向银行提供的额外资金让银行更加安全）。

政府也在继续对银行采取比以往更加严厉的干预政策。在他 2014 年秋季报告中，财政大臣乔治·奥斯本宣布今后银行将不被允许使用注销过去亏损的方式来冲抵当期的税负（这种方式一直被认为是个税收漏洞，但银行过去经常使用这种方式来降低自己的税额）。奥斯本的这个决定不但平息了一下公众对政府依然没有对银行采取严厉措施的愤怒情绪，同时也让英国财政部在今后五年可以多收 30 亿英镑的税。

奥斯本同时宣布政府收到的相关银行缴纳的操纵伦敦银行同业拆借利率和外汇市场的罚款（这是英国政府收到的最大一笔罚款数额）将会被用于提升国防能力和医疗服务水平。这是非常聪明的决定，肯定能在英国历史上留下它的印记。过去，政府一般会使用一部分罚款冲抵预算赤字，另一部分的罚款会划拨给监管机构以减轻财政部的支出压力或用以抵消因降低对伦敦金融机构的税费给财政收入带来的影响。

在这期间，美国联邦政府对金融机构的违规行为的罚款数量大幅度地增加，2014 年达到 35.9 亿美元。同时，截至 2014 年 9 月，大约 70 位前金融界的高管因各式各样的违规行为受到证券交易委员会的调查。

那些参与了操纵伦敦银行同业拆借利率和操纵了外汇市场的银行继续受到不同监管机构的调查。欧盟也开始了它自己对涉嫌操纵欧元银行同业拆借利率（Euribor, Euro Interbank Offered Rate，类似伦敦银行同业拆借利率）银行的调查。2014 年 11 月，英国竞争与市场管理局宣布它将展开对零售银行和商业银行的调查，因为反对党——工党认为英国主要银行占的市场份额太大，消费者的选择太少。英国竞争与市场管理局的这个决定是对工党的回应。调查的结果很可能使劳埃德银行和苏格兰哈利法克斯银行面临削减分行数量甚至解体的情况，因为劳埃德银行在 2008 年收购了苏格兰哈利法克斯银行之后，其在房屋抵押贷款市场上的份额高达 30%，处于绝对统治地位。

银行也在自我改进。它们在努力追回已经发给违规人员的奖金。但在努力将违规责任推给具体违规人员的同时，银行也在极力推卸自己应承担的责任。同时，银行也要应付新的竞争对手公平的竞争。2014 年在股票市场新出现的竞争者包括 TSB 和维京金融①。

但人们对改变银行文化非常困难的现实还是非常担心。金融街的新工作的报告显示，主要银行文化的些许改变依然面临夭折的可能。报告说，虽然一些银行高管誓言改革并且公开推行了一些改革，但人们担心改革的呼声可能到了那些大银行中层经理那儿就会变得没声了，其结果就是人们经常接触的银行下层员工根本不会有任何改变。

---

① TSB 是由沃迪项目中的 632 家劳埃德银行分行组成的金融机构。维京金融（Virgin Money）是由原来北岩银行的"好银行"业务部门组成的金融机构。

　　2015 年从巴克莱银行董事会主席职位上退下来的大卫·沃克爵士相信银行家们起码需要 10 年才能改变他们的思维模式。帮助加快这个过程的一个改革举措可能是新近成立的带有自愿（voluntary）特色的银行业务标准审议委员会（Banking Standards Review Council）。这个委员会由对金融行业及监管业务都非常熟悉的科莱特·鲍夫人（Dame Coltte Bowe）领导并且正在准备公布它的首个关于银行文化、竞争力及其对消费者影响的报告。所有英国主要银行都对这个委员会表示了支持。但人们也在担心，就像其他一些试图在金融领域提高道德标准和职业操守的努力一样，银行高管们现在答应做的那些改变会随着他们对 2007～2008 年金融危机的记忆逐渐淡化而被遗忘。

　　英格兰银行负责市场和银行业务的副行长纳迈特·沙福克 2014 年 10 月在伦敦经济学院的一次演讲中告诉听众银行还有大量的改进工作没有完成。这位前国际货币基金组织前副总经理对让人震惊的外汇交易员违规行为和其他金融市场上的违规证据非常不满。她甚至在演讲过程中还引述了两位试图操纵日元贷款利率的银行利率提交员的对话。她说："对相信公平市场机制的人来说，那些操纵行为非常恶劣。"

　　事实上，那个很难有所改变的无形的"银行文化"会让世界金融领域，从欧元区到中国再到其他地区，面临另外一次危机。当然，在英国和美国，人们希望银行文化的改变能尽快体现到中层经理、交易员或零售银行员工的日常工作当中。但人们可以从银行对欧盟强行实施银行经理的奖金数额不能超过其薪金数额两倍的反应就可以看出那个难以改变的银行文化和强行改变银行文化的努力之间的矛盾。面对欧盟的奖金措施，银行马上弄出一个类似工资、新的每月支付形式——补贴（Allowance）的应对办法。虽然有数据显示近年银行经理的工资和奖金数额在银行支出中占的比例有所下降，但它依然比其他经济领域的薪酬水平高出很多。

　　一些讨厌新规定和监管的银行经理选择离开他们原来的雇主，自己成立不受监管的对冲基金或其他类型规模不大的金融公司。很多人认为这些非正式的金融机构，包括对冲基金、私募基金以及所谓的地下钱庄（即没有正式营业执照的银行业务服务机构）将会成为下一次国际金融灾难的根源。同时，当很多传统银行正在显示出它们重回传统（如果这意味着更少的盈利）决心的时候，它们过去的记录也预示着当经济再次开始发展它们还是会进行一些可疑的操作，而监管机构也会再次放松监管。就像哈佛大学经济学家约翰·肯尼斯·加尔布雷思（J. K. Galbraith）说的：骗子和坏蛋通过不正当手段挣钱的决心往往都能让他们达到目的。

词汇表

AAA：被信用评级机构，比如穆迪（Moody's）或标准普尔（Standard and Poor's），使用的最高信用等级。

Asset Protection Scheme：资产保护计划。由英国政府在 2009 年设计的旨在向出现问题的银行资产提供保险支持的计划。但最终只有苏格兰皇家银行使用了这个计划。

ATM（automated teller machine）：自动提款机。

Bank for International Settlement：国际清算银行，位于巴塞尔，成立于第一次和第二次世界大战之间，负责制定银行业务标准。

Bank of England：英格兰银行，英国中央银行，成立于 1694 年。2007～2008 年国际金融危机后，被赋予规范、监管银行体系以及保证金融体系稳定的职责。

Basel Ⅱ：巴塞尔协议 Ⅱ，被修改了的银行资本结构要求，由巴塞尔银行（业务）监督委员会于 2004 年公布。

Basel Ⅲ：巴塞尔协议 Ⅲ，包括由巴塞尔银行（业务）监督委员会于 2011 年 6 月公布的银行需要实施的资本结构要求和巴塞尔银行（业务）监督委员会于 2013 年 1 月公布的银行资产流动性规定。巴塞尔协议 Ⅲ 于 2014 年 1 月 1 日开始正式生效。

BBA：British Bankers'Association，英国银行家协会，曾经负责计算和公布伦敦银行同业拆借利率。

bond yeild：债券收益率。债券收益率和其市场价格的关系类似跷跷板，收益率增加则其市场价格下降，收益率下降则其市场价格上涨。

buget deficit：财政预算赤字，即政府收支之间的差额。

Calpers：California Public Employees' Retirement System，美国加州政府人员退休养老基金。

captial ratio：资本比率，即资本占经过风险加权后的资产的比例。

capital shortfall：资金缺口，即资金用途和来源之间的差额。

CFTC：Commodity Futures Trading Commission，商品期货交易委员会，美国管理商品期货和衍生品的监管机构。

CIO：Chief Investment Office，摩根银行第一投资部，是负责管理"伦敦鲸"操作的业务的部门。

Competition Commission：竞争委员会，是英国政府在2007～2008年国际金融危机期间负责监管市场竞争的机构，2013年被竞争和市场局（Competition and Markets Authority）替代。

Credit Rating Agencies：信用评级机构，这些机构大多为私营机构，其主要服务是向市场提供商业机构及国家的信用状况信息。

Dodd - Frank：多德—弗兰克金融改革法案，2007～2008年国际金融危机后被美国国会通过。

Dow Jones Industrial Average（DJIA）：道琼斯股票指数，包括美国30家主要公司股票指数，经常被用来衡量华尔街的"健康"状况。

due diligence：尽职调查，在收购前对收购对象的情况所做的调查。

Edelman Trust Barometer：埃德曼信任"晴雨表"，是每年对26个市场的商业领域及行业的调查报告。

ERM：Exchange Rate System，汇率体系，此汇率体系于1979年在欧洲开始实施，经常被认为是欧元区的前身。但在英国和意大利因为对其货币的大规模投机被迫于1992年退出该体系后，此汇率体系随之解体。

Eurobor：European Interbank Offered Rate，欧洲银行同业拆借利率，类似英国伦敦银行同业拆借利率。

European Banking Authority（EBA）：欧洲银行（业务）管理局。位于英国伦敦，金融危机后负责在欧元区内银行实施压力测试的机构。

European Central Bank（ECB）：欧洲中央银行，位于德国的法兰克福市，负责在欧元区内制定银行利率，2013 年它也被赋予监管欧元区内主要银行的职责。

European Stability Mechanism：欧洲稳定机制，即欧洲救援基金（德国提供了基金总额的 27%）。

Fannie Mae 和 Freddie Mac：房利美和房地美，美国房屋抵押再贷款的中介机构，其业务操作是导致美国金融危机的重要原因。

FDIC，Federal Deposit Insurance Corporation，联邦存款保险公司，向美国银行存款客户提供保险服务和监管美国中小银行的美国政府银行业务监管机构。

Fedeal Reserve：联邦储备系统，美国的中央银行，位于美国首都华盛顿。

Financial Conduct Authority（FCA）：金融行为监管局，2013 年 4 月 1 日成立，其前身为金融服务局（Financial Service Authority）。

Financial Policy Committee：金融政策委员会，其前身为金融稳定委员会（Financial Stability Committee）。金融危机后，这个英格兰银行的内部机构的作用被加强。金融政策委员会由英格兰银行行长兼任主席，每年发布两次关于金融市场稳定的报告。

Financial Reporting Council（FRC）：财务报告理事会，英国独立监管机构，负责监管企业管理和财务报告的机构。

Financial Service Authority（FSA）：金融服务局，曾经的英国金融行业的监管机构，2013 年被拆分成两个独立机构，金融行为监管局（FCA，

Financial Conduct Authority）和审慎监管局（PRA, Prudential Regulation Authority）。

foreclosure：丧失抵押品赎回权，即银行通过法律程序终止继续执行房屋贷款协议并收回作为房屋贷款抵押品的房屋。

Foreign Corrupt Practices Act：海外反腐败法，美国惩罚本国企业在其他国家贿赂和腐败的法律。

Glass – Steagall Act：格拉斯—斯蒂格尔法案，美国在 20 世纪 30 年代大萧条之后通过的法案，此法案在投资银行和商业银行之间架起了"电网"。

Great Panic，大恐慌，指 2008 年夏天当雷曼兄弟公司倒闭后，市场出现的混乱局面。

GRG，Global Restructuring Group，全球重建集团，苏格兰皇家银行的内部分支机构，负责对出现财务困难的公司进行重组的工作。

Gross Domestic Product（GDP），国内生产总值，这是被金融市场和政府政策制定者经常关注的数据。

Gross Value Added：增（加）值总额，是英国国家统计局用来计算英国国内不同地区对英国国内总体经济产出的贡献的数据。

HBMX Mexico：汇丰墨西哥分行。

HBUS：汇丰美国分行。

hedge funds：对冲基金，利用价格变化获利的基金。

IBC，Independent Banking Commission，独立银行（业务）委员会，2010 年由英国政府成立，2011 年 9 月公布其调查报告。

IMF，International Monetary Fund，国际货币基金组织，向出现财政困难的国家提供资金援助和经济重建咨询的机构。1944 年成立，总部位于美国首都华盛顿。

Kelly Review，由克里斯托弗·凯里爵士主导完成的并于 2014 年 3 月公布的对互助银行问题的调查报告。

Libor，London Interbank Offered Rate，伦敦银行同业拆借利率，这是影响全球商业信贷成本、房屋抵押贷款和其他交易成本的利率。

Long，多头，投资方式，这种投资方式建立在投资对象的价格在今后将会上升的预期上。

LTIP，long – term incentive plan，长期奖励计划，本书中是指只向经理级员工提供的奖励计划，经理们通过这个计划可以一直获得奖金或其他形式的奖励。

LTRO，long – term refinancing operation，长期贷款重组，欧洲中央银行提供的以欧元区国家债券支持的三年低息贷款计划。

ML，money laundering，洗钱。

Myners review，由梅纳斯勋爵主持完成的关于互助集团管理问题的独立调查报告。

NAFTA，The North American Free Trade Agreement ，由加拿大、美国和墨西哥签署的北美自由贸易协议。

national debt，国家财政赤字总额。

OCC，Office of the Comptroller of Currency，货币监管办公室，美国金融监管机构。这个机构负责调查了摩根银行的"伦敦鲸"事件和一些银行的洗钱操作。

Office of Free Trading（OFT），公平交易办公室，英国消费领域的监管机构（2013 年跟竞争委员会合并），负责调查对支付保证保险的投诉。

OMT，Outright Monetary Transactions，直接货币交易计划，即允许欧元区内银行在欧洲中央银行通过交换各自信贷产品的方式获取现金的计划。

Parlimentary Commission on Banking Standards，英国议院银行（业务）标准委员会，由乔治·奥斯本（George Osborne）任命的负责调查操纵伦

敦银行同业拆借利率丑闻的机构，其调查报告于 2012 年公布。

PPI, payment protection insurance，由银行向个人贷款申请者推销的保险产品。这种产品保证一旦个人贷款申请人失业或得病不能按时支付贷款利息时，保险公司可以代其支付。

Protium，本书中指马蹄果操作，即巴克莱银行通过将其资产负债表上"有毒"的信贷产品移至在开曼群岛上注册的公司的方式美化其财务状况的操作。

Prudential Regulation Authority，英国审慎监管局，2013 年 4 月 1 日成立，前身为英国金融服务局，是英格兰银行的内部机构。

reserve currency，储备货币，由各国中央银行掌管。第二次世界大战之后，美元被各国中央银行视为其主要储备货币。

right issue，配股有价证券，公司向现有股东发行的新股（又称为附加股），是公司出现财务困难时使用的融资方式。

ring – fencing，隔离措施，是 2007 ~ 2008 年国际金融危机后，英国独立银行（业务）委员会向英国政府提出的将投资银行和零售银行隔离开的建议。

risk – weighted assets（RWA），风险加权后的资产。

Salz review，撒尔斯报告，即于 2013 年 4 月公布的关于巴克莱银行业务操作的调查报告。

SCP, synthetic credit default swap portfolio，综合信贷违约掉期投资组合（又称综合信贷违约互换投资组合），是导致发生在摩根银行"伦敦鲸"事件的重要金融产品。

Security and Exchange Commission（SEC），证券交易委员会，监管华尔街投资银行及其市场活动的监管机构。

Senate Permanent Subcommittee on Investigations，美国参议院常设特别调查委员会，曾在参议员卡尔·莱文（Carl Levin）的领导下，对次贷危

机及汇丰银行的洗钱行为展开调查。

SFO，Serious Fraud Office，英国欺诈重案办公室，负责调查及起诉复杂的欺诈和腐败案件。

short，空头，投资方式，这种投资方式建立在投资对象的价格在今后将会下降的预期上。

SMEs，small and medium sized enterprises，中小企业。

sovereign wealth funds，主权基金，是政府使用财政盈余进行长期投资的平台。

spread，息差，即银行支付的存款利息或借入资金成本与贷款利息之间的差额。

Stewardship Code，管理规定，指由英国财务报告理事会（Financial Reporting Council）于2010年7月公布的旨在使上市公司与其机构投资人加强沟通联系的规定。

TARP，TARP – Troubled Asset Relief Program，问题资产救援计划，由美国财政部在2008年提出和实施，旨在向出现财务危机的美国金融机构提供资金援助。

Troika：三驾马车，本书是指在援助出现危机的欧元区内银行过程中起着重要作用的欧洲中央银行、欧盟委员会和国际货币基金组织。

TSC，House of Commons Treasury Select Committee，英国下议院财政特别委员会。

VaR，Value at Risk，业务价值风险敞口。

Verde：沃迪项目，劳埃德银行在收购了苏格兰哈利法克斯银行后，迫于欧盟委员会的压力，计划卖掉其632家分行并为这项出售操作起了一个名字，叫"沃迪项目"。

Walker review，指于2009年公布的，由大卫·沃克爵士主持起草的英国银行管理情况的独立调查报告。